LITIGÂNCIA DE MÁ-FÉ, ABUSO DO DIREITO DE AÇÃO E *CULPA IN AGENDO*

ANTÓNIO MENEZES CORDEIRO
CATEDRÁTICO DA FDL

LITIGÂNCIA DE MÁ-FÉ, ABUSO DO DIREITO DE AÇÃO E *CULPA IN AGENDO*

Estudo de Direito civil e de Direito processual civil, com exemplo no requerimento infundado da insolvência

1.ª REIMPRESSÃO DA 3.ª EDIÇÃO AUMENTADA E ATUALIZADA, à luz do Código de Processo Civil de 2013

ALMEDINA
2016

LITIGÂNCIA DE MÁ-FÉ,
ABUSO DO DIREITO DE AÇÃO
E *CULPA IN AGENDO*

AUTOR
ANTÓNIO MENEZES CORDEIRO
EDITOR
EDIÇÕES ALMEDINA, SA
Rua Fernandes Tomás n.ᵒˢ 76-80
3000-167 Coimbra
Tel.: 239 851 904
Fax: 239 851 901
www.almedina.net
editora@almedina.net
PRÉ-IMPRESSÃO
EDIÇÕES ALMEDINA, SA
IMPRESSÃO E ACABAMENTO
NORPRINT
Março, 2016
DEPÓSITO LEGAL
369422/14

Os dados e as opiniões inseridos na presente publicação são da exclusiva responsabilidade do(s) seu(s) autor(es).
Toda a reprodução desta obra, por fotocópia ou outro qualquer processo, sem prévia autorização escrita do Editor, é ilícita e passível de procedimento judicial contra o infrator.

 GRUPOALMEDINA

BIBLIOTECA NACIONAL DE PORTUGAL – CATALOGAÇÃO NA PUBLICAÇÃO
LITIGÂNCIA DE MÁ-FÉ, ABUSO DO DIREITO DE AÇÃO
E CULPA *IN AGENDO*
3.ª ed., aum. e atual.
ISBN 978-972-40-5437-7
CORDEIRO, António Menezes, 1953-
CDU 347

Em memória do Prof. Doutor José Dias Marques (1926-2005)

ÍNDICE GERAL

Dedicatória 5
Índice geral... 7
Advertências 13
Abreviaturas.. 15

CAPÍTULO I – INTRODUÇÃO

§ 1.º A impunidade processual: uma realidade insustentável

1. A crise da Justiça.. 17
2. Três casos reais 18
3. Complexidade e inadequação legislativas..................... 21
4. O garantismo, a astúcia das partes e a timidez do Tribunal ... 23
5. A impunidade dos desvios e o desprestígio da Justiça 26

§ 2.º O Código de Processo Civil de 2013

6. O "Memorando da Troika" 29
7. A sua execução; a justificação de motivos do novo Código de Processo Civil ... 32
8. O Código de 2013 34

§ 3.º O direito de ação e os seus limites

9. Direito de ação e sujeição à ação 37
10. Os limites intrínsecos e extrínsecos ao direito de ação..... 38
11. Dificuldades; a insuficiência da litigância de má-fé 39
12. A relevância substantiva das situações processuais 40
13. Teses defendidas e *iter* 43

CAPÍTULO II – A LITIGÂNCIA DE MÁ-FÉ

§ 4.º Origem e evolução

14. Origem	45
15. O surgimento de uma responsabilidade independente na jurisprudência do século XVII	47
16. Sanções e responsabilidade de advogados e procuradores	49
17. Conclusões	50

§ 5.º O liberalismo e as codificações

18. Até ao Código de 1876	51
19. O Código Alberto dos Reis (1939)	55
20. O Código de 1961	57
21. A reforma de 1995	59
22. O Código de 2013	60
23. Conclusões	62

§ 6.º Configuração, regime e natureza

24. Configuração; a atuação substancial ou processual	63
25. A exigência de dolo ou de negligência grave	66
26. Oficiosidade, contraditório e recursos	67
27. A indemnização e os representantes de pessoas coletivas	68
28. Natureza	70
29. A necessidade de complementação	74

§ 7.º O dever de verdade no Direito alemão

30. Das origens à ZPO (reforma de 1933)	79
31. O dever legal de verdade	81
32. As sanções	84
33. Confronto com o sistema português	86

CAPÍTULO III – O ABUSO DO DIREITO DE AÇÃO

§ 8.º Generalidades e evolução

34. Generalidades	89
35. *Aemulatio*, *exceptio doli* e *temeritas* processual	90

36. A tradição francesa 91
37. A tradição alemã 94
38. A receção em Portugal... 96

§ 9.º A concretização do abuso no Direito português

39. As fases de implantação jurisprudencial 101
40. *Venire contra factum proprium* 105
41. Inalegabilidade 110
42. *Suppressio* 112
43. *Tu quoque* 116
44. Desequilíbrio... 118

§ 10.º A construção do abuso do direito

45. Generalidades: as teorias... 121
46. As teorias internas; versões comuns 122
47. As teorias externas 125
48. Posição adotada; a disfuncionalidade intrassubjetiva e o papel do sistema 127

§ 11.º Regime

49. O abuso como concretização da boa-fé 131
50. Âmbito, conhecimento oficioso, objetividade e consequências 132
51. Balanço e tendências recentes 134

§ 12.º O abuso do direito no processo

52. A boa-fé no processo civil... 139
53. Concretizações do abuso do direito de acção 141
54. Consequências e regime 144
55. Abuso do direito de acção e litigância de má-fé 146

CAPÍTULO IV – A RESPONSABILIDADE PELA AÇÃO OU *CULPA IN AGENDO*

§ 13.º Generalidades e evolução da responsabilidade civil

56. Generalidades; a *culpa in agendo* 149
57. As XII Tábuas e a *Lex Aequilia*; os pressupostos 150

10 *Litigância de má-fé, abuso do direito de ação e* culpa in agendo

58. Evolução subsequente; o modelo francês (*faute*) 158
59. O modelo alemão (culpa e ilicitude); confronto com o francês 161

§ 14.º O sistema português de responsabilidade civil

60. Pré-codificação e Código de Seabra 169
61. Guilherme Moreira e a receção do modelo alemão. 174
62. O Código Vaz Serra. 177
63. Vantagens e defesa do sistema português 181

§ 15.º A admissibilidade da *culpa in agendo*

64. A orientação contrária 183
65. O reconhecimento da aplicabilidade da responsabilidade aquiliana 185
66. Um problema de responsabilidade 188

§ 16.º A *culpa in agendo* no Direito português

67. A consagração da figura 191
68. A ação como incumprimento ou como ato ilícito 192

§ 17.º Concretizações da *culpa in agendo*

69. Previsões específicas 195
70. O agravamento de custas; limitações 197
71. Previsões genéricas; incumprimento e violação de direitos ou de normas
    de proteção 198
72. Concretização 200
73. *Culpa in agendo* e litigância de má-fé 202

CAPÍTULO V – LITIGÂNCIA DE MÁ-FÉ, ABUSO DO DIREITO DE AÇÃO E *CULPA IN AGENDO*

§ 18.º Quadro geral

74. Generalidades; pressupostos 205
75. Particularidades do regime 206
76. Consequências. 206

CAPÍTULO VI – A RESPONSABILIDADE DO REQUERENTE DA INSOLVÊNCIA

§ 19.º Interesse do tema e sua evolução

77. O problema 209
78. Do Código Ferreira Borges (1833) ao Código de Processo Comercial de 1905... 210
79. Do Código de Falências de 1935 ao Código de Processo Civil de 1961 216
80. O Código dos Processos Especiais de Recuperação de Empresa
    e de Falência (1993) 219

§ 20.º O novo Direito da insolvência

81. Aspetos gerais; Direito romano e Direito comparado 221
82. A experiência portuguesa 225
83. As reformas dos finais do século XX 228
84. Insolvência e Direito da insolvência 231
85. O Código da Insolvência de 2004: medidas inovatórias 234
86. A reforma de 2012: a "revitalização" 240

§ 21.º *Culpa in agendo* no requerimento da insolvência

87. Parâmetros evolutivos a reter 241
88. O artigo 22.º do CIRE: origem plausível 243
89. Aplicação.. 246
90. Interpretação integrada 248
91. A aplicabilidade da tríade: litigância de má-fé, abuso do direito de ação
    e *culpa in agendo* 249

Índice de jurisprudência 251

Índice onomástico 259

Índice bibliográfico 267

Índice ideográfico 285

ADVERTÊNCIAS

Os artigos citados sem indicação da fonte pertencem ao Código Civil, aprovado pelo Decreto-Lei n.º 47 344, de 25 de novembro de 1966, ou ao Código de Processo Civil, aprovado pela Lei n.º 41/2013, de 12 de agosto, consoante o contexto.
Utilizam-se as abreviaturas usuais.
As nossas obras *Direito das obrigações* (1980, reimp., 1994), *Da boa fé no Direito civil* (1984, 7.ª reimp., 2013), *Da responsabilidade civil dos administradores das sociedades comerciais* (1997), *Direito Comercial*, 3.ª ed. (2012) e *Tratado de Direito civil*, em publicação, estando disponíveis os primeiros nove volumes, são citadas apenas pelo título simplificado, sem qualquer outra indicação.
Apesar do cuidado posto na sua revisão, o Autor não se responsabiliza pelas indicações legislativas; os práticos são convidados a, caso a caso, certificarem-se dos precisos textos em vigor.
A presente edição surge aumentada e atualizada com referência a elementos publicados até setembro de 2013 tendo, em especial conta, o novo Código de Processo Civil de 2013.

Serpa, outubro de 2013

ABREVIATURAS

AbürgR – *Archiv für bürgerliches Recht*
AcP – *Archiv für die civilistische Praxis*
AcRLd – *Acórdãos do Tribunal da Relação de Luanda*

BFD – *Boletim da Faculdade de Direito da Universidade de Coimbra*
BGHZ – *Entscheidungen des Bundesgerichtshofes in Zivilsachen*
BIDR – *Bulletino dell'Istituto di Dirito Romano*
BMJ – *Boletim do Ministério da Justiça*

CJ – *Colectânea de Jurisprudência*
CJ/Supremo – *Colectânea de Jurisprudência/Supremo*

D – *Recueil Dalloz*
DDP/Scom – *Digesto delle discipline privatistiche*
DZWIR – *Deutsche Zeitschrift für Wirtschafts- und Insolvenzrecht*

ED – *Enciclopedia del Diritto*

GadvRLd – *Gazeta dos Advogados da Relação de Luanda*
GRLx – *Gazeta da Relação de Lisboa*
Gruchot – *Beiträg zur Erläuterung des Deutschen Rechts*, fundado por Gruchot

InVo – *Insolvenz & Vollstreckung*

JhJb – *Jherings Jahrbücher für die Dogmatik des bürgerlichen Rechts*, antigos *Jahrbücher für die Dogmatik des heutigen römischen und deutschen Privatrechts*
JuS – *Juristische Schulung*
JW – *Juristische Wochenschrift*

JZ – *Juristenzeitung*

MDR – *Monatschrift für Deutsches Recht*

NJW – *Neue Juristische Wochenschrift*
NssDI – *Novissimo Digesto Italiano*
NZI – *Neue Zeitschrift für das Recht der Insolvenz und Sanierung*

PWRE – *Paulys Realenzyklopädie der klassischen Altertumswissenschaft*, continuada por G. Wissova

RB – *Revista da Banca*
RDComm – *Rivista del diritto commerciale e del diritto generale delle obbligazioni*
RGZ – *Entscheidungen des Reichsgerichts in Zivilsachen*
RIDA – *Revue Internationale des Droits de l'Antiquité*
RLJ – *Revista de Legislação e de Jurisprudência*
RT – *Revista dos Tribunais*
RTDCiv – *Revue Trimestrielle de Droit Civil*

S – *Recueil Sirey*
SZRom – *Zeitschrift der Savigny-Stiftung für Rechtsgeschichte/Romanistische Abteilung*

ThLL – *Thesaurus Linguae Latinae*
TS – *Tijdschrift voor Rechtsgeschiedenis/Revue d'Histoire du Droit*

VersR – *Versicherungsrecht. Juristische Rundschau für die Individualversicherung*

WM – *Zeitschrift für Wirtschaft und Bankrecht, Wertpapiermitteilungen*
WM – *Zeitschrift für Wirtschaft und Bankrecht, Wertpapiermitteilungen*

ZGR – *Zeitschrift für Unternehmens- und Gesellschaftsrecht*
ZinsO – *Zeitschrift für das gesamte Insolvenzrecht*
ZIP – *Zeitschrift für Wirtschaftsrecht*
ZVI – *Zeitschrift für Verbraucher- und Privat-Insolvenzrecht*
ZZP – *Zeitschrift für Zivilprozess*
ZZPInt – *Zeitschrift für Zivilprozess/International*

CAPÍTULO I
INTRODUÇÃO

§ 1.º A IMPUNIDADE PROCESSUAL: UMA REALIDADE INSUSTENTÁVEL

1. A crise da Justiça

I. A ordem jurisdicional portuguesa revela-se incapaz de resolver os litígios, em tempo útil. A afirmação, constantemente repetida na comunicação social, é apontada, pelos estudos de campo, como uma das razões do atraso do País. Para além disso, ela é profundamente sentida por quantos, como testemunhas, como partes, como advogados ou como magistrados, tenham presença no foro. Episódios de chicanas, de desconsiderações, de demoras incompreensíveis e inexplicáveis, de diligências sufocantes e inúteis e de decisões esvaziadas pelo decurso do tempo são relatadas e repetidas, *ad nauseam*, por leigos e por peritos.

II. Em boa verdade e no terreno, os agentes que proclamam a incapacidade da Justiça logo se apressam a afiançar exceções e, em especial, a enaltecer a generalidade dos advogados e dos magistrados. Sejamos sinceros: individualmente, todas as pessoas são sérias, respeitáveis, cultas e eficientes; muito raramente se prova o contrário. Mas no seu conjunto, o sistema não funciona. Porquê?

III. A resposta é simples: porque o bloqueio da Justiça, conquanto que nocivo para o País, é vantajoso para a parte que não deva obter ganho de causa. Para cada prejudicado, há um beneficiado. No plano dos grandes números, todos perdem, mas todos ganham. Apenas desde o momento em que ninguém lucre com as delongas, a própria dinâmica social se encarregaria de encontrar saídas. O crescente recurso às arbitragens é, disso, um (tímido) sinal.

IV. Os estudos de campo existentes sobre a justiça cível confirmam, do nosso ponto de vista, este estado de coisas. Chamamos a atenção para alguns pontos[1].

Em primeiro lugar, deparamos com uma elevada taxa de congestão. A taxa de congestão exprime, em cada ano, a relação existente entre o número de processos entrados num tribunal e o número de processos que nele findem. Ela será igual a 1, quando esses números se equivalham. Ora verifica-se que essa taxa tem sido sempre superior a 1 (2.37 em 2003; 2.66 em 2004) o que traduz o aumento contínuo dos processos pendentes.

Apesar de todos os esforços feitos, tínhamos, com referência a 2009, 612.465 processos cíveis entrados e 508.594 processos findos[2]. Em 2012, para 841.046 novos processos, havia 814.354 processos findos.

Em segundo lugar, os elementos disponíveis dizem-nos que o número de juízes em funções é relativamente elevado (por comparação com os países da UE) e que os magistrados são razoavelmente pagos. Pela nossa parte, adiantamos que, em regra, os juízes portugueses estão tecnicamente bem preparados. Nas secretarias, a situação não é tão animadora: mas podemos afirmar que, não obstante, o problema da justiça não reside nos recursos humanos a ela afetos.

O mal do sistema advém, de facto, da complexidade das leis, da extraordinária multiplicação dos atos processuais e do modo por que as partes litigam.

2. Três casos reais

I. O presente escrito não visa um relato jornalístico do estado da Justiça; tão-pouco pretende ser uma crítica de costumes. Todavia, há que confirmar o ponto de partida: o da efetiva incapacidade do nosso sistema judiciário, na aceção mais ampla, de acompanhar, no seu todo, as exigências dos nossos dias, assim contribuindo para a decadência do País.

---

[1] Os elementos subsequentes assentam no estudo de Sofia Amaral Garcia/Nuno Garoupa/Guilherme Vasconcelos Vilaça, *A justiça cível em Portugal: uma perspectiva quantitativa* (2008), 247 pp., com muitas indicações fundamentais.

[2] Números do INE, atualizados em 26-nov.-2009 e complementados com os da Direção-Geral da Política de Justiça, disponíveis em setembro de 2013.

Vamos deixar de parte os casos mediatizados: Casa Pia, Freeport, BCP, BPN, Face Oculta e associados ao futebol. A notícia é, sempre, a anomalia: bem poderia suceder que todos esses casos fossem exceções, publicitadas por envolverem, justa ou injustamente, nomes importantes. O que se passa com o dia-a-dia do foro[3]?

II. Vamos dar alguns exemplos de casos ignotos. Alguns ainda estão em aberto, pelo que são omitidos os nomes e evitados pormenores: mas fora isso, são verídicos:

Primeiro caso:

A demanda, num processo arbitral, B e C: é acionada uma cláusula penal por alegado não-cumprimento de um acordo parassocial. O processo inicia-se em dezembro de 2001; os demandados defendem-se; o tribunal é composto por três professores catedráticos de total e reconhecida probidade, competência e isenção, aceites por ambas as partes; após alguns meses de diligências processuais e de julgamento, a ação é considerada parcialmente procedente e conclui com a condenação dos demandados no pagamento de 120.000 contos de indemnização, mediante redução equitativa da cláusula penal: uma decisão óbvia e inevitável, perante os factos documentalmente provados e que só pecou pela redução na condenação. A arbitragem não admitia recurso. Não obstante, os demandados recorrem para a Relação de Lisboa. Reconstituído, o Tribunal não admite o recurso. Reclamam para o Presidente da Relação, que recusa. Invocam a inconstitucionalidade da lei de arbitragem e recorrem para o Supremo Tribunal de Justiça. Rejeitado. Recorrem para o Tribunal Constitucional. Rejeitado. Entretanto, interpõem uma ação de anulação junto da Comarca de Lisboa: em abril de 2003; o Tribunal rejeita a pretensão; apelam para a Relação de Lisboa, que confirma a sentença em 15-dez.-2005; recorrem para o Supremo, que confirma o acórdão, em 20-jun.-2006. A demandante tenta executar a decisão arbitral: embargos, em que se (res)suscita tudo, incluindo a inconstitucionalidade das leis de arbitragem. As penhoras realizadas no terreno deparam, por seu turno, com inenarráveis incidentes, incluindo queixas-crime contra a solicitadora de execução. Apesar de os demandados terem fortuna, opor-

---

[3] Vide SOFIA PINTO COELHO, *As extraordinárias aventuras da Justiça Portuguesa/ Histórias insólitas de juízes, advogados, procuradores e de todos nós*, 4.ª ed. (2009), onde podem ser confrontadas diversas situações verídicas que documentam (muito d)o que se passa no foro.

tunamente e em parte deslocada para *off shores*, não foi possível assegurar o montante executado.

Segundo caso:

Numa comarca alentejana, corre termos um processo de inventário. É celebrado um acordo. Uma das partes muda de advogado e decide não cumprir. Levanta uma série de incidentes, sucessivamente rejeitados, o último dos quais com confirmação pela Relação de Évora. No dia da conferência de interessados, a parte dissidente resolve adiar o processo, para o que suscita um incidente de suspeição da juiz. Conta a sua história, mas sem atentar em que os factos alegados (depois desmentidos em julgamento) envolviam não a juiz da causa, que iria presidir à conferência, mas uma anterior titular do processo. Pára tudo. A juiz substituta, de uma Comarca vizinha, procede ao julgamento do incidente. Perderam-se semanas numa audiência infindável, em que foi ouvida toda uma série de testemunhas. Devidamente organizado, o processo segue para a Relação de Évora, para decisão do seu Presidente; entretanto, a segunda juiz, indevidamente suspeita, é substituída, no âmbito de uma normal promoção de juízes; o Presidente da Relação de Évora considera que o incidente perdeu o interesse processual, mandando arquivar os autos, sem se pronunciar sobre a má-fé manifesta do autor da suspeição. Nada foi decidido e nada mais foi promovido: o inventário parou durante meses, acabando por ser resolvido por um novo acordo, depois de exonerado o advogado da parte dissidente; gastaram-se, inglória e inutilmente, muitas dezenas de horas de trabalho judicial.

Terceiro caso:

Num acidente ocorrido em fevereiro de 2005, morre um jovem de 13 anos: havia sido confiado, pelos seus pais, a um casal terceiro, para passar um fim de semana; o pai hospedeiro organiza um passeio de "motos 4s", com cinco menores, em excesso de lotação e, na opinião do pai do falecido, sem capacete e sem respeitar um sinal "stop"; o menor é embatido por um veículo M, que circularia em excesso de velocidade; os pais da vítima constituem-se assistentes e pedem a dedução de acusação contra o que consideram os dois causadores do acidente: o pai hospedeiro e o condutor do veículo que embateu no menor; é requerida instrução; durante meses, são ouvidos todos os intervenientes; é proferida decisão instrutória que decide pronunciar apenas o condutor do veículo M; os assistentes recorrem; o MP, que nada promovera na instrução, produz agora alongadas alegações no sentido da decisão recorrida; em vão: a Relação manda deduzir a acusação contra ambos; segue o julgamento; o pai hospedeiro defende-se invocando, designadamente e desta feita, que o jovem falecido fora vítima de má assistência clínica; o julgamento inicia-se cinco anos depois do acidente e, portanto, numa altura em que os jovens envolvidos já haviam esquecido os pormenores do ocorrido; além disso, houve que ouvir os corpos clínicos dos quatro hospitais por onde o menor passou, até falecer no serviço de neurocirurgia, em S. José; toda esta temática clínica, enxertada no processo, é alheia ao que se discute: nunca isentaria os arguidos da responsabilidade que, porventura, tivessem. Qualquer legislação "europeia" teria permitido julgar o acidente nas semanas imediatas ao mesmo, afastando os temas espúrios, com ganhos para todos, incluindo os arguidos.

III. Estes três casos têm natureza profundamente diferente: a execução de uma decisão arbitral definitiva; um processo cível de inventário; e uma ação penal por homicídio involuntário. O primeiro caso conduziu à destruição de riqueza; o segundo, a uma situação caricata de afronta à Justiça; o terceiro a um profundo drama humano. Em todos eles há uma enorme mobilização de meios pessoais, com grandes despesas e desgaste para as partes e com a paralisia de um ou mais tribunais. Porque andaram tão pouco?

Aparentemente, depara-se-nos um garantismo de raiz que permite, sem consequências e à parte defendente, as mais diversas atuações dilatórias. Com seriedade ou sem ela, qualquer demandado ou arguido pode deter indefinidamente o andamento de uma causa, suscitando os mais variados incidentes, oportunos ou inoportunos e lícitos ou ilícitos. O juiz, perfeito espetador do sucedido, não pode ou não quer quebrar o bloqueio. Paira, ainda, uma ideia da maior gravidade: apenas as pessoas de elevada estatura económica estão em condições de iniciar e conduzir uma intensa batalha legal, com advogados mediáticos, com peritos, com consultores e com envergadura para intimidar e para protelar.

3. Complexidade e inadequação legislativas

I. O bloqueio da Justiça tem causas complexas que radicam, em última instância, no beco em que desembocaram a cultura e a política portuguesas. Vale a pena tentar isolar alguns aspetos mais marcantes.

A primeira ordem de razões é de tipo objetivo e radica no modo por que se apresentam as leis. Alinhamos:

– a complexidade normativa;
– a inadequação legislativa.

A complexidade normativa portuguesa é imbatível. Dispomos das leis comerciais mais complexas da Europa; o Direito bancário bate, pela densidade e à distância, ordens jurídicas como a alemã ou a britânica; o Direito fiscal surge insondável; o Direito do trabalho, inabarcável; o Direito público, um oceano sem fim. A explicação é histórica: desde a Lei da Boa Razão (18-ago.-1769), do Marquês de Pombal, passaram a valer, nos nossos tribunais, as leis das "nações civilizadas e polidas da Europa". A partir daí, o Direito nacional sempre foi exemplarmente aberto ao exterior, acolhendo, no seu seio e através de permanentes reformas legislativas, todas as novidades que vinham do estrangeiro. O alto nível doutrinário alcançado, desde o início do século XX, nas nossas Faculdades de Direito, repercutiu-se, naturalmente, na feitura das leis. Cabe-nos um Ordenamento complexo e diferenciado: à partida, seria uma vantagem. Mas a prática postergou-a.

II. Na verdade, às apontadas razões históricas somam-se, hoje, distorções culturais e políticas. Nenhum governante digno desse nome chega ao Poder sem um programa de reformas. Os institutos mais delicados, que requereriam, para serem mexidos, cuidados estudos de campo, são reformados sem critério, ao sabor da composição dos gabinetes dos ministros. A própria Assembleia da República, numa dinâmica entre grupos parlamentares, contribui para o caos. O que vai na legislação da família, no registo, no processo e na organização social dispensa glosas. Tudo isso veio a ser ampliado pela persistente crise orçamental, que torna inexequíveis muitos diplomas, mau grado a persistente miopia sócio-económica (e, logo, jurídico-científica) do Tribunal Constitucional, num péssimo exemplo para a judicatura em geral.

III. A inadequação legislativa advém de bloqueios ideológicos e da falta de estudo. Quanto aos bloqueios, ficará na História a reforma do arrendamento de 2006: a completa insuficiência dos esquemas engendrados, ditada pela impreparação dos seus autores materiais e pela preocupação de agradar a um pensamento dito de esquerda (!), que não encontrou, de resto, guarida no programa do então Governo do Partido Socialista, impediu, num momento crucial, a colocação no mercado, a preços competitivos, do *superavit* habitacional existente no País, com danos imediatos para os estratos sociais mais modestos e para os jovens. Além disso, as saídas apontadas para as rendas e para as obras, complexas, paradoxais e, mesmo, incompreensíveis, conduziram a um fracasso já histórico: apenas uma percentagem mínima dos objetivos oficiais foi alcançada. Como é sabido, a bem intencionada reforma de 2012, que intentou corrigir parte do desastre de 2006, já veio fora de época. Mantém-se o *superavit* de habitações, mas não há dinheiro para recuperações.

A falta de estudo campeia na preparação da generalidade das leis comerciais. Num Mundo Global, a concorrência ocorre, também, entre as leis dos diversos Estados. Não faz sentido prever, em Portugal e para as empresas que aí tenham a sua sede, esquemas mais pesados e rigorosos do que os dos países vizinhos. Tão-pouco é viável fixar soluções contraditórias, desarmónicas e inesperadas, perante a globalidade do ordenamento. Mas elas abundam. No terreno, institutos úteis, como o registo comercial, foram sacrificados, postergando a limitação da responsabilidade das sociedades por quotas: porque o registo deixou de ser fidedigno, a banca exige, por rotina, garantias pessoais aos sócios, pelas dívidas da sociedade, assim se perdendo a vantagem conferida, em 11 de abril de 1901, com a sua criação. Os exemplos multiplicam-se: qualquer *Manual* atualizado é um repositório de anedotas jurídicas. A uma situação nacional, já de si insustentável, soma-se a transposição, normalmente sem sensibilidade e sem estudo, de infindáveis textos do Direito europeu. Nenhum especialista consegue já, só por si, dominar um completo sector jurídico-normativo.

IV. Tudo isto tem ainda um nível de explicação sócio-cultural: bastará comparar os perfis, profissionais e pessoais, dos ministros da justiça, ao longo dos últimos setenta anos: qualquer jurista formado compreende, de imediato, o que está em causa. Num fenómeno sociologicamente demonstrado, o dirigente menos dotado vai rodear-se de colaboradores medianos, os quais irão apelar a ajudantes medíocres, base de recrutamento dos dirigentes do futuro. O desprestígio da classe política provoca o seu abaixamento, com novos desprestígios, e novas quebras, num círculo vicioso sem fim à vista.

Em suma: os povos têm as leis que podem e que merecem.

4. O garantismo, a astúcia das partes e a timidez do Tribunal

I. Os excessos de garantismo complicam, em geral, os diversos Direitos europeus. Para tanto contribuíram a tradição anglo-saxónica da jurisdicionalização e a culpa alemã subsequente à queda do III *Reich*. No imaginário legislativo, há que proteger as pessoas das medidas tomadas pelo poder, neste se incluindo os tribunais. Aos arguidos em processos penais ou aos demandados em ações cíveis, concedem-se todos os direitos. As vítimas de crimes e os queixosos em Justiça são vistos com desconfiança. Apenas as necessidades de eficiência económica têm vindo a contrabalançar esta curiosa postura Ocidental.

II. Nas leis portuguesas, o garantismo latente intensificou-se com a queda tardia do Estado Novo e com a institucionalização da Ordem Jurídica da III República. A técnica processual penal de admitir, através da instrução, um primeiro julgamento, artificializa o julgamento propriamente dito e constitui porta aberta a uma labuta infindável. Além disso: a primeira fase é inútil, dada a impossibilidade prática de, no julgamento, serem tomados em consideração os depoimentos prestados por arguidos e testemunhas, em sede de inquérito (em regra, mais espontâneos e próximos dos factos), com danos para a verdade material. No limite, os próprios arguidos são severamente prejudicados, acabando por, em prisões preventivas alargadas, cumprir penas por crimes pelos quais não foram condenados.

O processo civil não é exceção: despachos de aperfeiçoamento, adiamentos por conveniência de advogados, convocações surrealistas de testemunhas às quais são impostas horas e horas de espera, regime das suspeições e possibilidade de enxertar os mais variados incidentes podem dilatar, por anos, questões que deveriam ter soluções imediatas. Tudo isto dita a ineficiência e o desprestígio da Justiça.

III. É certo que as leis mais recentes têm procurado reagir: introduzindo a informática e limitando os recursos. O primeiro ponto é positivo: tem, agora, de se repercutir nas realidades; o segundo merece censura. Não são os recursos que retardam os processos; o grande óbice é o âmbito que podem assumir os articulados, muitas vezes com elementos alheios à apreciação da causa e o segmento que medeia entre os articulados e a sentença. De todo o modo, as medidas instrumentais nada têm podido contra o garantismo e contra duas gravíssimas consequências que dele emergem: a astúcia das partes e a timidez do Tribunal.

IV. Com efeito, em face de medidas garantísticas, pergunta-se: não deverá o advogado, a quem seja confiada uma causa, aproveitá-las? De resto, é certo e sabido que, do lado que se lhe oponha, serão desfrutadas todas as derivações legais, para conseguir vantagens.

Este aspeto é importante. Existe uma cultura da astúcia, porventura mesmo do malabarismo processual, que legitima o recurso a todos os expedientes para obter vantagens, incluindo aqueles que em nada contribuam para a descoberta da verdade e o equilíbrio das decisões. Passamos a citar o saudoso Prof. Paulo Cunha[4]:

> Todo o processo é uma luta. (...) Ora a ideia de luta supõe de algum modo a ideia de astúcia. Pelo próprio facto de serem contendores, o autor e o réu hão-de actuar com o fito principal e dominante de ganhar a partida e de vencer o adversário, não o poupando, não lhe perdoando as fraquezas, os deslizes e as ingenuidades. (...) E assim cada um deles lançará mão de todos os recursos legais, aproveitará todas as oportunidades de dificultar e prejudicar a actividade processual do adversário. Natural e humanamente, procurará beneficiar das dificuldades e dos erros do contraditor, encobrir--lhe-á a táctica que pretende seguir, usará enfim dos muitos meios de defesa que a lei faculta ao litigante destro, e que, embora lícitos, não correspondem por vezes ao ideal de justiça.

E rematava[5]:

> Os litigantes têm de ser honestos, mas não têm de ser ingénuos. São homens, não são heróis. Postular a boa fé em termos absolutos seria excessivo. Seria impossível. (...) Não. A exigência da boa fé processual não pode ser ilimitada, indefinida.

Estas fórmulas assentam na ideia de uma separação entre o processo e a substância: o primeiro seria o domínio da luta, onde a "astúcia" e o aproveitamento "das dificuldades e dos erros do contraditório", "... não lhe poupando, não lhe perdoando as fraquezas, os deslizes e as ingenuidades ..." seriam aceitáveis e, até, meritórios; a segunda seria obra do juiz aí, sim, se procurando a (possível) Justiça.

V. Hoje não é assim. Como veremos, não há uma separação processo/substância: tudo é material. Quando haja "luta", no Direito como na vida, deve subir a bitola da exigência de correção e de respeito pelo outro.

---

[4] Paulo A. V. Cunha, *Simulação processual e anulação do caso julgado* (1935), 21-22.

[5] *Idem*, 22.

Perante os abusos de toda a ordem perpetrados nos processos (excessos de linguagem; desconsiderações dirigidas a testemunhas; atos inúteis; diligências dilatórias; enxerto de questões artificiais; discussões sobre pontos que nada têm a ver com a causa; agressividade gratuita), a coberto do garantismo, cabe ao tribunal intervir.

Com demasiada frequência, isso não sucede. O juiz deixa arrastar a causa, levando as partes à progressiva exaustão, em vez de, como muitas vezes se impunha, usar o seu poder legítimo para decidir, com justiça, o que lhe seja colocado. Insistimos: nenhum verdadeiro profissional do foro, quando consciencioso, ficará jamais ofendido por o Tribunal decidir, cortando a palavra, recusando expedientes e (re)colocando a lide nos carris que lhe compitam.

VI. Perante a tríade "garantismo", "astúcia das partes" e "timidez do tribunal", os processos soçobram nos muitos milhares de páginas inúteis, onde se esvaem a riqueza das partes e as energias do Poder judicial.

Como dotar o juiz de meios legítimos e adequados para pôr termo a este círculo infernal?

5. A impunidade dos desvios e o desprestígio da Justiça

I. A prática atual da advocacia está recheada de episódios menos edificantes. Com (demasiada) frequência, as peças processuais tornam-se num rosário de desprimores e de insinuações (quando não: de injúrias) para as partes que se lhes opõem, sem a mínima justificação técnica. Brinca-se com a morte de crianças e com a honra das pessoas, numa insensibilidade que só pode advir de longa prática. É certo que tais peças, dirigidas a juízes profissionais que não atentam em adjetivações maldosas, pouco incomodam, a não ser os leigos que, porventura, as leiam. Mas contribuem para o descrédito e a insuficiência do foro.

II. Mais grave é o degradar do papel do advogado. O Direito impõe, às pessoas, que litiguem através de advogados: um ónus pesadíssimo, que as deixa nas mãos de um terceiro, por vezes praticamente desconhecido e que lhes vai sair caro. E fá-lo por três razões:

– para evitar o excesso de conflitualidade, que sempre adviria, de um confronto direto entre o agente e a vítima ou entre o demandante

e o demandado: há interesses contrapostos e, por vezes, todo um histórico de choques e contraditas;
– para permitir uma triagem: o advogado recusará as causas inviáveis e, nas viáveis, apenas atenderá aos argumentos juridicamente relevantes;
– para facilitar os processos: o advogado submeterá os pedidos e as defesas às baias processuais e substantivas fixadas pela lei.

A primeira vantagem perde-se desde o momento em que, pela postura agressiva ou pela linguagem usada no processo, o advogado venha exacerbar os ressentimentos da parte. A segunda esvai-se quando, para qualquer causa, mesmo iníqua, sempre apareça um defensor. E a terceira cai, na hipótese de o advogado usar a sua Ciência para protelar o processo.

III. Os advogados, uma vez em funções, ficam ao serviço de interesses que os transcendem. Se não tiverem uma elevada consciência profissional e uma apertada bitola deontológica, tudo lhes passa a ser permitido. Mesmo desmandos gratuitos não encontram, na prática, sanções eficazes. Pelo contrário: a tentativa de solicitar a aplicação de sanções, designadamente através da Ordem dos Advogados, vai grangear, ao visado, uma publicidade tão gratuita quanto preciosa, em termos de mercado.

IV. Algo deve ser dito quanto aos magistrados e quanto à comunicação social.
O excesso de garantismo é, por vezes, potenciado pelos tribunais superiores, quando anulam, por razões formais que não interferiram na decisão, sentenças que anteveem como materialmente corretas. Desconsiderar a primeira instância é gravoso para a autoridade da Justiça.
Outro óbice que, no País, alcança dimensões desconhecidas nos congéneres europeus é a chamada mediatização da Justiça. Melhor: mediatização de certos advogados, com acesso garantido aos *media*, onde conseguem uma permanente e gratuita publicidade, com quebra de normas deontológicas (dever de reserva) que a Ordem dos Advogados não consegue fazer cumprir. Os magistrados não podem responder, publicamente, às críticas, por vezes ignominiosas, que publicamente são feitas às suas decisões concretas. As reações que surgem são corporativas ou sindicais, o que não ajuda. Tudo isto gera uma imagem distorcida, junto do grande público.
O prestígio dos tribunais, muito elevado há algumas décadas, tem vindo, segundo as sondagens à opinião pública, a cair permanentemente,

ficando abaixo do dos deputados. Em termos de organização político-social de um Povo, no início do século XXI, tal dado é gravíssimo: justificaria, só por si, uma imediata mobilização nacional em torno da questão da Justiça, desprestigiada e em paralisação crescente.

V. O apoio judiciário surge como fonte de novas perturbações. Justo em si, ele distorce os processos perante pessoas de posses modestas, que não reúnam as condições para dele beneficiar. Estas devem ser (muito) contidas. Os beneficiários do apoio farão o que quiserem: ações espúrias, contestações inúteis e incidentes descabidos: de tudo se tem visto. E nem as multas por má-fé (e quão escassas são!) surgem praticáveis, dada a (alegada) falta de bens.

VI. Como foi adiantado, o drama do processo, particularmente o do civil, é o de que o dano de uma das partes é lucro para a outra. Tomando o tema em termos pessoais, tantas pessoas lucram com a paralisia da justiça como as que, com isso, perdem. Devedores relapsos, inquilinos em mora, responsáveis por delitos económicos, causadores de acidentes de viação, ocupantes de imóveis e abusadores de toda a ordem usufruem da impunidade que lhes advém da lentidão da Justiça e, no limite, da sua incapacidade em aplicar normas claras

O advogado rigoroso vai, inelutavelmente, ser batido na concorrência por aquele que o não seja. Este ponto, muito grave, deve cessar.

VII. O sistema que premeie o infrator não tem qualquer possibilidade de equilíbrio. Há que encontrar contrapesos que tornem a chicana, o processualismo, o abuso e a ilicitude não-convidativos, em termos patrimoniais. Poderá, nesse aspeto periférico mas muito ponderoso, residir o ponto de partida para uma reforma que não pode tardar.

§ 2.º O CÓDIGO DE PROCESSO CIVIL DE 2013

6. O "Memorando da Troika"

I. O estado calamitoso da Justiça acabaria por suscitar reações no plano internacional. Na sequência de conhecidos e repetidos défices da balança de pagamentos e da Administração Pública, dobrados pelos ressaltos da crise mundial de 2007-2009, o País ficou na iminência de rutura de pagamentos. Teve de fazer apelo a instâncias internacionais. Acudiram a Comissão Europeia, o Banco Central Europeu e o Fundo Monetário Internacional, cujos representantes ficaram conhecidos como a Troika. E a Troika ajustou e concluiu, com o demissionário Governo Socialista da época, um instrumento, denominado "memorando de entendimento", assinado a 17 de maio de 2011. Nesse documento, o Estado Português obrigou-se a adotar múltiplas medidas, em troca de um empréstimo de 84 biliões de euros.

II. O "memorando da Troika" continha diversas medidas relativas à Justiça e ao seu funcionamento, que passamos a transcrever:

Sistema judicial

Objectivos

Melhorar o funcionamento do sistema judicial, que é essencial para o funcionamento correcto e justo da economia: (i) assegurando de forma efectiva e atempada o cumprimento de contratos e de regras da concorrência; (ii) aumentando a eficiência através da reestruturação do sistema judicial e adoptando novos modelos de gestão dos tribunais; (iii) reduzindo a lentidão do sistema através da eliminação de pendências e facilitando mecanismos de resolução extra-judiciais.

O Governo irá:

Pendências em tribunal

7.1. Intensificar a implementação de medidas propostas ao abrigo do Novo Mapa Judiciário.

Realizar uma auditoria dos processos pendentes, a fim de definir medidas mais precisas [final de Junho de 2011]. Eliminar as pendências nos tribunais até ao T2-2013.

7.2. Com base na auditoria, definir melhor as medidas existentes e avaliar a necessidade de medidas adicionais para acelerar a resolução das pendências [T2-2011]. As medidas adicionais a ser consideradas incluem, entre outras: (i) estabelecer secções ou equipas separadas vocacionadas para resolver processos em atraso, (ii) reestruturar os registos do tribunal para retirar registos indevidos de casos pendentes; (iii) agregar processos semelhantes de acções executivas de pequenos montantes; (iv) reforçar e fazer cumprir os regulamentos existentes que permitem que os casos parados sejam retirados dos registos dos tribunais; (v) impor custas e sanções adicionais aos devedores não cooperantes nos processos executivos; (vi) introduzir uma estrutura de custas judiciais extraordinárias para litígios prolongados desencadeados pelas partes litigantes sem justificação manifesta; e (vii) nomear gestores judiciais especiais para gerir a agenda/audiências em ribunais, permitindo assim aos juízes concentrarem-se na decisão dos processos.

Gestão dos tribunais

7.3. Acelerar a aplicação do Novo Mapa Judiciário criando 39 comarcas, com apoio de gestão adicional para cada unidade, integralmente financiado através das poupanças nas despesas e em ganhos de eficiência [T4-2012]. Esta medida faz parte dos esforços de racionalização, de modo a melhorar a eficiência na gestão de infra-estruturas e de serviços públicos. Preparar a calendarização desta reforma, identificando trimestralmente as fases mais importantes. [T3-2011]

7.4. Adoptar os novos modelos de gestão para duas comarcas, incluindo Lisboa. [T4-2011]

7.5. Desenvolver um plano de gestão de recursos humanos que permita a especialização judicial e a mobilidade de funcionários judiciais. [T4-2011]

Resolução alternativa extra-judicial de litígios

7.6. O Governo apresentará uma Lei de Arbitragem até final de Setembro de 2011 e tornará a arbitragem para as acções executivas completamente operacional até final de Fevereiro de 2012, a fim de facilitar a recuperação de processos em atraso e a resolução extrajudicial.

7.7. Optimizar o regime de Julgados de Paz, para aumentar a sua capacidade de dar resposta a pequenos processos de cobrança judiciais. [T1-2012]

7.8. Adoptar medidas que dêem prioridade nos tribunais a processos de execução de decisões provenientes da resolução alternativa de litígios. [T4-2011]

Acções civis nos tribunais

7.9. Alargar o novo regime experimental de processo civil a 4 tribunais. [T3-2011]

7.10. Avaliar num relatório se o regime processual civil experimental deverá ser aplicado a todos os tribunais. [T4-2011]

7.11. Tornar completamente operacionais os tribunais especializados em matéria de Concorrência e de Direitos de Propriedade Intelectual. [T1-2012]

7.12. Avaliar a necessidade de Secções especializadas nos Tribunais Comerciais com juízes especializados em processos de insolvência. [T4-2011]

7.13. O Governo irá rever o Código de Processo Civil e preparará uma proposta até ao final de 2011, identificando as áreas-chave para aperfeiçoamento, nomeadamente (i) consolidando legislação para todos os processos de execução presentes a tribunal; (ii) conferindo aos juízes poderes para despachar processos de forma mais célere; (iii) reduzindo a carga administrativa dos juízes e; (iv) impondo o cumprimento de prazos legais para os processos judiciais e em particular, para os procedimentos de injunção e para processos executivos e de insolvência. [T4-2011]

7.14. Adoptar medidas específicas para uma resolução metódica e eficiente dos processos judiciais pendentes em matéria fiscal, incluindo (abrangidas também no âmbito da administração fiscal):

   i. Tomar as medidas necessárias para implementar a Lei de Arbitragem Fiscal (para permitir uma resolução extrajudicial efectiva dos litígios em matéria fiscal); [T3-2011]

   ii. Avaliar as medidas para acelerar a resolução de processos judiciais nos tribunais tributários, tais como: i) criando um procedimento especial para processos de montante elevado; ii) estabelecendo os critérios de prioridade; iii) alargando a cobrança de juros relativos às dívidas fiscais a todo o tempo em que decorra o processo judicial; iv) impondo um pagamento especial de juros legais por cumprimento em atraso da decisão de um tribunal tributário. [T4-2011]

Orçamento e afectação dos recursos

7.15. Padronizar as custas judiciais e introduzir custas judiciais especiais para determinadas categorias de processos e procedimentos com o objectivo de aumentar as receitas e desincentivar a litigância de má-fé. [T3-2011]

7.16. Desenvolver um plano de trabalho anual relativo à afectação de recursos com base nos dados de desempenho dos tribunais, que serão publicados anualmente na internet.

7.17. Levar a cabo uma avaliação da carga de trabalho/dos recursos humanos em seis tribunais-piloto, nos termos do Novo Mapa Judiciário, bem como em tribunais especializados. [T1-2012]

7.18. Publicar relatórios trimestrais sobre as taxas de recuperação, duração e custos da insolvência de empresas e processos tributários, devendo o primeiro relatório ser publicado até ao T3-2011.

7. A sua execução; a justificação de motivos do novo Código de Processo Civil

I. Em execução do Memorando da Troika, o Ministério da Justiça decidiu aprontar uma proposta de novo Código de Processo Civil. Afigura-se-nos, como modo de introduzir algumas das novidades, de transcrever a própria exposição de motivos, elaborada pelos responsáveis da reforma. Assim[6]:

> De facto, as pendências processuais injustificadas aumentaram geometricamente, os meios colocados, quer humanos, quer financeiros e mesmo os físicos, não sofreram qualquer quebra e, apesar disso, os magistrados judiciais, os magistrados do Ministério Público e os advogados estão longe de se sentirem confortados com a justiça administrada depois da reforma de 1995/1996.
> É por demais evidente que se torna absolutamente necessário proceder a uma nova reforma para debelar os vícios que impõem as pendências patológicas, os atrasos injustificáveis e as irresponsabilidades consequentes.

---

[6] Proposta de Lei n.º 113/XII: exposição de motivos, 3.

§ 2.º O Código de Processo Civil de 2013

Pode, hoje, concluir-se que a reforma de 1995/1996 erigiu correctamente os princípios orientadores do moderno processo civil, mas não colocou nas mãos dos intervenientes processuais os instrumentos adequados para o tornar eficaz, viabilizando os fins a que se tinha proposto.

É o que ora se visa com a presente reforma, quando se preconizam e consagram os concretos deveres processuais, os infungíveis poderes de gestão, a inevitável responsabilização de todos os intervenientes, tudo de molde a viabilizar e conferir conteúdo útil aos princípios da verdade material, à cooperação funcional e ao primado da substância sobre a forma.

(...)

E prossegue:

São implementadas medidas de simplificação processual e de reforço dos instrumentos de defesa contra o exercício de faculdades dilatórias.

A celeridade processual, indispensável à legitimação dos tribunais perante a comunidade e instrumento indispensável à realização de uma das fundamentais dimensões do direito fundamental de acesso à justiça, passa necessariamente por uma nova cultura judiciária, envolvendo todos os participantes no processo, para a qual deverá contribuir decisivamente um novo modelo de processo civil, simples e flexível, despojado de injustificados formalismos e floreados adjectivos, centrado decisivamente na análise e resolução das questões essenciais ligadas ao mérito da causa. A consagração de um modelo deste tipo contribuirá decisivamente para inviabilizar e desvalorizar comportamentos processuais arcaicos, assentes na velha praxis de que as formalidades devem prevalecer sobre a substância do litígio e dificultar, condicionar ou distorcer a decisão de mérito.

II. Significativas, para os presentes propósitos, são as considerações relativas ao arrastamento processual. Diz a exposição de motivos em causa[7]:

Para além das consequências deste novo modelo, importa desincentivar o uso de faculdades dilatórias pelas partes processando-se tal objetivo em três patamares sucessivos, face a comportamentos de diferentes gravidades. O primeiro deles, associado a actuações que visam produzir uma artificiosa complexização da matéria litigiosa – por exemplo, injustificável prolixidade das peças processuais produzidas, totalmente inadequada à real complexidade da matéria do pleito, ou manifestamente excessiva indicação de meios

---

[7] *Idem*, 5.

de prova – deve dar lugar à aplicação de taxa de justiça correspondente à dos processos de especial complexidade. O segundo traduz-se na aplicação à parte de uma taxa sancionatória excecional, sancionando comportamentos abusivos – ação, oposição, requerimento, recurso, reclamação ou incidente manifestamente improcedentes – censuráveis enquanto decorrentes de exclusiva falta de prudência ou diligência da parte que os utiliza – sem que, todavia, a gravidade do juízo de censura formulado os permita incluir no âmbito da litigância de má-fé. Finalmente, o terceiro patamar compreende o instituto da litigância de má fé, no qual se incluem os comportamentos gravemente violadores dos deveres de boa fé processual e de cooperação, prevendo-se no Regulamento das Custas Processuais um valor para a multa correspondente suficientemente gravoso e desmotivador, muito superior ao previsto para a taxa sancionatória agravada.

8. O Código de 2013

I. Finalmente, aprovou-se o novo Código de Processo Civil: pela Lei n.º 41/2013, de 26 de junho. A sua adoção foi precedida de debate: vivo mas, por vezes, de baixo nível. Com isso criou-se um ambiente que dificultou o formular de correções construtivas.

II. Não cabe, no âmbito deste estudo, a análise das novidades acarretadas pelo novo diploma. Todavia, de modo a melhor enquadrar o instituto da litigância de má-fé à luz do Código de 2013, vamos sublinhar os pontos essenciais.

O diploma afirma-se inspirado em três aspetos-chave: a celeridade, a flexibilidade e a simplicidade. A celeridade implica o respeito pelos prazos, a limitação das peças, o acentuar da oralidade e a sancionação das práticas dilatórias. A flexibilidade atribui, ao juiz, novos poderes para modelar a sequência processual. A simplificação levou a limitar, à ordinária, as formas do processo declarativo.

III. Em termos mais concretos, as opções aludidas levaram a alterações do seguinte tipo:

(a) a possibilidade de sedimentar os procedimentos cautelares, através da inversão do contencioso (369.º; *vide* o 382.º);
(b) a consignação de uma forma única para o processo comum (548.º);
(c) a prolixidade processual é penalizada, em termos de custas;

(d) a audiência prévia passa a ser o núcleo do processo (591.º);
(e) a audiência final é sedimentada (599.º a 606.º);
(f) são limitadas as atuações subsequentes à sentença.

IV. As apreciações ao novo Código são variáveis. Como qualquer lei que vem bulir com as práticas estabelecidas, o novo Código conseguiu, para já, aumentar os custos reais do processo. A renumeração dos preceitos, mesmo quando não-alterados, provoca naturais perturbações: obriga a reescrever todas as obras.

Um ponto parece claro: não chegam leis, mesmo boas: tudo depende do momento crucial da sua aplicação.

Adiante verificaremos as concretas alterações relativas à litigância de má-fé.

§ 3.º O DIREITO DE AÇÃO E OS SEUS LIMITES

9. Direito de ação e sujeição à ação

I. O artigo 1.º do Código de Processo Civil proíbe a autodefesa. O artigo 2.º, nessa linha, garante o acesso aos tribunais. Num duplo sentido:

– atribui o direito de obter, em prazo razoável, uma decisão judicial que aprecie, com força de caso julgado, a pretensão, regularmente deduzida em juízo;
– faz corresponder, a todo o direito substantivo – e salvo quando a lei diga o contrário – uma ação.

Estas regras devem ser aproximadas do artigo 20.º da Constituição, que garante o acesso ao Direito e tutela judicial efetiva[8]. A possibilidade de aceder aos tribunais e, aí, desencadear ações de todo o tipo está, assim, totalmente ancorada no nosso Direito e no sentimento geral.

II. O direito de ação judicial[9] surge, estruturalmente, como um direito potestativo, isto é[10]: um direito de, mediante uma atuação do próprio titular, desencadear efeitos de Direito. Tais efeitos, *prima facie*, são complexos; a propositura de uma ação conduz:

– o Estado, através dos serviços judiciais e, *maxime*, do juiz, a desencadear uma série de atuações burocráticas e, no termo, a tomar uma decisão;

---

[8] J. J. Gomes Canotilho/Vital Moreira, *Constituição da República Portuguesa Anotada* I, 4.ª ed. (2007), 406 ss.; Jorge Miranda/Rui Medeiros, *Constituição Portuguesa Anotada* I, 2.ª ed. (2010), 415 ss..

[9] Não oferece dúvidas a natureza do "direito de ação" ou "direito à ação" como direito subjetivo. Entre nós, *vide* Manuel A. D. de Andrade, *Lições de Processo Civil*, por T. Moreno, Sousa Sêco e P. Augusto Junqueiro (1945), 351 ss..

[10] *Tratado* I, 4.ª ed., 895 ss..

– o demandado, com recurso às próprias forças, a defender-se, constituindo mandatários, suportando despesas, arcando com o ónus de impugnação e, em certos casos, com o próprio ónus da prova, bem como a correr o risco de erros judiciais; pode, ainda, haver importantes aspetos não patrimoniais envolvidos.

O reverso do direito de ação é, assim, a sujeição à ação. Tal sujeição recai sobre os diversos sujeitos de direito. Potencialmente, todas as pessoas[11] podem, em cada momento, ser demandadas seja pelo que for e seja por quem for. E o Código de 2013, ao facilitar o processo, amplia, logicamente, a sujeição à ação.

III. A sujeição à ação é o preço a pagar pelo direito de ação. Restringir uma é coartar o outro: impossível. Todavia: terá de haver limites. Uma pessoa, guiada por simples malquerença, pode provocar danos incomensuráveis a outra, invocando o seu direito à ação.

Repare-se: uma ação judicial pode ser intentada com fundamentos consabidamente falsos, que demorem anos a esclarecer; durante todo esse tempo, a pessoa demandada irá suportar despesas, incómodos e, eventualmente, danos morais da maior gravidade. A sentença final, por justa e cortante que possa surgir, não altera o passado nem suprime o sofrimento que já tenha sido infligido. Haverá, certamente, um caminho de Direito positivo, para resolver tal problema, repondo a Justiça. Qual?

10. Os limites intrínsecos e extrínsecos ao direito de ação

I. Como foi antecipado, o direito de ação não é absoluto. Uma ação pode ser intentada dolosamente, sem quaisquer fundamentos ou com alegações falsas, apenas para incomodar e causar danos. Além disso, no decurso da ação, qualquer uma das partes pode adulterar a verdade, pode usar expedientes dilatórios, pode desconsiderar ou ofender as pessoas ou pode causar a confusão e o protelamento dos autos. E isso seja para prejudicar gratuitamente a outra parte, seja para evitar um resultado que lhe seria desfavorável. A ação pode, ainda, alicerçar-se no inerente direito, mas defrontar, no âmago, os valores fundamentais da ordem jurídica. Por

---

[11] Incluindo as pessoas rudimentares, nos casos em que a entidade demandada tenha mera personalidade judiciária; vide o *Tratado* IV, 3.ª ed., 601 ss..

exemplo: uma pessoa afiança não ir intentar uma ação e, depois, intenta-a mesmo. Deparamos, aqui, com limites intrínsecos de direitos, historicamente expressos como "abuso do Direito".

II. O exercício formal do direito de ação pode ainda ser um meio idóneo para violar os direitos e os interesses protegidos da outra parte ou de terceiros. Desde logo, o direito à honra, ao bom nome e à reputação; o hábito de, nas peças processuais, desconsiderar os opositores, a tanto conduz. Mas outros direitos podem ser contundidos, com relevo para a propriedade tomada, em sentido amplo, como integridade patrimonial.

No decurso da ação ocorrem numerosos deveres: instrumentais e de fundo. Tais deveres podem ser violados, com dolo ou com mera negligência, de modo a causar adequadamente danos a outrem. Temos, desta feita, limites extrínsecos do direito de ação. A ultrapassagem dos limites conduz à ilicitude, historicamente fonte da responsabilidade civil.

11. Dificuldades; a insuficiência da litigância de má-fé

I. Há que prever sanções para as condutas processualmente nocivas. Não é fácil: a ideia do tudo-permitido está ancorada no espírito de muitos. Ela toma corpo no exacerbar do direito de ação, que tudo legitima. Estamos, neste ponto, de regresso ao *dominium*: um direito com foros de soberania, *usque ad coelos et usque ad inferos*. Mal parece insistir: não há direitos sem limites. Apenas por ignorância se pode vir pretender o contrário, designadamente quando o direito de ação esteja em jogo.

II. Um segundo problema tem a ver com o tipo de reação a desenvolver, em face de prevaricações processuais. Historicamente – e ao contrário do que sucede noutros Direitos – o Direito português desenvolveu o instituto da litigância de má-fé. Trata-se, antecipando, de um esquema pesado, anquilosado e que não tem qualquer eficácia: nem compensatória, nem dissuasiva. No entanto e – do nosso ponto de vista – por desconhecimento da evolução e da atual essência do abuso do direito e da responsabilidade civil, a litigância de má-fé é (por vezes) apresentada como afastando, do âmbito do processo, qualquer outro instituto: preventivo ou reparador. Mal.

III. Consideramos um grave erro jurídico-científico e, ainda, uma errada opção política o pretender limitar as exações processuais à censura permitida pela litigância de má-fé. Vamos mesmo mais longe: apenas uma profunda ignorância da ciência do direito subjetivo e um desconhecimento dos institutos em presença conduzem a tal resultado.

Não quer isso dizer que o instituto da litigância de má-fé não tenha o seu papel. Pelo contrário: trata-se de um instituto fundamental, que deve ser intensificado e que permite, ao juiz, no imediato, pôr ordem no processo. Mas não chega.

12. A relevância substantiva das situações processuais

I. As ideias de um direito de ação absolutizado e de uma autossuficiência exclusivista de litigância de má-fé dão cobertura ao garantismo e à impunidade processual. Tais ideias radicam, em termos jurídico-científicos, nas orientações que defendem (ou, pelo menos, admitem) uma dualidade essencial entre o processo e o Direito material. A discussão subjacente está esquecida: mas ela é decisiva para a contenda e para assegurar, quando superada, a reabilitação da Justiça portuguesa.

Vamos recordar os termos da discussão e a sua evolução.

II. Na base da contenda, coloca-se a contraposição entre conceitos substantivos de aferição, portanto os que enformam a decisão jurídica de mérito, e conceitos adjetivos de individualização – isto é, os que identificam (individualizam) a causa nos sujeitos e no objeto. Perante isto, pode considerar-se[12] que as teses materiais negam o dualismo entre os conceitos aferidores e os individualizadores: estes reportar-se-iam àqueles. As teses processuais, pelo contrário, assentando em irredutível dualismo entre as duas realidades, autonomizariam sempre os conceitos individualizadores dos de aferição.

II. As teses materiais filiam-se em Windscheid, para quem o objeto do processo é a pretensão material feita valer em juízo[13]. Apesar desta clareza, elas viriam a regredir perante as processuais, mercê de uma série de dificuldades de ordem técnica que se lhes depararam. E, designadamente,

---

[12] Miguel Teixeira de Sousa, *O objecto da sentença e o caso julgado material (Estudo sobre a funcionalidade processual)*, 1983, 93 ss..

[13] Bernard Windscheid, *Die actio des römischen Rechts* (1856), 76-77 e 222.

esta: a pretensão material é, em juízo, meramente afirmada, podendo, no termo do processo, apurar-se que nunca existiu.

As teses processuais foram equacionadas por Nikisch, na primeira fase da sua obra[14]: o objeto do processo é uma afirmação jurídica sobre a qual o autor requer uma decisão com força de caso julgado. A ideia foi reforçada por Bötticher que, partindo do efeito constitutivo da ação de divórcio, afirma a inviabilidade de converter o objeto do processo em algo já preexistente[15] e foi generalizada por Schwab, para quem o objeto do processo é, simplesmente, uma solicitação contida no pedido[16]. Reduzindo o objeto do processo ao pedido, estas teses são chamadas processuais unilaterais, incorrendo em várias críticas. E designadamente: dispensando a individualização fáctica da pretensão, elas libertariam o tribunal de peias, nesse domínio, conduzindo a uma inquisitoriedade de grau máximo.

III. Reagindo aos obstáculos acima referenciados, dar-se-ia um renascer de teses materiais, ainda que repensadas: para Henkel, todas as normas se dirigiriam ao mesmo fim, conduzindo a uma única pretensão material dispositiva[17]; para Georgiades, a pretensão material seria a consequência legal de uma norma jurídica mas sem que, de modo necessário, cada norma de pretensão dê lugar a uma pretensão autónoma[18]. Ficaria, porém, por esclarecer o sentido das realidades processuais, surgidas com a afirmação ínsita no pedido e animadoras de todo o processo e que, no final, poderão ser tidas como inexistentes.

Num curioso processo pendular, acabaria por se regressar a teses processuais desta feita, bilaterais: o objeto do processo tem autonomia mas estrutura-se através do pedido e da causa de pedir; assim o entendem Habscheid[19] e Zeiss[20], como exemplos.

IV. Acontece, no entanto, que uma autonomia de fundo dos conceitos processuais acabaria por falsear o próprio objetivo do processo, assente

---

[14] Artur Nikisch, *Der Streitgegenstand im Zivilprozess* (1935), 2 e *passim*.

[15] Eduard Bötticher, *Zur Lehre vom Streitgegenstand im Eheprozess*, FS Rosenberg (1949), 73-99 (85-86).

[16] Karl Heinz Schwab, *Der Streitgegenstand im Zivilprozess* (1954), 199.

[17] Wolfram Henkel, *Parteilehre und Streitgegenstand im Zivilprozess* (1961), 267.

[18] Apostolos Geordiades, *Die Anspruchskonkurrenz im Zivilrecht und im Zivilprozess* (1968), 240 ss..

[19] Walter Habscheid, *Der Streitgegenstand im Zivilprozess* (1956), 220-221.

[20] Walter Zeiss, *Zivilprozess* 3.ª ed. (1978), 118.

numa decisão material que, em síntese constitutiva, poria termo à dualidade processo/substância.

A processualística da atualidade mantém, pois, uma orientação de fundo processual, no sentido acima firmado da dualidade de conceitos: num plano adjetivo, desde o pedido/causa de pedir e até à formação de caso julgado, verifica-se uma autonomia efetiva das realidades do processo e, logo, das regras que as regem. Mas a dualidade desaparece com a síntese final: a sentença transitada, que vale como realidade jurídica material.

A existência, ainda que provisória, de um nível processual autónomo – diferente, pois, do substantivo – justifica-se pela necessidade de combinar, no funcionamento dos órgãos de aplicação do Direito, a justiça com a legitimidade. Este ponto é decisivo: será, de seguida, melhor ponderado.

V. Não basta, em Direito, que a decisão seja justa, isto é, conforme com o Direito objetivo (substantivo); ela haverá, ainda, de se apresentar legítima, isto é, dimanada pela entidade competente e na forma da lei ou, noutros termos: ela deve conformar-se com o Direito processual. Num exemplo caro ao Prof. Castro Mendes: o juiz que lavre uma sentença num café, baseado na sua consciência e nas suas convicções, poderá estar a encontrar a decisão mais justa do Mundo: ela não procede, por não ter surgido pelo modo legalmente prescrito.

A grande questão em aberto, pelo menos nalguns autores, cifra-se em apurar se basta a correção processual para que se possa falar numa idoneidade de decisão. Certa doutrina mais marcadamente sociológica depôs nesse sentido, com exemplo claro em Luhmann[21].

Em casos extremos, assim é. A decisão judicial, contrária ao Direito, caso transite, é legítima e deve ser respeitada. A sua idoneidade advém-lhe, então, apenas do processo. Mas fora isso, a legitimidade processual deve andar lado a lado com a sindicância material. Processualmente legítima, a decisão aplicadora do Direito tem de procurar a justeza material[22]. Assim se justifica todo o sistema de recursos previstos nos Direitos modernos. E mais ainda: aí repousa toda a lógica das leis de processo, articuladas de modo a proporcionar, além de decisões legítimas, decisões justas, no sentido de conformes com o Direito (material) vigente.

---

[21] Niklas Luhmann, *Legitimation durch Verfahren* 2.ª ed. (1975), 30 ss..
[22] *Da boa fé*, 40, com indicações na nota 56.

VI. As leis de processo, até pela sua autonomia, hoje reconhecida, devem obedecer aos ditames da Ciência do Direito: elas têm uma eficácia material indiscutível.

A eficácia material das regras do processo não se denota, apenas, na sua funcionalização aos objetivos substantivos.

No próprio nível da busca das normas processuais, há regras (substantivas) a observar. Noutros termos: o nível adjetivo não é arbitrário: ele próprio integra-se na ordem jurídica, promovendo o repercutir dos seus valores fundamentais.

13. Teses defendidas e *iter*

I. De modo a tornar mais fácil a leitura e o entendimento desta obra, vamos, desde já, anunciar as teses a que, no final, ela vai permitir chegar[23]. São elas:

1.ª A litigância de má-fé surge como um instituto tipicamente processual e que permite, no momento, velar por alguns valores do processo; por si, não é capaz de ressarcir os prejudicados por danos ilícitos causados pelo exercício do direito de ação.

2.ª O abuso do direito de ação obedece aos ditames gerais dos exercícios inadmissíveis, subordinando-se ao competente regime; não é absorvido ou afastado pela litigância de má-fé e permite, nos termos gerais, fixar os limites internos do direito de ação.

3.ª A responsabilidade civil por incumprimentos ou por factos ilícitos, perpetrados pelo exercício do direito de ação ou a coberto desse direito, segue as competentes regras e tem fins preventivos e reparadores gerais; tão-pouco é absorvido ou afastado pela litigância de má-fé e demarca, também nos termos gerais, os limites externos do direito de ação.

II. Esses três institutos têm pressupostos próprios, fins seus e técnicas específicas de concretização. Todos eles são úteis para, no terreno, combater a deriva jurisdicional em curso no País.

---

[23] Esta orientação, presente na 1.ª (2006) e na 2.ª (2011) edições desta obra, foi, em termos gerais, sufragada e reforçada por Pedro de Albuquerque, no seu excelente estudo *Responsabilidade processual por litigância de má fé, abuso de direito e responsabilidade civil em virtude de actos praticados no processo* (2006), 11-14 e *passim*.

III. De modo a obter resultados – os quais foram pré-comunicados, ainda que só no final hajam sido alcançados – vamos investigar, com a necessária concisão, a origem histórica e o desenvolvimento desses três institutos, aplicando-os ao processo.

No caso de litigância de má-fé, vamos efetuar, por clareza, o confronto com o "dever de verdade" consagrado na ZPO alemã. Quanto ao abuso, verificaremos a aplicabilidade de cláusula geral de boa-fé ao processo. E no domínio da responsabilidade civil, prevenindo a eventualidade de nos ser contraposta a litigância de má-fé como "especialidade" autossuficiente, recordaremos os seus parâmetros atuais, distantes, já, da doutrina da segunda metade do século XX.

CAPÍTULO II
A LITIGÂNCIA DE MÁ-FÉ

§ 4.º ORIGEM E EVOLUÇÃO

14. Origem

I. O instituto da litigância de má-fé é tipicamente nacional. Na origem, encontramos leis do Estado destinadas a reprimir, em termos gerais, a má conduta processual[24].

Assim, segundo uma lei de D. Dinis[25]:

> E se o Juiz achar, que o accusador querellou maliciosamente, ou que he revoltoso, ou useiro de fazer taaes querellas e accusaçoões, ainda que aja per hu corregua, e pague as custas, den-lhe de mais alguã pena arbitraria, qual merecer.

Essa regra foi retomada por D. Afonso IV, sendo acolhida por D. Afonso V, nas Ordenações.

II. Nas Ordenações Manuelinas, a luta contra a malícia processual foi reforçada, no processo civil, com a manutenção do *juramento de calunia*[26],

---

[24] Diversos elementos podem ser confrontados em Pedro de Albuquerque, *Responsabilidade processual* cit., 29 ss. e em Paula Costa e Silva, *A litigância de má fé* (2008), 131 ss..

[25] *Ordenações Afonsinas*, liv. V, tit. XXVIII (ed. Gulbenkian, 109-110).

[26] *Ordenações Manuelinas*, liv. III, tit. XXIX, Pr. (ed. Gulbenkian, 101-102). Quanto ao juramento de calúnia *vide* Pedro de Albuquerque, *Responsabilidade processual* cit., 30 ss., com textos básicos.

já presente nas Ordenações Afonsinas[27]. Quando a lide fosse contestada, o juiz, sem necessidade de requerimento das partes,

> (...) dee juramento de calunia assi ao Autor como ao Reo, o qual juramento será universal pero todo o feito em esta forma: conuem a saber, o Autor jurará que nom moue essa demanda com tençam maliciosa, mas por entender que tem justa razam para a mouer, e proseguir atee fim; e bem assi o Reo jurará, que justamente entende defender essa demanda, e nom alguará, nem prouvará em ella cousa algũa, per malicia, ou enguano, mas que verdadeiramente se defenderá sempre atee fim do feito, segundo sua consciencia.

O *juramento de calunia* passou às Ordenações Filipinas[28], sendo explicado, por Pascoal de Mello, com raízes romanas[29]. A sua recusa implicava, para o autor, a perda da ação e o tratamento como litigante malicioso; para o réu, a confissão do pedido.

III. As Ordenações Filipinas mantiveram o nível penal da malícia no processo. À partida, determinava-se a condenação do quereloso que decaísse, nas custas. Sendo achado em malícia, ele seria condenado em dobro ou em tresdobro. E continuam[30]:

> E além disso, se o Julgador achar que o quereloso querelou maliciosamente, ou que he revoltoso e useiro a dar taes querelas, e fazer semelhantes accusações, dar-lhe-ha mais a pena crime arbitraria que lhe bem e direito parecer, segundo a qualidade da malicia e a prova que della houver.

IV. Esta breve ronda pelas Ordenações mostra que, na origem, o presente instituto, que virá a designar-se "litigância de má-fé", é tomado, antes de mais, como uma resposta à rebelião contra o Estado e contra a Lei. As sanções são aplicadas por iniciativa do próprio juiz e têm uma natureza penal.

---

[27] *Ordenações Afonsinas*, liv. III, tit. XXXVIII (ed. Gulbenkian, 135 ss.).
[28] *Ordenações Filipinas*, liv. III, tit. XLIII (ed. Gulbenkian, 627).
[29] Pascoal de Mello, *Instituições de Direito civil português tanto publico como particular*, trad. port. Pinto de Meneses, liv. IV, tit. XIX, § VIII = BMJ 171 (1967), 97-98.
[30] *Ordenações Filipinas*, liv. V, tit. CXVIII, § 1.º (ed. Gulbenkian, 1278).

Não está na preocupação do Direito, neste âmbito, assegurar os interesses das pessoas atingidas pela *querela maliciosa*. Apenas relevavam, em moldes penais, preocupações retributivas e preventivas, gerais e especiais.

A parte prejudicada pela conduta processual maliciosa da sua contendora nada podia obter pelos danos extrínsecos ao próprio processo[31]. Esta orientação correspondia ao escasso desenvolvimento então denotado pela responsabilidade civil: sem dúvida. Mas não só: ela tinha ainda, como preentendimento poderoso, a ideia de que, em processo, estamos em face de uma justa causa em que tudo é permitido e da qual ninguém se pode queixar. Cabe ao Direito e à sua Ciência superar este entendimento pouco humanista.

15. O surgimento de uma responsabilidade independente na jurisprudência do século XVII

I. Apesar da estreiteza normativa, cumpre sublinhar que, na jurisprudência do século XVII, já surgiam situações de condenação em "perdas e danos por injuria", mercê do desencadear doloso de medidas judiciais graves[32].

Assim, no *feito de Appellação* de Luís Francisco com Pedro Domingues, em 21-abr.-1676, ocorre o seguinte: o autor pede que o réu preste segurança por alegada falta de bens penhoráveis; não o tendo feito, o réu foi preso, ao abrigo do regime de responsabilidade pessoal de dívidas, então existente. Verifica-se, depois, que a dívida não existe. Decide o juiz:

E respeitando a calumnia com que o A pedira a dita injusta segurança o condenei nas perdas e damnos que se liquidassem em execução de sentença[33].

---

[31] Nesse sentido, *vide* as conclusões de Paula Costa e Silva, *A litigância de má fé* cit., 71-73.

[32] Outras indicações básicas constam de Paula Costa e Silva, *A litigância de má fé* cit., 73 ss..

[33] Lx 21-abr.-1676 (Leitão), em Manuel Álvares Pegas, *Resolutiones forenses praticabiles: in quibus multa, quae legum, et D.D. allegatione resolventur*, Pars Secunda, 2.º (1742), Cap. XVI, 1064/II. Confirmada pelo Senado, em julgamento de apelação, em 10-nov.-1675.

E prossegue, perante nova atuação desse tipo:

> E condemno-o nas perdas e damnos, e injuria, que deu azo ao R. com esta injusta prizaõ que se liquidaraõ na execução desta sentença, e nas custas pessoaes e dos autos. E outrosim o condemno em vinte cruzados para as despesas da Relaçaõ pelo dolo, e calumnia, de que animosamente usou, pedindo no mesmo Juizo a dita segunda segurança com occultação e fingimento do que havia precedido nos primeiros autos de segurança findos[34].

Ocorreram outras decisões do mesmo tipo[35]. Assim, um aresto da Casa da Suplicação de 1615, na causa entre Pedro Corrêa e Fernão Corrêa de Souza, exarou[36]:

> E será isto muito proveitoso ao bem commum, se se ordenar que os Aggravantes, que sem fundamento juridico aggravarem, sejão condemnados nas custas, e no mais que parecer aos Julgadores, considerada a malícia, ou injustiça do aggravo, e principalmente quando se interpõe aggravos em materiais criminaes.

II. As decisões apontadas não indicam a base legal nem o concreto conteúdo das *perdas e damnos*. Impor-se-ia uma cuidada investigação sobre a prática jurisdicional do Reino, nos séculos XVII e XVIII.

III. Pela nossa parte, interpretamos estas decisões como traduzindo a emergência, por via processual, da *culpa in petendo*, isto é: de esquemas de responsabilidade civil originados por atuações ilícitas em processo.

Num esquema baseado em precedentes, as decisões referidas poderiam ter constituído um ponto de partida para todo um ulterior desenvolvimento de uma responsabilidade assente em danos causados pelo processo. Tal não sucedeu. As facilidades legislativas conduzem a que, aquando da feitura de uma nova lei, tudo volte ao ponto zero.

---

[34] Manuel Álvares Pegas, ob. cit., 1065/II.
[35] *Vide* Jorge Cabedo (Giorgio de Cabedo I. C. Hispano), *Praticarum observationum sive decisionum Supremi Senatus Regni Lusitanae* (1684), decisio XXXIX (67) quanto à condenação em custas por embargos.
[36] Candido Mendes de Almeida, *Auxiliar Juridico servindo de Appendice à decima quarta edição do Codigo Philippino ou Ordenações do Reino de Portugal* (1869, reimp. Fundação C. Gulbenkian), 359 (aresto CXI).

16. Sanções e responsabilidade de advogados e procuradores

I. O Direito antigo permite ainda apontar uma responsabilidade própria dos advogados e dos procuradores.
As Ordenações Filipinas dispunham[37]:

> E aos advogados, que aconselharem contra nossas Ordenações, ou Direito expresso, incorrerão nas penas em que incorrem os Julgadores, que julgam contra Direito expresso. E os que fizerem petição de aggravo contra os autos, e não conforme a verdade, que nelles se contém ou a fizerem manifestamente contra Direito expresso, pagarão por cada petição, que assi fizerem, dous mil réis para as despesas da Relação.

II. A responsabilidade dos procuradores fica, assim, ilustrada[38]:

> E mandamos, que se as partes por negligencia, culpa, ou ignorancia de seus Procuradores, receberem em seus feitos alguma perda, lhes seja satisfeito pelos bens delles. E assi mesmo os ditos Procuradores pagarão ás partes as custas, que lhes fizerem pagar, por appellarem, ou aggravarem, onde por nossas Ordenações não couber appellação nem aggravo. (...)

III. A ideia subjacente foi retomada pela Lei da Boa Razão (18-ago.-1769), cujo § 7 dispunha[39]:

> *Item*: por quanto a experiencia tem mostrado que as sobreditas interpretações dos Advogados consiste ordinariamente em raciocinios frivolos, e ordenados mais a implicar com sophismas as verdadeiras disposições das Leis, do que a demonstrar por ellas a justiça das partes: Mando, que todos os Advogados que commetterem so referidos attentados, e forem nelles convencidos de dólo, sejão nos Autos, a que se juntarem os Assentos, multados, pela primeira vez em 50$000 réis para as despesas da Relação, e em seis mezes de suspensão; pela segunda vez em privação dos gráos, que tiverem da Universidade; e pela terceira em cinco annos de degredo para Angola, se fizerem assignar clandestinamente as suas Allegações por diferentes pessoas; incorrendo na mesma pena os assignantes, que seus nomes empresta-

---

[37] Ord. Fil., liv. I, tit. XLVIII, § 7 (ed. Gulbenkian, 87-88).
[38] Ord. Fil., liv. I, tit. XLVIII, § 10 (ed. Gulbenkian, 88).
[39] José Homem Corrêa Telles, *Commentario critico a Lei da Boa Razão em data de 18 de Agosto de 1769*, publ. no *Auxiliar Jurídico*/Apêndice às Ordenações Filipinas, reimp. C. Gulbenkian II, 443-478 (451/I).

rem para a violação de Minhas Leis, e perturbação do socego publico dos Meus Vassallos.

Corrêa Telles dava exemplos de sofismas[40]. Mas explicava que, para se aplicarem tais penas, era necessário que o advogado (...) *seja convencido de dólo*[41].

Aos rigores da Lei, a doutrina reagia fixando requisitos de difícil comprovação.

17. Conclusões

I. Com base nos elementos apontados, podemos considerar que o antigo Direito português estava bem ciente de que, a propósito dos processos e através deles, era possível provocar danos injustos às partes. Por isso, quer as leis, quer a jurisprudência conheciam esquemas destinados a prevenir e a reprimir o mal e, ainda que dentro de certos limites, a indemnizar os prejudicados.

II. O grande óbice que então se punha residia na incipiência da doutrina do processo e nas insuficiências do Direito da responsabilidade civil. As dificuldades em discernir com clareza esses dois planos levaram a um sedimentar da natureza pública da litigância de má-fé. Tal natureza, ainda que não assumida pela falta de uma contraposição clara entre o público e o privado[42], deixaria marcas duradouras na evolução subsequente.

III. Verificar-se-ia, ainda, como movimento aparentemente destinado a proteger os advogados de soluções rigorosas, como as patentes na Lei da Boa Razão, a introdução do requisito do dolo. Esta exigência, pelas dificuldades probatórias que provoca[43], neutralizava, na prática, o funcionamento da Lei.

---

[40] *Idem*, 451/II.
[41] *Idem*, 452/II.
[42] *Tratado* I, 4.ª ed., 88 ss..
[43] Nas palavras de Corrêa Telles, no *Commentario* à Lei da Boa Razão cit., 452/II: Em descuidos taes cahirão os mais abalisados Jurisconsultos (...)

§ 5.º O LIBERALISMO E AS CODIFICAÇÕES

18. Até ao Código de 1876

I. A natureza pública da figura da litigância de má-fé veio, na evolução subsequente, assumir uma feição tributária: optou-se pela sistemática condenação da parte vencida em multa, como fórmula destinada a obter receitas para o tesouro[44].

Tratava-se de uma injustiça patente: a parte podia ter litigado na convicção legítima de ter razão. Assim, a Assembleia Constituinte de 1820, por Decreto de 12 de novembro de 1822, relativo às Relações, veio determinar[45]:

> Art. 96.º Fica abolida a dizima da Chancellaria em todos os juízos e causas, em que até agora se pagava; e em logar da dizima se observará o seguinte.
>
> Art. 97.º O juiz da primeira instancia achando provado dôlo ou malicia em alguns dos litigantes, o condemnará a final na pena de cinco até vinte por cento do valor da demanda (...)
>
> Metade desta pena será applicada para o litigante vencedor, e a outra metade para a fazenda nacional.
>
> Os juizes da appelação poderão condemnar o litigante doloso, ainda que o juiz da primeira instancia o não tenha condemnado.

---

[44] Paula Costa e Silva, *A litigância de má fé* cit., 77 ss.. Quanto aos antecedentes desta medida: Pedro de Albuquerque, *Responsabilidade processual* cit., 37 ss. e António Furtado dos Santos, *A punição dos litigantes de má fé no Direito pátrio*, BMJ 4 (1948), 44-56 (53).

[45] *Collecção de Legislação das Cortes de 1821 a 1828* (s/d), n.º 261 (13).

Como se vê, abandonava-se a condenação automática em multa: apenas mediante uma apreciação individualizada se poderia chegar a um juízo de "dôlo ou malícia" e, daí, à condenação em certas penas pecuniárias.

Todavia, foi avanço de pouca dura. A Reforma Judiciária de 16-mai.-1832 (Mouzinho da Silveira) voltou às condenações automáticas. O seu artigo 267.º[46] dispunha:

> Nas causas civeis, a Parte condemnada por sentença pagará uma multa igual á decima parte do valor da causa, segundo a avaliação feita pelo Jury, e a multa se cobrará, logo que a sentença passar em julgado.
> § 1.º Esta multa cederá em beneficio da Fazenda (...)

A mesma medida ainda constava do artigo 828.º da Novíssima Reforma Judiciária[47]; na sua revisão, a Câmara dos Pares obteve a supressão de tal regra, considerada odiosa[48].

II. O reformismo do século XIX tinha consciência da necessidade de agilizar o processo, como modo de alcançar a Justiça. Explicava Chaves e Castro, ilustre fundador da *Revista de Legislação e de Jurisprudência*:

> Terá simplicidade e brevidade o processo, se for desembaraçado de actos e formalidades, que, sem concorrerem para o descobrimento da verdade, complicam e retardam o seu andamento, embaraçam as partes, favorecem a má-fé e a chicana, e confundem os juízes, não lhes deixando descobrir a verdade e administrar promptamente a justiça[49].

Esta aspiração exigiria que o promotor de medidas inúteis, embaraçantes e dilatórias fosse sancionado: uma solução a que se chegou, no caso de embargos movidos com culpa ou dolo[50]. Todavia, a multa em geral, a

---

[46] *Collecção de Decretos e Regulamentos mandados publicar por Sua Magestade Imperial o Regente do Reino desde que assumiu a regencia em 3 de Março de 1832 até à sua entrada em Lisboa em 28 de Julho de 1833*, Segunda Série (1836), 102-146 (144).

[47] José Dias Ferreira, *Novissima reforma judiciaria annotada* (1892), 221 (828.º); este Autor explicava que, perante o Código de Processo Civil então já em vigor, esta medida só podia ser imposta no caso de má-fé.

[48] José Dias Ferreira, *Código de Processo Civil Annotado*, 1 (1887), 203-204.

[49] Manuel d'Oliveira Chaves e Castro, *Estudos sobre a reforma do processo civil ordinario portuguez* (1866), 8.

[50] Francisco de Duarte Nazareth, *Elementos de processo civil*, 2 (1857), § 790 (92), com referência ao artigo 622.º da Nova Reforma Judiciaria.

§ 5.º O liberalismo e as codificações

aplicar em todas as ações ordinárias, mantinha-se como "pena pecuniária e fiscal"[51].

III. No termo desta evolução, o artigo 121.º do Código de Processo Civil, aprovado por Carta de Lei de 8 de novembro de 1876 (Barjona de Freitas)[52], veio dispor:

> Quando o juiz entender que a parte vencida litigou com má fé, impor-lhe-ha na sentença a multa de 10 por cento do valor em que decahir.

A ideia de "má-fé" foi introduzida, neste troço, a propósito da litigância injusta. O legislador não curou de definir a noção: pressuporia o sentido geral, vigente à época.

Como explicava Dias Ferreira[53],

> O Codigo deixa ao pleno arbitrio dos juizes a apreciação da má fé; e como correctivo a esse arbitrio estabeleceu recurso até ao Supremo Tribunal de Justiça de todas as decisões que impozessem multa (...)

A orientação de 1876 teve uma consequência prática da maior importância, que se manteve até hoje. A conjunção entre a má memória das multas automáticas e, assim, odiosas, e o arbítrio no julgamento da má-fé levaram os tribunais a uma extrema parcimónia nas condenações. A doutrina, de resto, logo tocou a rebate, para restringir o alcance da norma. Dizia Alves de Sá, a propósito do poder do juiz de apreciar a má-fé[54]:

> De que prudencia não carece, porém, o juiz no uso d'esta grave attribuição! Quem conhece o estado actual da jurisprudencia e da legislação, poderá só bem avaliar, quando dificil será tocar á verdade e acertar com o que litiga de má fé.

---

[51] Francisco de Duarte Nazareth, *Elementos de processo civil*, 1, 2.ª ed. (1854), §§ 520 e 522 (265 e 266).
[52] *Collecção Official de Legislação Portugueza/Anno de 1876* (1877), 293-410 (309). Este diploma resultou de um anteprojeto espontâneo, de Alexandre de Seabra.
[53] *Idem*, 205.
[54] Eduardo Alves de Sá, *Commentario ao Codigo de Processo Civil Portuguez* 1 (1877), 335.

Ou seja: no século XIX (como no século XXI!), está tudo tão mal que mais vale não fazer nada. De todo o modo, a jurisprudência lá foi fazendo o seu caminho, decidindo (algumas) condenações por litigância de má-fé[55]. Sempre sob uma especial sindicância: o juiz deve (...) *demonstrar a procedencia de motivos em que baseia essa condemnação*[56].

Como concluía Dias Ferreira, há mais de cento e trinta anos[57]:

> E tão grande é a repugnancia dos tribunaes em impôr multa mesmo aos litigantes, de má fé, que é preciso esta ser evidentissima para decretarem a condemnação.

IV. O artigo 126.º do mesmo Código de Processo Civil de 1876, dava uma certa projeção privada à litigância de má-fé. Dispunha:

> Nos casos dos artigos 121.º e 122.º o juiz condemnará tambem a parte vencida a pagar à outra uma indemnisação que elle arbitrará em quantia certa.
> § 1.º A indemnisação nunca poderá exceder o dobro das custas (...)

Estamos perante uma figura híbrida. Na verdade, não se previa um verdadeiro maquinismo para a apreciação dos danos, mas apenas um reforço de punição, que revertia, em termos compensatórios (e não ressarcitórios), para a contraparte. Os danos causados com a litigância ilícita não eram tidos em (grande) conta: basta ver que a indemnização estava, à partida, limitada ao dobro do valor das custas. Predominava, assim, a dimensão pública e punitiva, em consonância com a lógica do Direito anterior.

V. Data, ainda, do âmbito do velho Código de Processo Civil de 1876 a monografia clássica de Paulo Cunha sobre a simulação processual[58]. Este Autor inclui as regras sobre a litigância de má-fé entre[59]:

---

[55] Alexandre de Sousa e Mello, resposta a uma consulta em RT 1 (1882), 100-102 (102/II).
[56] Alexandre de Sousa e Mello, resposta a uma consulta em RT 1 (1882), 100-102 (102/II).
[57] Dias Ferreira, *Código de Processo Civil Annotado* cit., 1, 204.
[58] Paulo A. V. Cunha, *Simulação processual e anulação do caso julgado* cit., 17 ss..
[59] *Idem*, 38.

(...) as disposições legais que procuram evitar ou reprimir directamente formas de actividade dolosa no decurso do processo (...)

Deve-se a Paulo Cunha uma análise classificatória dos diversos tipos de dolo processual[60]. Trata-se de matéria que se iria repercutir no momento histórico seguinte. De todo o modo e como vimos, Paulo Cunha sufragava a orientação da autonomia processual: as partes podiam usar de "astúcia", ainda que em detrimento da substância.

VI. A litigância de má-fé, tal como resultou do Código de Processo Civil de 1876, não foi alterada pelas medidas de reforma introduzidas pelo Decreto n.º 12:353, de 22-set.-1926 (Manuel Rodrigues)[61]. Haveria, para tanto, que aguardar o momento histórico seguinte.

19. O Código Alberto dos Reis (1939)

I. Após uma adequada preparação, foi adotado, pelo Decreto-Lei n.º 29:637, de 28 de maio de 1939, um novo Código de Processo Civil[62]. No fundo, trata-se do diploma que ainda hoje nos rege.

A matéria da litigância de má-fé obteve, aí, a seguinte regulação[63]:

ARTIGO 465.º
(Responsabilidade no caso de má fé no litígio. Definição de má fé)

Tendo a parte litigado de má fé, será condenada em multa e numa indemnização à parte contrária, se esta a pedir.

Deve considerar-se litigante de má fé não só o que tiver deduzido pretensão ou oposição cuja falta de fundamento não podia razoavelmente desconhecer, como também o que tiver conscientemente alterado a verdade

---

[60] Idem, 47 ss.. Cf., de modo actualizado, Luso Soares, *A responsabilidade processual civil* (1987), 258.

[61] *Collecção Official de Legislação Portuguesa publicada no ano de 1926/Segundo semestre* (1930), 561-572. Foram, então, ampliados os "poderes de inspecção do juiz" – cf. Alberto dos Reis, *Breve estudo sobre a reforma do processo civil e comercial*, 2.ª ed. (1933), 211 ss. – sem, todavia, alterar o tema da má-fé.

[62] DG I Série, n.º 123, de 28-mai.-1939, 419-548

[63] DG n.º 123 cit., 454/II e 455/I. Vide Alberto dos Reis, *Código de Processo Civil Anotado*, 2 (1981, reimp. da 3.ª ed.), 255 ss., com elementos históricos e de Direito comparado muito alargados.

dos factos ou omitido factos essenciais e o que tiver feito do processo ou dos meios processuais um uso manifestamente reprovável, com o fim de conseguir um objectivo ilegal ou de entorpecer a acção da justiça ou de impedir a descoberta da verdade.

Desta feita, a Lei introduziu uma definição de "litigante de má-fé". Aparentemente, a remissão tácita para o conceito geral de má-fé era insuficiente, para tranquilizar os operadores jurídicos. A definição dada é restritiva: só em pequena margem permitia condenações.

II. Analisando a matéria, Alberto dos Reis distinguia[64]:

a) A lide cautelosa;
b) A lide simplesmente imprudente;
c) A lide temerária;
d) A lide dolosa.

A boa-fé seria compatível com as três primeiras hipóteses. Designadamente quanto à lide temerária: haveria, nela, um erro grosseiro; o litigante foi para juízo sem tomar em consideração as razões ponderosas que comprometiam a sua pretensão. Mas mesmo nesta eventualidade, não haveria sanção. Esta, tal como sucede com os crimes, exigiria o dolo. A diversa doutrina insistia nesta visão (muito) restritiva[65].

III. Assim sendo, a litigância de má-fé mantém-se como um ilícito público[66], a decidir pelo juiz, logo no processo em jogo. É certo que se manteve a possibilidade da condenação em indemnização à outra parte, se esta a pedir. Todavia, essa indemnização obedecia a regras diversas das da verdadeira responsabilidade civil: um tema que, ainda hoje, conserva atualidade e ao qual iremos regressar.

A doutrina da época explicava que a fixação de indemnização nunca poderia ficar pendente de liquidação em execução de sentença. Determi-

---

[64] *Idem*, 262. *Vide*, também, José Alberto dos Reis, *Má fé no litígio*, RLJ 85 (1953), 329-332 (332/I).
[65] *Vide* Álvaro do Amaral Barata, *Parecer*, na ROA 10, 3 e 4 (1950), 516-530 (529); este parecer, publicado em 1950, vem datado de 11-dez.-1930; visto o seu conteúdo e a data da sua aprovação (25-dez.-1950), há gralha: datará de 11-dez.-1950.
[66] Estava em jogo a violação de regras processuais – Paula Costa e Silva, *Litigância de má fé* cit., 213 – e não de regras substantivas.

nada pela "intensidade da má-fé do litigante, conjugada com as circunstâncias reais e pessoais que aumentem ou diminuam o grau doloso da conduta maliciosa"[67], a indemnização deveria ser sempre fixada em quantia certa, "... para que a responsabilidade real e efetiva do litigante de má-fé impeça que este possa continuar a cansar e moer a outra parte e para que seja concedida imediatamente a reparação devida ao litigante de boa-fé"[68].

Como se vê: nada disto tem a ver com a responsabilidade civil propriamente dita.

20. O Código de 1961

I. A matéria da litigância de má-fé foi alterada pelo Código de Processo Civil de 1961 e pela reforma de 1995: curiosamente, em sentidos divergentes[69].

O Código de Processo Civil foi reformulado pelo Decreto-Lei n.º 44 129, de 28 de dezembro de 1961 (Antunes Varela).

O artigo 456.º/1, a não confundir com uma cláusula geral, começa pela estatuição:

> Tendo litigado de má-fé, a parte será condenada em multa e numa indemnização à parte contrária, se esta a pedir.

A previsão consta do n.º 2, do qual resulta uma redação diversa da anterior, para a noção de litigante de má-fé. Assim, segundo o novo artigo 456.º/2, do Código de Processo Civil[70],

> Diz-se litigante de má fé não só o que tiver deduzido pretensão ou oposição cuja falta de fundamento não ignorava, como também o que tiver conscientemente alterado a verdade dos factos ou omitido factos essenciais e o que tiver feito do processo ou dos meios processuais um uso manifestamente reprovável, com o fim de conseguir um objectivo ilegal ou de entorpecer a acção da justiça ou de impedir a descoberta da verdade.

---

[67] António Furtado dos Santos, *A punição dos litigantes de má fé no Direito pátrio*, BMJ 4 (1948), 44-56 (50).

[68] *Idem*, loc. cit..

[69] Sobre toda esta evolução *vide* o desenvolvimento cuidado de Pedro de Albuquerque, *Responsabilidade processual* cit., 41 ss..

[70] DG I, n.º 299, de 28-dez.-1961, 1783-1962 (1842/I).

Eis a diferença[71]:

– enquanto o Código de 1939 considerava má-fé a pretensão ou oposição cuja falta de fundamento o agente *não podia razoavelmente desconhecer*,
– o Código de 1961 fica-se por aquelas cuja falta de fundamento ele *não ignorava*.

No primeiro, ainda valia um certo nível ético, uma vez que o desconhecimento (muito) culposo era punido; no segundo, a lei remetia-se a um nível psicológico: só o conhecimento era sancionado, ficando de fora a culpa ou a negligência, mesmo grave[72]. A *probatio* seria, além do mais, *diabolica*.

II. A litigância de má-fé dependia, como se vê, do dolo da parte[73]. O dolo poderia ser:

– substancial: falta de fundamento ou alteração consciente da verdade dos factos;
– instrumental: uso manifestamente reprovável do processo ou dos meios processuais.

Na hipótese substancial, teria de haver um *conhecimento* da falta de fundamento ou uma alteração *consciente* da verdade dos factos; na instrumental, lidamos com um uso manifestamente reprovável do processo ou dos meios processuais, mas desde que com o fim de conseguir um objetivo ilegal ou de entorpecer a ação da justiça ou, ainda, de impedir a descoberta da verdade.

Como se vê, em qualquer das hipóteses, exigia-se uma vontade do agente diretamente dirigida contra regras jurídicas. Este estado de coisas envolve duas considerações:

---

[71] Pedro de Albuquerque, *Responsabilidade processual* cit., 47 ss..
[72] João de Castro Mendes, *Manual de Processo Civil* (1963), 153, nota 1.
[73] Os tribunais passaram a usar, com benevolência, uma asserção deste tipo, com exemplo em STJ 17-nov.-1972 (Oliveira Carvalho), BMJ 221 (1972), 164-169 (167):
(...) não é de atender o pedido de condenação do executado em multa e indemnização como litigante de má fé, visto que só a lide essencialmente dolosa, e não a meramente temerária ou ousada, justificar, aquela condenação e os autos não comprovarem a existência de dolo substancial ou instrumental.

– a manutenção da estrutura penal da litigância de má-fé;
– as dificuldades na sua aplicação prática.

III. Nesta como noutras matérias, devemos sempre ter bem presentes as consequências reais das soluções a que se chegue. No âmbito do Direito penal, estamos perante condutas muito enérgicas (as que integrem os tipos legais de crimes). Aí, o juízo de dolo, verificados os factos, é relativamente fácil. Fora dele e, designadamente, no Direito civil ou no Direito processual civil, onde não há tipos de ilícitos mas, antes, fórmulas gerais, qualquer conduta, por disparatada que se apresente, pode ser sempre defendida como (meramente) negligente. Exigir o dolo para pôr em ação a responsabilidade civil equivale, de facto, a bloqueá-la: a prova do dolo é muito difícil.

No caso da litigância, pior ainda: o advogado cumpre o seu dever, cabendo-lhe fazer tudo o que seja possível para ganhar; a parte não sabe de nada, pois confia no seu advogado.

Na falta de um adequado sistema de pressupostos, a litigância de má-fé bloqueia.

21. A reforma de 1995

I. Na reforma de 1995/1996, a ideia de litigância de má-fé foi, outra vez, alterada. Nestes termos – artigo 456.º/2, nova versão:

> Diz-se litigante de má fé quem, com dolo ou negligência grave:
>
> a) Tiver deduzido pretensão ou oposição cuja falta de fundamento não devia ignorar;
> b) Tiver alterado a verdade dos factos ou omitido factos relevantes para a decisão da causa;
> c) Tiver praticado omissão grave do dever de cooperação;
> d) Tiver feito do processo ou dos meios processuais um uso manifestamente reprovável, com o fim de conseguir um objectivo ilegal, impedir a descoberta da verdade, entorpecer a acção da justiça ou protelar, sem fundamento sério, o trânsito em julgado da decisão.

As novidades são patentes:

– alargou-se a litigância de má-fé à hipótese de negligência grave, equiparada, para o efeito, ao dolo;

– procedeu-se a uma tipificação mais vincada das condutas que, a serem perpetradas com dolo ou com negligência grave, integram a litigância de má-fé;
– isolou-se uma nova conduta relevante: a omissão grave do dever de cooperação.

O preâmbulo do Decreto-Lei n.º 329-A/95, de 12 de dezembro, explicitou a alteração, nos seguintes termos[74]:

> Como reflexo e corolário do princípio da cooperação, consagra-se expressamente o dever de boa fé processual, sancionando-se como litigante de má fé a parte que, não apenas com dolo, mas com negligência grave, deduza pretensão ou oposição manifestamente infundadas, altere, por acção ou omissão, a verdade dos factos relevantes, pratique omissão indesculpável do dever de cooperação ou faça uso reprovável dos instrumentos adjectivos (...)

II. A preocupação legal em liberalizar as lides danosas é tão acentuada que chega a contundir com o bom português, encavalitando requisitos repetitivos uns nos outros. Sem prejuízo do que abaixo se dirá sobre o regime, desde já acentuamos uma vincada vertente significativo-ideológica assumida pela letra da lei. Exige-se, para a litigância de má-fé, além do dolo ou negligência *grave*, a omissão *grave* do dever de cooperação, entre outras hipóteses. Além disso, proliferam as hipérboles: falta de fundamento que *não devia* ignorar e uso *manifestamente* reprovável e, ainda então, com um *objetivo ilegal*.

O legislador parece ter medo de penalizar a litigância de má-fé: uma ocorrência estranha, que só se compreende pelos antecedentes históricos apontados e pelo exacerbar de garantismo. É evidente que o garantismo, mesmo em excesso (só) merece encómios: mas não à custa do seu semelhante.

22. O Código de 2013

I. Como vimos, quer o Memorando da Troika, quer a justificação de motivos que antecedeu a Proposta de Lei n.º 113/XII, anunciavam medidas

---

[74] DR I-A n.º 285/95 (Suplemento), de 12-dez.-1995, 7780(2)-7780(24) [7780(4/II)].

§ 5.º O liberalismo e as codificações 61

destinadas a combater as pendências processuais e as manobras dilatórias. Deve dizer-se que essa matéria fora antecedida por um estudo elaborado, em 2010, no âmbito do Ministério da Justiça, sobre a litigância de má-fé[75]. Esse estudo, assente numa análise dogmática do instituto e numa série de entrevistas, concluiu por uma sua escassa aplicação, explicada com seis razões[76]:

(a) a insuficiência das multas, balizadas por limites máximos;
(b) a confluência com os pressupostos de outros institutos;
(c) a exigência de contraditório, antes da aplicação da multa;
(d) dificuldades probatórias;
(e) recursos não coincidentes.

Também se acentua a falta de reação da Ordem dos Advogados, perante situações de litigância de má-fé. Entre 2001 e 2005, apenas houve 10 processos disciplinares, dos quais 8 concluíram com o arquivamento do processo e a absolvição do mandatário visado[77]. Não é credível.

II. Apoiado neste estudo e nas regras derivadas do compromisso com a Troika, o legislador tinha a via aberta para repensar o instituto da litigância de má-fé. Praticamente, não o fez, salvo no tocante ao montante das indemnizações. Pelo contrário.

III. Os artigos 456.º, 457.º, 458.º e 459.º, que integravam uma secção III, intitulada "multas e indemnização", passaram a um capítulo III, com o mesmo título, sendo, agora, os artigos 542.º, 543.º, 544.º e 545.º.
A novidade cifra-se no artigo 544.º (ex-458.º), onde se suprimiu a responsabilidade autónoma do representante de pessoas coletivas, por litigância de má-fé. Com isso, obviamente, limita-se a eficácia do instituto. Não lográmos, apesar de diversas diligências, qualquer esclarecimento sobre o sentido da "novidade".
O artigo 545.º (ex-459.º) comporta modificações formais.

---

[75] Direção-Geral da Política de Justiça, *Regime jurídico da litigância de má-fé/ Estudo de avaliação de impacto*, Novembro de 2010, 56 pp., a que acrescem anexos.
[76] *Idem*, 45.
[77] *Idem*, 50.

23. Conclusões

I. O Direito vigente conserva uma margem estreita, para a litigância de má-fé. Apesar de um certo alargamento através da admissão, como fundamento de responsabilidade, da "negligência grave" – no fundo: um regresso a 1939 –, o dispositivo da litigância de má-fé, decalcado da conceção público-penal do instituto, mantém-se muito restritivo. O próprio preâmbulo do Decreto-Lei n.º 329-A/95, em troço acima transcrito, refere "... sancionando-se como litigante de má-fé a parte que ...": não há uma perspetiva de ressarcimento da parte prejudicada, como sucederia perante a responsabilidade civil. Adiante veremos o suplemento de razões que nos leva a afastar o instituto da litigância de má-fé do da responsabilidade civil.

A reforma de 2013, salvo quanto a montantes de condenação, nada mudou. Pelo contrário: ao suprimir a responsabilidade autónoma dos representantes de pessoas coletivas em situações de litigância de má-fé, deu um aparente sinal para a impunidade de práticas irregulares.

II. A estreiteza legal veio confluir com uma cultura de impunidade, por factos perpetrados na lide processual. Uma vez submetidas à Justiça do Estado, as partes passam a responder apenas pela observância de um mínimo de regras públicas, sindicadas pelo juiz. Fora isso, consideram-se inseridas numa dimensão em que tudo é possível.

III. Há, aqui, uma dimensão ontológica, que passa despercebida aos mais ilustres processualistas, que não estejam familiarizados com a moderna dogmática da responsabilidade civil e na qual teremos de insistir. A responsabilidade por dolo ou culpa grosseira visa, em primeira linha, a ação; a responsabilidade por negligência dirige-se ao resultado da conduta. Ora esta última consome a primeira. Quer isto dizer que, perante um resultado ilícito ou ilegítimo, são automaticamente desencadeados os esquemas da responsabilidade por dolo ou negligência, uma vez que, pelo menos, houve negligência; mas não são aplicáveis, de imediato, os esquemas de uma responsabilidade por dolo ou culpa grosseira, porque isso pressupõe investigar a conduta do agente.

Limitar uma responsabilidade ao dolo ou à culpa grosseira não é uma "graduação"; é uma despromoção que, de facto, restringe qualitativamente qualquer tutela civil das situações envolvidas.

§ 6.º CONFIGURAÇÃO, REGIME E NATUREZA

24. Configuração; a atuação substancial ou processual

I. Conhecidas a origem e a evolução do instituto, cabe determinar as suas configuração e natureza.

No domínio da configuração, cumpre reter o seguinte: a litigância de má-fé apresenta especificidades quanto à conduta sancionada, quanto à culpa e quanto às consequências[78].

No tocante à conduta sancionada, temos três tipos de atuação substancial e um de conduta processual. Principiemos pela atuação substancial, a qual pode ter a ver com:

– o deduzir pretensão ou oposição cuja falta de fundamento se não deva ignorar – 542.º/2, *a*);
– o alterar a verdade dos factos ou o omitir factos relevantes para a decisão da causa[79] – 542.º/2, *b*);
– a omissão grave do dever de cooperação – 542.º/2, *c*).

II. Deduzir pretensão ou oposição cuja falta ou fundamento se não deva ignorar – portanto: 542.º/2, *a*) – é situação sancionada perante as decorrências seguintes:

– intentar uma ação a pedir um preço, depois de se declarar que ele já fora recebido[80];

---

[78] Quanto ao preceito: José Lebre de Freitas/A. Montalvão Machado/Rui Pinto, *Código de Processo Civil Anotado*, 2, 2.ª ed. (2008), 218 ss. e Paula Costa e Silva, *Litigância de má fé* cit., 380 ss..

[79] RPt 2-jun.-2003 (Sousa Peixoto), CJ XXVII (2003) 3, 236-238 (238/II): um trabalhador, no domínio disciplinar, nega factos a ele relativos e que se vieram a provar: litiga de má-fé.

[80] RLx 19-jan.-2012 (Olindo Geraldes), Proc. 1947/05.

– intentar uma ação de demarcação depois de perdida uma ação de reivindicação relativa ao local visado[81];
– requerer um arresto invocando uma dívida que, anteriormente, se declarara estar solvida[82];
– recorrer em violação do caso julgado[83].

III. Alterar a verdade dos factos ou omitir factos relevantes para a decisão da causa – ou seja, a previsão do artigo 542.º/2, b) – verifica-se nos casos que seguem:

– negar a assinatura num documento, efetivamente assinado pelo próprio[84];
– negar o envio de uma carta de caducidade do contrato de trabalho que foi, realmente, mandada[85].

A jurisprudência matiza esta hipótese de litigância de má-fé, explicitando que a alteração relativa a factos opera apenas se eles interferirem na decisão final[86]. Não é relevante quando o seu autor esteja convicto da existência do direito alegado[87], quando a parte considerada tenha sido vencida, apenas, mercê do funcionamento do ónus da prova[88] ou quando a alteração dos factos não seja deliberada[89].

IV. A omissão grave do dever de cooperação – 542.º/2, c) – surge mencionada em reforço das demais previsões de atuação substancial de má-fé[90]. Com efeito, esta previsão entra facilmente em conflito com os deveres de patrocínio dos mandatários. A própria lógica de um processo de partes dificulta a colaboração sincera, em prol da verdade.

---

[81] RCb 27-mar.-2012 (Francisco Caetano), Proc. 219/10.
[82] RCb 9-out.-2012 (Artur Dias), Proc. 374/10.
[83] RLx 10-mai.-2012 (Sérgio Almeida), Proc. 794/10.
[84] REv 13-out.-2011 (José António Penetra Lúcio), Proc. 120/08.
[85] REv 28-jun.-2012 (Correia Pinto), Proc. 153/09.
[86] RGm 29-nov.-2011 (Isabel Rocha), Proc. 4595/10.
[87] RGm 26-jan.-2012 (Maria Luísa Ramos), Proc. 365/10.
[88] RGm 4-mar.-2013 (Manuela Fialho), Proc. 491/08.
[89] REv 6-jun.-2013 (Paula do Paço), Proc. 90/11.
[90] Assim, em REv 28-jun.-2012 (Correia Pinto), Proc. 153/09.2, já citado.

V. No campo da conduta processual, o artigo 542.º/2, *d*), relata um uso manifestamente reprovável do processo ou dos meios processuais, com um de três fins:

– conseguir um objetivo ilegal;
– impedir a descoberta da verdade;
– protelar, sem fundamento sério, o trânsito em julgado da decisão[91].

Muitas vezes estes planos processuais surgem embricados com a atuação substantiva.

VI. É importante sublinhar que a lei processual castiga a litigância de má-fé, independentemente do resultado. Apenas releva o próprio comportamento, mesmo que, pelo prisma do prevaricador, ele não tenha conduzido a nada[92]. Digamos que, na velha querela entre a ilicitude como desvalor do resultado (*Erfolgsunrecht*), de feição civil e como desvalor da conduta (*Verhaltungsunrecht*), de tipo penal[93], a litigância de má-fé envereda, claramente, por este último. O dano não é pressuposto da litigância de má-fé.

VII. Os preceitos atinentes às condutas relativas à litigância de má-fé têm uma aplicação estrita. Assim, eles não se aplicam em processo penal[94]. Exige-se, ainda, que as condutas visadas sejam "manifestas" e "inequívocas"[95], requerendo uma quase certeza, por parte do julgador, dado o desmerecimento que envolvem[96] e suscitando, a este, prudência e cuidado[97] e especiais cautelas[98].

---

[91] RCb 13-jan.-2000 (Gonçalves Afonso), CJ XXV (2000) 1, 63-66 (66/I): "ao deduzir oposição à penhora, sem qualquer fundamento juridicamente válido, face ao trânsito em julgado da sentença que serve à execução, a embargante sabe que está a utilizar um meio processual cujo uso é manifestamente reprovável, para entorpecer a acção da justiça ...".

[92] REv 21-mar.-2000 (Manuel Cipriano Nabais), BMJ 495 (2000), 381/II e RLx 21-jun.-2012 (Ezagüy Martins), Proc. 6139/08.

[93] Quanto à superação deste problema, na doutrina mais recente, *Tratado* II/3, 437 ss..

[94] RLx 22-nov.-2011 (Jorge Gonçalves), Proc. 121/08; RCb 13-jan.-2012 (Alberto Mira), Proc. 2906/08.

[95] RGm 5-jul.-2012 (Maria Luísa Ramos), Proc. 5367/09.

[96] RCb 9-abr.-2013 (Carlos Moreira), Proc. 1210/10.

[97] RPt 7-nov.-2011 (Caimoto Jácome), Proc. 4764/09.

[98] RGm 10-set.-2013 (António Figueiredo de Almeida), Proc. 50904/10.

As condutas vedadas não são permitidas pelo artigo 20.º da Constituição (acesso ao Direito e tutela jurisdicional efetiva)[99].

25. A exigência de dolo ou de negligência grave

I. Quanto à culpa e na sequência da evolução acima retratada, são hoje penalizadas, como litigância de má-fé, determinadas condutas especialmente tipificadas, desde que cometidas:
– com dolo;
– com negligência grave.

No Direito penal releva, em regra, o dolo: a negligência apenas quando especialmente prevista na lei – artigo 13.º, do Código Penal. No Direito civil, dolo e negligência são equiparados, para efeitos de responsabilidade – artigo 483.º/1, do Código Civil. As diversas modalidades de negligência (grave, simples, leve e levíssima) têm tratamento idêntico.

II. No Direito processual – 1995/96 e, agora, 2013 – valem o dolo e a negligência grave: não a comum. A jurisprudência, ainda que sublinhando o alargamento que a relevância agora dada à negligência (grave) significa[100], restringe esse alargamento às prevaricações substanciais; nas processuais – 456.º/2, d), hoje 542.º/2, d) – apenas relevaria o dolo[101]. Na mesma linha restritiva, a sanção pela negligência grave é considerada excecional, não se aplicando a processos iniciados antes de 1-jan.-1997[102]. A própria negligência grave é entendida como "imprudência grosseira, sem aquele mínimo de diligência que lhe teria permitido facilmente dar-se conta da desrazão do seu comportamento, que é manifesta aos olhos de qualquer um"[103]. Fórmula restritiva uma vez que, quem se apresenta no foro acompanhado pelo seu advogado, não é "qualquer um". Ela é, de resto, retomada em múltiplos arestos, sempre com um sentido restritivo ou

---

[99] STJ 16-fev.-2012 (Sérgio Poças), Proc. 268/10.
[100] STJ 6-jun.-2000 (Tomé de Carvalho), CJ/Supremo VIII (2000) 2, 100-102 (102/I) = BMJ 498 (2000), 179-183 (182/II).
[101] RLx 4-mai.-2000 (Nunes da Costa), BMJ 497 (2000), 433/I.
[102] STJ 11-nov.-1999 (Lúcio Teixeira), 99B871.
[103] STJ 6-dez.-2001 (Afonso de Melo), 01A3692.

desculpante, dadas, para mais, as dificuldades de prova que envolve[104]. A negligência grave é posicionada em situações nas quais o autor afirme um facto nuclear falso, sem curar de aferir a sua veracidade[105].

III. A exclusão da "responsabilidade" por negligência simples não implica, apenas, uma questão de graduação. Ela centra o ilícito na conduta e obriga, no momento da aplicação, a apurar e a qualificar o comportamento do agente: tarefa complicada, quer a nível de prova, quer no plano da decisão. Pelo contrário: uma negligência comum resulta, logo, da simples ocorrência de um resultado não-querido pelo Direito. A prova é fácil, cabendo ao agente demonstrar que não houve causalidade (normativa).

Por exemplo: num processo, resulta que, no seu decurso, a honra do Autor foi gravemente atingida; há negligência do Réu, pois cabia-lhe agir com o cuidado necessário para que tal não sucedesse; mas será difícil demonstrar que houve dolo ou negligência grosseira, pois o Réu logo dirá que só pretendeu defender-se ...

Não é possível invocar o artigo 494.º do Código Civil, que permite a redução equitativa da indemnização no caso de imputação aquiliana negligente: uma coisa é minimizar a indemnização (o que só pode ser feito com muita cautela) e outra é interferir nos pressupostos da responsabilidade civil, o que suprime, *ad nutum*, qualquer censura jurídica.

26. Oficiosidade, contraditório e recursos

I. A litigância de má-fé opera oficiosamente: apenas a parcela relativa à indemnização exige um pedido do beneficiário – 542.º/1, do Código de Processo Civil[106].

II. Pedida uma condenação por litigância de má-fé, é sempre dada a possibilidade de a outra parte se pronunciar, em nome do princípio do

---

[104] RGm 26-jan.-2012 (Maria Luísa Ramos), Proc. 365/10.6 e RGm 29-mai.-2012 (Fernando Fernandes Freitas), Proc. 3871/10.
[105] RCb 26-jun.-2012 (Carlos Gil), Proc. 3070/09.
[106] Mesmo quando haja condenação oficiosa, o litigante de má-fé deve ser previamente ouvido ao abrigo do princípio do contraditório: STJ 28-fev.-2002 (Garcia Marques), CJ/Supremo X (2002) 1, 111-114 (113/II).

contraditório[107]. Essa regra mantém-se mesmo nos casos de condenação oficiosa[108]. O respeito pelo contraditório é, sempre, indicado. Todavia, como veremos, a sua aplicação à litigância de má-fé retira-lhe, por vezes, a eficácia: num processo marcado por práticas dilatórias e agressivas, vir pedir uma condenação por litigância de má-fé envolve novas demoras e novos desacatos.

III. O artigo 542.º/3 confere, no caso de condenação por litigância de má-fé (e não no de não-condenação, apesar de pedida), sempre um grau de recurso, independentemente do valor da causa e da sucumbência[109].

Confrontado com recursos, o Supremo explica, por vezes, que vindo a condenação das instâncias, mercê de factos nelas apurados e que não se mostram alterados, nada mais haveria a considerar[110].

27. A indemnização e os representantes de pessoas coletivas

A indemnização segue as regras prescritas no artigo 543.º: claramente mais restritivas do que o princípio geral das indemnizações – artigos 562.º e seguintes, do Código Civil.

Em bom rigor, o final do artigo 543.º/1, *b*), ao referir a (…) *satisfação dos restantes prejuízos sofridos pela parte contrária como consequência direta ou indireta da má fé*, pareceria poder cobrir os mais diversos danos[111]. Três fatores levam a que tal não suceda. Assim:

– apenas estão em causa os danos dolosos ou grosseiramente negligentes, o que deixa por ressarcir danos correspondentes aos valores tutelados por normas violadas;
– o artigo 543.º/2, ao apelar para o "prudente arbítrio" e "o que parecer razoável" demonstra uma preocupação minimizadora; danos

---

[107] RGm 9-out.-2012 (Ana Cristina Duarte), Proc. 79603/10; RCb 11-dez.-2012 (Maria José Guerra), Proc. 1145/04; REv 14-dez.-2012 (António Ribeiro Cardoso), Proc. 731/09.
[108] RGm 2-jul.-2013 (Rosa Tching), Proc. 39/12, além do aresto do Supremo citado na nota 106.
[109] Vide STJ 21-nov.-2012 (Maria Clara Sottomayor), Proc. 3365/04.
[110] STJ 24-mai.-2012 (Lopes do Rego), Proc. 850/07; STJ 16-out.-2012 (Salazar Casanova), Proc. 649/04.
[111] Paula Costa e Silva, *A litigância de má fé* cit., 582 ss..

são danos: a "prudência" nada mais é do que uma mensagem subliminar, dirigida ao juiz, para que minimize a indemnização, deixando danos por ressarcir;
– todo o preceito está imerso numa cultura de mera sindicância de atitudes aberrantes e não numa preocupação humanista de tutela das pessoas.

II. Uma interpretação avançada talvez permitisse remover os dois últimos obstáculos. De todo o modo: feito o confronto com os artigos 562.º e seguintes do Código Civil, verifica-se que o instituto "litigância de má-fé" fica, na dogmática como nos resultados, (muito) aquém da indemnização civil. Registamos, com agrado, que já se admitiu uma condenação que contemplasse danos morais[112]. Bem.

III. Aspeto muito diverso do civil era, ainda, o do antigo artigo 458.º do Código de Processo Civil, versão de 1995-1996:

> Quando a parte for um incapaz, uma pessoa coletiva ou uma sociedade, a responsabilidade das custas, da multa e da indemnização recai sobre o seu representante que esteja de má fé na causa.

Com base neste preceito, a jurisprudência já tem considerado que uma sociedade comercial não pode ser condenada como litigante de má-fé[113]. Como é sabido, as pessoas coletivas são, em geral, responsabilizáveis, quer civil, quer mesmo penalmente, por atos que, pela natureza das coisas, são necessariamente praticados pelos seus representantes[114]. A regra processual relativa à litigância de má-fé ia em total contraciclo: apenas se explica pelas apontadas razões históricas. Mas já faria sentido quando se entendesse que a pessoa coletiva podia ser condenada, bem como o representante[115], desde que cumprido o contraditório[116]. Assim tomado, o

---

[112] REv 20-dez.-2012 (Maria Isabel Silva), Proc. 1353/11.
[113] RCb 17-jan.-1989 (Costa Marques), BMJ 383 (1989), 622; RCb 16-fev.-1993 (Costa Marques), BMJ 424 (1993), 747; STJ 16-mai.-2000 (Silva Paixão), CJ/Supremo VIII (2000) 2, 64-67; REv 2-mar.-2002 (Mário Manuel Pereira), CJ XXVII (2002) 3, 241--245 (245/I); RGm 10-nov.-2011 (Maria Luísa Ramos), Proc. 387645/09.
[114] *Tratado* II/3, 619 ss..
[115] RPt 17-set.-2012 (Machado da Silva), Proc. 1052/07.
[116] RLx 8-nov.-2012 (Ondina Carmo Vaz), Proc. 7643/07; REv 7-fev.-2012 (José António Penetra Lúcio), Proc. 149/03.

preceito era muito útil: perante algumas pessoas coletivas, uma condenação, mesmo elevada, é irrelevante. A condenação dos seus administradores (ou representantes legais)[117] era dissuasória. A revogação do artigo 458.º e a sua substituição pelo atual 544.º, que já não prevê tal condenação é, objetivamente, uma medida que retira eficácia ao instituto aqui em estudo.

IV. Por fim: exceto (porventura) na parte relativa a um eventual pedido cível[118], a condenação por litigância de má-fé não opera, como se disse, no processo penal[119]. Funciona aqui, ainda que de modo não assumido, o princípio da tipicidade penal: *nullum crimen sine lege*.

28. Natureza

I. A litigância de má-fé surge, por tudo quanto foi apontado, como um instituto processual, de tipo público e que visa o imediato policiamento do processo. Não se trata de uma manifestação de responsabilidade civil, que pretenda suprimir danos, ilícita e culposamente causados a outrem, através de atuações processuais. Antes corresponde a um subsistema sancionatório próprio, de âmbito limitado e com objetivos muito práticos e restritos. Trata-se de uma realidade técnica e historicamente explicável.

II. Recordemos o quadro essencial:

– quanto ao facto ilícito: não relevam todas e quaisquer violações de normas jurídicas mas, apenas, as atuações tipificadas nas diversas alíneas do artigo 542.º/2, do Código de Processo Civil;
– quanto ao dano: não é requerido: a conduta é punida em si, independentemente do resultado;
– quanto à culpa: exige-se dolo ou grave negligência e não culpa *lato sensu*, em moldes civis; este "pormenor" é decisivo: atira com a litigância de má-fé para uma ilicitude centrada na conduta e não o resultado e dificulta, em extremo, qualquer prova;
– quanto às consequências: cabe multa e, nalguns casos, indemnização, calculada, todavia, em termos especiais, tendencialmente mais

---

[117] Contra RLx 5-dez.-2012 (Sérgio Almeida), Proc. 1630/12.
[118] RCb 2-mai.-2001 (Maio Macário), CJ XXVI (2001) 3, 41-42 (42/I).
[119] STJ 26-jun.-2002 (Borges de Almeida), CJ/Supremo X (2002) 2, 227-230 (229-230). *Vide supra*, nota 94.

restritivos e que logo e necessariamente: deixam danos por ressarcir ou por compensar.

Além disso e contrariando as regras gerais da responsabilidade civil – e do próprio Direito civil em geral, o instituto pode funcionar oficiosamente[120];

III. As razões pelas quais a litigância de má-fé surge, assim, restritiva e singularizada são, em síntese:
- históricas: o instituto arranca, nas Ordenações, da vontade normativa de prevenir e de punir a rebelião contra o Estado, traduzida pela litigância de má-fé;
- teleológicas: pretende-se, com o sancionamento da litigância de má-fé, o imediato policiamento do processo; não está em causa a integral indemnização pelos malefícios perpetrados; recordamos que, na tradição de Paulo Cunha, "... o tribunal será sempre, em última análise, o sujeito passivo do dolo"[121];
- dogmáticas: a litigância de má-fé usa construções muito simples e delimitadas;
- legais: há, aqui, que aplicar os artigos 542.º a 545.º, do Código de Processo Civil, que contêm elementos redutores.

Resta acrescentar que todos estes fatores acabam por conduzir a uma parca aplicação jurisdicional do instituto[122]. Influenciados pela tradição histórica da reação às condenações automáticas anteriores ao liberalismo, preocupados com uma *pax* processual imediata e confrontados com a estrita tipificação legal do instituto, os tribunais só em casos absolutamente gritantes aceitam sancionar a litigância de má-fé.

IV. Este estado de coisas é agravado pela postura que os próprios advogados conscienciosos se veem, muitas vezes, obrigados a recomendar aos seus constituintes, vítimas de litigância de má-fé: a de não suscitar o competente incidente. Na verdade, perante litigantes chicaneiros e deso-

---

[120] E podendo a apreciação oficiosa ocorrer apenas no Supremo: STJ 6-jun.-2002 (Ferreira Girão), 02B674.
[121] Paulo Cunha, *Simulação processual e anulação do caso julgado* cit., 42-43, também citado em Luso Soares, *A responsabilidade processual civil* (1987), 254-255.
[122] *Da boa fé*, 382, nota 450, com indicações.

nestos, o pedido de condenação em litigância de má-fé apenas vai suscitar mais um pretexto para, com protelamento da decisão, voltarem aos autos, com novas desconsiderações e artimanhas. Em suma: no geral (em regra?) o pedido de condenação por litigância de má-fé não só não é eficaz como, ainda, surge mesmo contraproducente.

V. A posição acima desenvolvida foi, por nós, propugnada na 1.ª edição deste livro (2006), tendo sido retomada e aprofundada por Pedro de Albuquerque, na sua excelente monografia (de 2006), sobre este tema[123]. Contra veio a pronunciar-se Paula Costa e Silva, na sua também excelente monografia sobre a litigância de má-fé (de 2008)[124].

Esta Autora faz depender o tema de saber se os artigos 456.º do anterior Código de Processo Civil (atual 542.º) e 483.º do Código Civil tutelam, ou não, bens diversos. E invocando STJ 10-jul.-2007, vem sustentar que o Supremo admitiu a indemnizabilidade de danos provocados por factos[125]:

> (...) que não os factos processuais consubstanciadores da litigância de má fé ou por se tratar de bens jurídicos que não são tutelados através do regime da litigância de má fé.

Todavia, o texto desse acórdão[126], mesmo quando lido com a maior das boas vontades, não permite tal entendimento. Desde logo, a decisão do Supremo é fortemente restritiva, tendo revogado o acórdão da Relação de Coimbra que, efetivamente, arbitrara indemnizações de € 25.000 por danos morais causados com uma litigância dolosa, acrescidos dos honorários ao mandatário. A indemnização que resultou do acórdão do Supremo foi, de facto, de € 300,00 (trezentos euros)[127], a repartir por duas pessoas, o que *não tem qualquer sentido indemnizatório*. Não é possível, salvo o

---

[123] Pedro de Albuquerque, *Responsabilidade processual* cit., 95 ss..

[124] Paula Costa e Silva, *A litigância de má fé* cit., 513 ss.; esta ilustre Autora optou, todavia, por considerar apenas (alguns) dos argumentos aduzidos por Pedro de Albuquerque, evitando os nossos.

[125] *Idem*, 533; o original está em itálico.

[126] Mais precisamente: STJ 10-jul.-2007 (Gil Roque), Proc. 07B2413.

[127] O Supremo revogou o acórdão recorrido, deixando, na parte indemnizatória, subsistir a decisão da 1.ª instância; esta condenara em € 1.050,00 incluindo € 750,00 de honorários ao mandatário, o que dá € 300,00 de indemnização ... (aliás: € 150,00 para cada lesado). Ir até ao Supremo para conseguir estas somas, não traduz a tutela de *nenhuns* bens jurídicos.

devido respeito, raciocinar em matéria deste tipo "independentemente das indemnizações a que se chegue": se as indemnizações não tiverem expressão, estamos, seguramente, fora do círculo dos bens jurídicos tutelados pelo artigo 483.º/1, do Código Civil.

Não menos importante é o texto justificativo do acórdão. Lê-se, designadamente[128]:

> Na fixação do valor da indemnização por litigância de má fé, deve ter-se em consideração, essencialmente o grau de culpabilidade do litigante de má fé, as despesas efectuadas pelos ofendidos, *mas apenas as consequentes dos factos que caracterizam a má fé* e não a quaisquer outros danos invocados no processo, ocorridos antes dos actos que caracterizam a litigância de má fé.
>
> A punição por litigância de má fé prevê duas sanções, uma de natureza criminal, a multa e outra de natureza civil, a indemnização.
>
> *Ambas visam punir o litigante*, mas não se podem confundir nem aferir em função uma da outra, como pretendem os recorridos nas contra alegações. Só a primeira visa castigar o litigante em termos criminais, a segunda tem em vista ressarcir os ofendidos dos danos por eles sofridos com os factos que caracterizam a litigância de má fé.
>
> No caso em apreciação, tendo em conta que os litigantes actuaram com dolo, a condenação não é apenas simples mas agravada.
>
> (...)
>
> Como acima ficou referido, na fixação do valor da indemnização, deve ser tida em conta o grau de culpabilidade dos litigantes, não se podendo perder de vista a situação económica dos litigantes e os danos produzidos aos ofendidos com a litigância.

O Supremo chega a uma "indemnização" deprimida por entender que, tendo o lesado sido eleito, entretanto, presidente de câmara, o próprio Povo entendera que a sua imagem não fora prejudicada. Nenhum civilista veria, jamais e aqui, uma aplicação do artigo 483.º/1 do Código Civil: não ocorre a mínima ideia de compensar danos morais: nem de reprimir eficazmente a litigância de má-fé.

Insiste Paula Costa e Silva, na sua sempre excelente monografia sobre a litigância de má-fé que[129]:

---

[128] STJ 10-jul.-2007 cit., n.º 3 e n.º 4; os itálicos são nossos.
[129] Paula Costa e Silva, *A litigância de má fé* cit., 534, retomando essa afirmação por vários ângulos, nas páginas seguintes.

(...) não só o sistema processual não restringe os bens jurídicos objecto de tutela através da concessão ao lesado de um direito a indemnização, como não limita os danos indemnizáveis.

Não é assim. É verdade que o ex-artigo 457.º/1, b) – atual 543.º/1, b) –, refere "restantes prejuízos sofridos pela parte contrária", sem dizer que "prejuízos" e, logo, sem excluir nenhuns. Mas logo acrescenta: (...) *como consequência directa ou indirecta da má fé*. Ora a "má-fé" é, apenas, o que resulta do artigo 542.º/2.

Logo, não é possível, por via do artigo 543.º/1, b), reconstituir a situação que existiria se não fosse a violação (562.º), entendendo como tal a violação de (quaisquer) direitos subjetivos ou de normas de proteção (483.º/1, ambos do Código Civil). Ou melhor: possível, até seria, na base de uma prolongada evolução jurisprudencial, sedimentada por uma doutrina que desenvolvesse uma Filosofia humanista profunda. Mas no ponto em que nos encontramos, melhor será manter a litigância de má-fé, com os seus valores próprios (e bem importante seria que fossem acautelados!) e, a seu lado, a *culpa in petendo* ou responsabilidade civil por danos causados no exercício formal do direito de ação.

29. A necessidade de complementação

I. O Direito pode, com facilidade, transformar-se num império de opiniões, todas legítimas. Mas por essa via, irá perder a sua função de ordenar, com justiça material, as relações entre os homens. Terá de haver uma instância exterior que permita desempatar, afirmando, com peso, que há opiniões preferíveis, em certo momento.

Ora, sempre com vénia, deparamos, neste momento e em Portugal, na base de uma cultura de laxismo que remonta a duzentos anos, com uma situação de bloqueio da Justiça, por impunidade dos agentes que usem o processo para atentados de toda a ordem e isso perante a passividade do poder judicial. O instituto da litigância de má-fé *não chega* para enfrentar o problema. É restritivo; é interpretado e aplicado em moldes deprimidos; depende de uma iniciativa e de uma energia judiciais que falecem. Pretender reconduzir-lhe a responsabilidade civil geral é, de facto, neutralizar mais esta arma: ao serviço das pessoas e do próprio processo!

§ 6.º *Configuração, regime e natureza* 75

II. Um dos grandes problemas da responsabilidade civil reside na incapacidade dos nossos tribunais em arbitrar indemnizações dignas[130]. O estudioso deve ponderar esta dimensão: tudo o que contribua para aligeirar as indemnizações, deixando danos por indemnizar, é dogmaticamente de evitar. Leva a soluções inadequadas, quer social, quer humanamente.

III. A natureza dogmaticamente primitiva, muito delimitada e estrita da litigância de má-fé explica, pelo que foi dito, que ela deva ser complementada por outros institutos, como sejam:

– o abuso do direito de ação;
– a responsabilidade civil por danos causados com atuações processuais.

A análise elementar desses institutos vai ocasionar os passos subsequentes.

IV. Para apoiar as conclusões alcançadas quanto à natureza restritiva da litigância de má-fé, como tal insuficiente para prosseguir os fins do ordenamento, vamos referir alguns casos, para além dos acima citados[131]: dos poucos em que se chegou a uma condenação[132]. À partida, o nosso Supremo explica que a conclusão de má-fé não é mecânica, envolvendo uma apreciação casuística[133], dependendo das circunstâncias de cada caso processual[134]. Os tribunais devem ser prudentes[135].

Temos, depois, condenações em casos como os seguintes:

STJ 29-nov.-1983: o réu tem perfeito conhecimento do conteúdo de um acordo de honorários e nega os seus termos[136].

---

[130] *Tratado* II/3, 748 ss..
[131] *Supra*, notas 79 a 119.
[132] De facto, as invocações de má-fé são relativamente frequentes: *vide* as muitas dezenas de espécies referidas em Rui Correia de Sousa, *Litigância de má fé (colectânea de sumários de jurisprudência)* (2001), 448 pp.; mas a aplicação do instituto, de modo a levar a condenações efetivas, é escassa.
[133] STJ 20-out.-1998 (F. Pinto Monteiro), 98A819; também STJ 11-abr.-2000 (F. Pinto Monteiro), 00A212.
[134] STJ 9-jul.-1998 (Figueiredo de Sousa), 98B555.
[135] STJ 15-out.-2002 (Ferreira Ramos), 02A2185 e STJ 11-dez.-2003 (Quirino Soares), 03B3893.
[136] STJ 29-nov.-1983 (Magalhães Baião), 071127.

STJ 14-dez.-1994: o Autor que, alterando a causa de pedir no recurso para a Relação, depois de, contra a verdade dos factos por ele conhecida, ter alegado como fundamento da ação de reivindicação do prédio arrendado, o falecimento da inquilina sem herdeiros, invocou uma suposta nulidade de procuração passada por estes à falecida arrendatária, para manter a pretensão deduzida na causa[137].

STJ 28-set.-1995: o alegante apresenta conclusões com factos que contrariam o que havia sido fixado pelas instâncias[138].

STJ 5-nov.-1997: a parte alega contra factos claramente definidos nos autos e irrefragavelmente demonstrados no acórdão da Relação, com o fim de entorpecer a acção da justiça[139].

STJ 2-jun.-1998: o réu indica como fundamento para a ocupação de um prédio, a arrematação, quando bem sabia que esta havia sido anulada[140].

STJ 15-out.-1998: a parte questiona a realidade, a veracidade e o sentido expresso do conteúdo de documentos que ela própria elaborou[141].

STJ 27-mai.-1999: a defesa assumida tem de ser disparatada, absolutamente indesejável e sem sentido[142].

STJ 9-dez.-1999: não chega a persistência do litigante em reclamar: é necessário demonstrar que as reclamações são absurdas ou infundadas, de tal sorte que o reclamante não podia ignorar a falta de fundamentação[143].

STJ 4-abr.-2001: em alegação de recurso, a parte invoca vários acórdãos que, na realidade, são contrários à sua pretensão[144].

STA 27-nov.-2002: litiga de má-fé, por negligência grave, o banco que executa uma dívida já paga[145].

RPt 13-out.-2003: litiga de má-fé o representante que, a pretexto de uma aclaração de um acórdão, só visa protelar, sem fundamento, a baixa do processo e o trânsito em julgado da decisão[146].

STJ 18-dez.-2003: alguém alega que pagou, sabendo que o não fez[147].

STJ 18-dez.-2003: sendo dado como provado um facto de conhecimento pessoal das partes, que estas expressamente negaram, não podem as

---

[137] STJ 14-dez.-1994 (Santos Monteiro), 085795.
[138] STJ 28-set.-1995 (Sousa Inês), 087175.
[139] STJ 5-nov.-1997 (Figueiredo de Sousa), 97B188.
[140] STJ 2-jun.-1998 (César Marques), 98A017.
[141] STJ 15-out.-1998 (Costa Soares), 98B481.
[142] STJ 27-mai.-1999 (Sousa Inês), 99B123.
[143] STJ 9-dez.-1999 (Pais de Sousa), 99A719.
[144] STJ 4-abr.-2001 (Joaquim de Matos), 02B440.
[145] STA 27-nov.-2002 (Abel Anastácio), 047266.
[146] RPt 13-out.-2003 (Oliveira Abreu), CJ XXVIII (2003) 4, 179-181 (180/II).
[147] STJ 18-dez.-2003 (Bettencourt de Faria), 03B3139.

§ 6.º *Configuração, regime e natureza* 77

mesmas eximir-se à condenação por litigância de má-fé, alegando que se exprimiram mal[148].

STJ 22-jan.-2004: a parte afirma factos pessoais cuja disparidade com os factos provados é tão grande que não pode ser tida como confusão desculpável[149].

STJ 27-mai.-2004: ao defenderem o regime de compropriedade, os contestantes alegaram contra a verdade dos factos por si conhecida já antes de 27/1/1993 e deduziram pretensão cuja falta de fundamento bem conheciam[150].

STJ 30-set.-2004: a parte vem requerer procedimento cautelar do arresto para proteger com um crédito que fora declarado expressamente extinto por compensação, em anterior acórdão do Supremo[151].

Curiosamente, escasseiam as condenações recentes, a nível do Supremo. E são poucas as das instâncias.

A condenação por litigância de má-fé é rejeitada em numerosos arestos. Como exemplo: STJ 27-mai.-2010[152] e STJ 9-set.-2010[153] no plano do Supremo, e RPt 7-set.-2010[154], RLx 26-out.-2010, dois acórdãos[155], RPt 28-out.-2010[156] e RLx 9-nov.-2010[157], no plano das Relações.

Não tomam conhecimento do problema: STJ 28-set.-2010[158], STJ 30-set.-2010[159] e STJ 21-out.-2010[160], como exemplos. Temos, aqui, um novo plano restritivo, relativamente ao instituto que nos ocupa.

---

[148] STJ 18-dez.-2003 (Bettencourt de Faria), 02B440.
[149] STJ 22-jan.-2004 (Bettencourt de Faria), 03B3048.
[150] STJ 27-mai.-2004 (Luís Fonseca), 04B1425.
[151] STJ 30-set.-2004 (Araújo de Barros), 04B2279.
[152] STJ 27-mai.-2010 (Lázaro Faria), Proc. 626/1998.
[153] STJ 9-set.-2010 (Lopes do Rego), Proc. 398/04.
[154] RPt 7-set.-2010 (Ana Lucinda Cabral), Proc. 2273/06.
[155] RLx 26-out.-2010 (António Santos), Proc. 89/07 e RLx 26-out.-2010 (Luís Espírito Santo), Proc. 146/09.
[156] RPt 28-out.-2010 (Maria Catarina), Proc. 1381/08.
[157] RLx 9-nov.-2010 (Maria do Rosário Morgado), Proc. 47/09.
[158] STJ 28-set.-2010 (Sousa Leite), Proc. 167-F/2000.
[159] STJ 30-set.-2010 (Gonçalo Silvano), Proc. 4477/2000.
[160] STJ 21-out.-2010 (Lopes do Rego), Proc. 172/08 .

§ 7.º O DEVER DE VERDADE NO DIREITO ALEMÃO

30. Das origens à ZPO (reforma de 1933)

I. No domínio da litigância de má-fé, torna-se muito interessante ponderar a dimensão comparatística[161]. Fundamentalmente, encontramos ordens jurídicas que dispõem de sistemas autónomos de litigância de má-fé, com exemplo na italiana[162] e nas anglo-saxónicas[163] e outras que trabalham, apenas, com as categorias gerais, como sucede com o alemão.

Uma análise comparatística apoiada exige um conhecimento dogmático alargado dos ordenamentos em presença. Assim e por razões de ordem prática, vamos limitar a análise ao Direito alemão: tendencialmente desprovido de um sistema especificamente processual de litigância de má-fé.

II. No Direito romano, era já possível apontar, através da interação de vários institutos, a presença de deveres processuais de verdade[164]. As suas teorização e generalização não seriam compagináveis com as coordenadas gerais da Ciência do Direito, então reinante. No Direito canónico, o dever de verdade intensificou-se sendo, em especial, enfatizado o *juramentum*

---

[161] Em especial, *vide* AAVV, *Abuse of Procedural Rights/comparative standards of procedural fairness/International Association of Procedural Law International Colloquium*, 27-30 october 1998, Tulane Law School, New Orleans, Louisiana (1999), XIII + 370 pp., com relatórios relativos aos sistemas de *common law*, aos Estados Unidos, a Inglaterra (dois), à Austrália, a Itália e França, à Bélgica e aos Países Baixos, à Alemanha e à Áustria, a Espanha e a Portugal, à América Latina e ao Japão. Alguns dos relatórios são interessantes; outros: confrangedores. Entre nós, diversos elementos podem ser vistos em Paula Costa e Silva, *A litigância de má fé* cit., 293 ss..

[162] Angelo Dondi, *Abuse of Procedural Rights* cit. (1999), 109-123.

[163] Geoffrey C. Hazard, *A summary view of the common law systems*, em *Abuse of Procedural Rights* cit. (1999), 35-41; *vide*, aí, o relatório do mesmo Autor, quanto ao Direito Norte-Americano (43-51) e os de Richard Furtiman (53-61) e de Neil Andrews (65-99), quanto à Inglaterra.

[164] Max Kaser, *Das römische Zivilprozessrecht* (1966), 212 ss..

caluniae, que o reforçava[165]. O conceito cristão de verdade foi desenvolvido por S. Tomás (1224-1274), dele se retirando, através da proibição da mentira, o próprio poder vinculativo dos contratos[166]. Também o antigo Direito germânico requeria a verdade no foro[167]. Digamos que, a favor do dever de verdade, no processo, jogava todo um lastro cultural digno de preservação.

III. Não obstante estes antecedentes, o Código Civil alemão de 1877 (*Zivilprozessordnung* ou ZPO) nada disse, em tal domínio e isso sem que os preparatórios permitissem qualquer explicação[168]. Daí resultou uma grande controvérsia. Entenderam alguns autores que o processo civil funcionaria como uma arena (*Kampfschauplatz*)[169], na qual tudo seria permitido. Adolf Wach explica[170]:

> A determinação da verdade não é o objetivo do processo civil, nem poderia sê-lo. Isso será um resultado desejável, mas não é garantido.

O processo não implica qualquer investigação histórica, explica esse Autor, noutro escrito[171]. Em parte alguma está referido um dever de verdade[172] o qual não passava de uma livre invenção ideológica e fraseológica[173]; tão-pouco haveria um dever de esclarecimento[174]. Também Richard Schmidt se inclina para a negativa[175], numa posição que perduraria até James Goldschmidt: o dever de verdade seria meramente moral[176].

---

[165] Endemann, *Civilprozessverfahren nach der kanonistischen Lehre*, ZZP 15 (1891), 177-326 (233 ss.).
[166] S. Tomás, *Summa Theologica*, II, 2, *Quaestio* CX, Art. 3, n. 5 = *Opera omnia*, ed. de Leão XIII, tomo 9 (1897), 424/II.
[167] Dirk Olzen, *Die Wahrheitspflicht im Zivilprozess*, ZZP 98 (1995), 403-426 (406).
[168] *Idem*, 413.
[169] Gerhard Walter, *Ehrenschutz gegenüber Parteivorbringen im Zivilprozess*, JZ 1986, 614-619 (614/I).
[170] Adolf Wach, *Vorträge über die Reichs- Civilprozessordnung*, 2.ª ed. (1896), 199; também referido em Olzen, *Die Wahrheitspflicht* cit., 414, embora incorretamente citado.
[171] Adolf Wach, *Grundfragen und Reform des Zivilprozesss* (1914), 26.
[172] *Idem*, 31.
[173] *Idem*, 32.
[174] *Idem*, 34.
[175] Richard Schmidt, *Die Lüge im Prozess*, DJZ 1909, 39-46 (39 ss.).
[176] James Goldschmidt, *Der Prozess als Rechtslage/Eine Kritik des Prozessualen Denkens* (1925), XI + 602 pp. (127).

III. A Wach contrapõe-se Konrad Hellwig. Este Autor afirma a existência de um dever de verdade[177] e de uma proibição de provocar o protelamento do processo[178]. A verdade, especialmente traduzida na proibição de afirmar a não-verdade[179], seria tão elementar que nem careceria de ser referida, de modo expresso, pelo legislador[180].

Também Gustav Wurzer defende o dever em causa. Explica que visando o processo a defesa do Direito, isso só seria consequentemente obtido através da verdade[181].

31. O dever legal de verdade

I. Os excessos cometidos no foro, ao abrigo da não-adstrição à verdade, levaram a que, no projeto de reforma de 1931, por iniciativa da associação de juízes, se tivesse procurado conter a mentira[182]. Essa matéria foi levada à lei, através da reforma de 1933. O ZPO passou a contar com um § 138, assim concebido[183]:

> As partes devem efetuar as suas declarações sobre as circunstâncias de facto de modo completo e de acordo com a verdade.

II. A consagração legal deste dever levou, desde logo, ao termo da controvérsia. Wolfgang Berkhard explica que o juiz não se movimenta oficiosamente, antes assentando a sua atividade nos elementos que as partes

---

[177] Konrad Hellwig, *Lehrbuch des Deutschen Zivilprozessrechts*, 2 (1907), § 71 (40 ss.).
[178] *Idem*, § 72 (50 ss.).
[179] *Idem*, 41.
[180] *Idem*, 44.
[181] Gustav Wurzer, *Die Lüge im Prozess*, ZZP 48 (1920), 462-508 (474).
[182] Dirk Olzen, *Die Wahrheitspflicht im Zivilprozess* cit., 414-415.
[183] Cumpre referir os comentários mais atualizados: Walter Zimmermann, *Zivilprozessordnung*, 9.ª ed. (2011), § 138 (322-326); Reinhard Greger, em Richard Zöller, *Zivilprozessordnung*, 29.ª ed. (2012), § 138 (650-653); Jan Albers/Peter Hartmann, em Adolf Baumbach/Wolfgang Lauterbach, *Zivilprozessordnung*, 71.ª ed. (2013), § 138 (697-707); Prütting, em Hanns Prütting/Markus Gehrlein, *ZPO Kommentar* (2013), § 138 (603-607); Astrid Stadler, em Hans-Joachim Musielak, *Kommentar zur Zivilprozessordnung*, 10.ª ed. (2013), § 138 (693-699); Claus Wagner, no *Münchener Kommentar zur Zivilprozessordnung*, 4.ª ed. (2013), § 138 (1057-1164).

lhe levem: logo, estas devem ser cuidadosas e dizer a verdade[184]. Uma vez no processo, as partes não disporiam de como que um prolongamento da sua autonomia privada: impor-se-lhes-ia a verdade[185].

A partir da consagração legal, o dever processual de verdade foi objeto, logo então, de diversas monografias[186]. Outras se seguiram[187], sendo de notar alguma literatura comparatística[188]. O interesse da doutrina evoluiu para os temas da atuação dolosa contrária à boa-fé[189], para o dever

---

[184] Wolfgang Bernhard, *Die Aufklärung der Sachverhalte im Zivilprozess*, FG Leo Rosenberg (1949), 9-50 (24 ss., 27).

[185] Ludwig Häsemeyer, *Parteivereinbarungen über präjudizielle Rechtsverhältnisse/Zur Fragewürdigkeit der Parteidisposition als Urteilsgrundlage*, ZZP 85 (1972), 207-228 (207 ss., 219).

[186] Oskar Ficht, *Die Wahrheitspflicht der Parteien im Zivilprozess* (1939), 58 pp.; Martin Krencker, *Die Wahrheitspflicht der Parteien in deutschen und österreichischen Zivilprozessrecht* (1935), XII + 96 pp.; Hans Eisele, *Die Wahrheitspflicht nach § 138 Absatz 1 ZPO* (1936), 80 pp. (14 ss.); Eli Heveling, *Die Wahrheitspflicht im Zivilprozess* (1936), 35 pp.; Christian Müller, *Die Bedeutung der Wahrheitspflicht im Zivilprozess* (1936), 46 pp.; Otto Trawny, *Die Wahrheitspflicht im österreichischen und reichsdeutschen Zivilprozess* (1937), 98 pp.; Eugen Wildermuth, *Die Wahrheitspflicht der Parteien im Zivilprozess* (1938), IX + 36 pp.; Werner Brinkmann, *Die Neuaufsichtung der Wahrheitspflicht in Paragraph 1 Abs, 183 ZPO und ihr Einfluss auf die Fragen des Prozessbetruges* (1939), 94 pp.; Otto Kress, *Die Wahrheitspflicht im Zivilprozess und ihre Sanktionen* (1939), X + 99 pp..

[187] Peter Roth, *Die Wahrheitspflicht der Parteien im Zivilprozess* (1991), XI + 137 pp.; vide infra, para outras indicações.

[188] Pioneiro: Jakob Ritter, *Die Wahrheitspflicht der Partei/eine rechtvergleichende Studie* (1912), VII + 63 pp.; referimos, ainda, Otto Trawny, *Die Wahrheitspflicht im österreichischen und reichsdeutschen Zivilprozess* (1937), 98 pp.; Gerhard Walter Staab, *Die Wahrheitspflicht im Zivilprozess/Eine rechtsvergleichende Bestandsaufnahme zu Wesen und Grenzen der Wahrheitspflicht im deutschen wie im österreichischen, schweizerischen, französischen und englischen Zivilprozess* (1973), VI + 149 ss..

No plano comparatístico, cabe ainda recordar a já citada obra coletiva, org. Michele Taruffo, *Abuse of procedural rights/comparative standards of procedural fairness/International Association of Procedural Law/International Colloquium, 27-30 october 1998, Tulane Law School, New Orleans, Louisiana*, com escritos relativos a 14 países ou regiões e assaz elementar.

[189] Fundamental: Walter Zeiss, *Die arglistige Prozesspartei / Beitrag zur rechtstheoretischen Präzisierung eines Verbotes arglistigen Verhaltens im Erkenntnisverfahren des Zivilprozess* (1967), 212 pp..

de esclarecimento[190], para um dever de colaboração material[191] e para a impugnação feita em processo, por alegado desconhecimento, permitida pelo § 138/4 da ZPO[192].

III. No aprofundamento do que seja o "dever de verdade", a doutrina corrente entende que não se trata da Verdade em si (a qual nem é acessível ao ser humano), mas de uma regra de sinceridade ou veracidade (*Wahrhaftigkeit*)[193]. As partes devem declarar a "verdade subjetiva"[194]: não devem mentir[195], pelo menos conscientemente[196]. Já a regra geral da correção no processo é feita derivar do princípio da boa-fé[197], abaixo tratado a propósito do abuso do direito de ação.

O dever de verdade perde força, a uma melhor reflexão. A sua consagração legal tem pouco conteúdo, sendo mesmo considerada (meramente) declaratória[198].

---

[190] Rolf Stürner, *Die Aufklärungspflicht der Parteien des Zivilprozesses* (1976), XXI + 409 pp. (56 ss.); Peter Arens, *Zur Aufklärungspflicht der nicht beweisbelastaten Partei im Zivilprozess*, ZZP 96 (1983), 1-24 (21).

[191] Egbert Peters, *Auf dem Wege zu einer allgemeinen Prozessförderungspflicht der Parteien?*, FS Schwab (1990), 399-408 (404).

[192] Hans Dieter Lange, *Bestreiten mit Nichtwissen*, NJW 1990, 3233-3240 (3233/I); Peter Morhard, *Die Informationspflicht der Parteien bei der Erklärung mit Nichtwissen* (1993), X + 149 pp. (7 ss.); Wolfgang Hackenberg, *Die Erklärung mit Nichtwissen (§ 138 IV ZPO)/Zugleich eine Kritische Analyse der Lehre der "allgemeinen Aufklärungspflicht"* (1995), 194 pp. (17 ss.); Stephane Ambs, *Bestreiten mit Nichtwissen/Die Auslegungsregel des § 138 Abs. 4 ZPO* (1997), XXVII + 224 pp. (2 ss.).

[193] Claus Wagner, no *Münchener Kommentar zur ZPO*, 4.ª ed. cit., § 138, Nr. 2 (1058); Baumbach/Lauterbach, *ZPO*, 71.ª ed. cit., § 138, Nr. 3 (698); Prütting/Gehrlein, *ZPO*, 5.ª ed. cit., § 138, Nr. 4 (603). De modo mais aprofundado, Wolfgang Fleck, *Die Rechtlichkeitspflicht der Parteien im Zivilprozess/Geltungsgrund und Funktion* (2004), XII + 242 pp. (32 ss.).

[194] Astrid Stadler, em Musielak, *ZPO*, 10.ª ed. cit., § 138, Nr. 2 (693); Reinhard Greger, no Zöller, *ZPO*, 29.ª ed. cit., § 138, Nr. 2 (651).

[195] Peter Roth, *Die Wahrheitspflicht der Parteien im Zivilprozess* (1999), XI + 137 pp. (60 ss., 66).

[196] Walter Zimmermann, *ZPO*, 9.ª ed. cit., § 138, Nr. 1 (322).

[197] Baumbach/Lauterbach, ZPO, 71.ª ed. cit., § 138, Nr. 16 (701).

[198] Wolfgang Fleck, *Die Rechtlichkeitspflicht der Parteien* cit., 211.

32. As sanções

I. O ponto sensível do dever de verdade contido no § 138/1 da ZPO prende-se com o das sanções pela sua violação. No limite, pode-se verificar o crime de fraude ou burla processual (*Prozessbetrug*)[199], previsto no § 263 do Código Penal (StrGB)[200].
Mas quanto a sanções propriamente processuais: nada está previsto[201]. Fala-se, também, na ausência de sanções imediatas[202]. Deve ter-se presente que o Direito alemão é muito cuidadoso, no domínio das sanções. A ZPO não contém, na verdade, nenhum dispositivo reportado à inobservância do seu § 138/1. Tanto basta para que se não apontem sanções específicas.

II. A inobservância do dever de verdade pode ter consequências civis[203]. Em especial:

– o § 138/I da ZPO poderia ser considerado uma norma de proteção, para efeitos de aplicação do § 823/II, do BGB[204]; seguir-se-ia a responsabilidade civil;
– a inobservância dolosa do dever de verdade no processo seria contrária aos bons costumes, para efeitos de aplicação do § 826 do

---

[199] Existem várias monografias sobre o tema, no período de 1930/1940; foram confrontados: Rudolf Schütz, *Der Prozessbetrug* (1929), X + 79 pp.; Theodor Düren, *Der Prozessbetrug* (1931), 34 pp.; Friedrich Truestedt, *Der Prozessbetrug* (1933), 63 pp.; Otto Gebhart, *Der Prozessbetrug durch die Partei* (1935), IX + 42 pp.; Heinz Vogels, *Der Prozessbetrug* (1939), VII + 50 pp.; Fritz Keunecke, *Prozessbetrug* (1940), XVIII + 163 pp..

[200] Xenia Piech, *Der Prozessbetrug im Zivilprozess* (1998), 244 pp.; um apanhado atual pode ser confrontado em Thomas Fischer, *Strafgesetzbuch*, 56.ª ed. (2009), § 263 (1847-1914).

[201] Prütting/Gehrlein, *ZPO Kommentar*, 5.ª ed. cit., § 138, Nr. 6 (605).

[202] Peter Roth, *Die Wahrheitspflicht* cit., 124 ss..

[203] Claus Wagner, no *Münchener Kommentar zur ZPO*, 4.ª ed. cit., § 138, Nr. 16 (1162); Zimmermann, *ZPO*, 9.ª ed. cit., § 138, Nr. 3 (324); Astrid Stadler, em Musielak, *ZPO*, 10.ª ed. cit., § 138, Nr. 8 (696); Baumbach/Lauterbach, *ZPO*, 71.ª ed. cit., § 138, Nr. 65 (704); Zöller, *ZPO*, 29.ª ed. cit., § 138, Nr. 7 (651); Prütting/Gehrlein, *ZPO Kommentar*, 5.ª ed. cit., § 138, Nr. 7 (605).

[204] Klaus Hopt, *Schadensersatz aus unberechtigter Verfahrenseinleitung/Eine rechtsvergleichende Untersuchung zum Schutz gegen unberechtigte Inanspruchnahme staatlicher Verfahren* (1968), 274 ss.; Wolfgang Fleck, *Die Rechtlichkeitspflicht der Parteien* cit., 7 ss..

BGB²⁰⁵: uma hipótese sondada pelo RG²⁰⁶, mas dificultada pelo BGH, pelas complexidades de prova²⁰⁷.

Esta matéria não pode ser isolada do regime alemão da responsabilidade civil: muito estrito e na total dependência das "pequenas cláusulas" dos §§ 823/I, 823/II e 826, do BGB²⁰⁸. E tão-pouco ela pode conduzir a conclusões sobre uma especial liberdade de agir, em processo, à margem de princípios: não só o tema da atuação processual vem conhecendo uma densificação como, ainda, opera o abuso do direito, *ex bona fide*.

III. A doutrina tem vindo a acentuar o apoio às medidas jurisprudenciais que removam os obstáculos à tomada de decisões²⁰⁹. A mera proibição da mentira, como norma, é insuficiente²¹⁰. Num pano de fundo em que a justiça processual deve ser materializada²¹¹, pede-se uma especial atenção aos direitos de personalidade que podem ser atingidos²¹².

A matéria pode ainda ser substancializada com o afinamento de deveres específicos, capazes de ocasionar responsabilidades de tipo obrigacional, ao lado das delituais propriamente ditas²¹³.

---

[205] Wolfgang Fleck, *Die Rechtlichkeitspflicht der Parteien* cit., 211.
[206] RG 8-mai.-1919, RGZ 95 (1919), 310-315.
[207] BGH 11-nov.-2003, NJW 2004, 446-448 (448/I, com jurisprudência): não basta fazer afirmações consabidamente falsas: é necessário que elas sejam contrárias aos bons costumes.
[208] *Tratado* II/3, 331 ss..
[209] Kurt Kiethe, *Zivilprozessuale Sanktionen gegen unrichtigen und rechtswidrigen Sachvortrag*, MDR 2007, 625-630 (628), reclamando mais avanços, nesse domínio (*idem*, 630).
[210] Masanori Kawano, *Wahrheits- und Prozessführungspflicht als Verhaltenspflicht der Parteien gegeneinander*, FS Henckel (1995), 411-422 (417).
[211] Wilfried Bottke, *Materielle und formelle Verfahrensgerechtigkeit im demokratischen Rechtsstaat* (1991), 90 pp. (65 ss.).
[212] Gerhard Walter, *Ehrenschutz gegenüber Parteivorbingen im Zivilprozess* cit., 614 ss.; Stefan Lunk, *Prozessuale Vewertungsverbote im Arbeitsrecht*, NZA 2009, 457-464 (459 e 464).
[213] Klaus Schreiber, *Die zivilrechtliche Haftung vor Prozessbeteiligten*, ZZP 105 (1992), 129-144 (132 ss.); Kerstin Prange, *Materiel-rechtliche Sanktionen bei Verletzung der prozessualen Wahrheitspflicht durch Zeugen und Parteien* (1995), 141 pp. (44 ss. e 52 ss.).

IV. A conduta dos advogados, obrigados a um dever de verdade[214], nas suas relações com o constituinte e com o tribunal[215] é especialmente considerada[216], nas suas diversas atuações[217]. Deve sublinhar-se a compatibilização de táticas processuais elaboradas com o respeito por regras de conduta profissionais[218].

33. Confronto com o sistema português

I. O sistema alemão, baseado no dever de verdade e na responsabilidade decorrente da responsabilidade civil é, em si, insuficiente para assegurar um uso normal e equilibrado do processo. Por isso, como veremos, ele é complementado com o abuso do direito, por violação da boa-fé.

II. No que agora releva, podemos apontar o sistema alemão como um modelo assente numa responsabilidade inorgânica. Isto é: não prevê nem procedimentos nem sanções tipicamente processuais. Tomado nestes termos, ele contrapõe-se claramente ao sistema português, que dispõe da litigância de má-fé, como instituto especializado, verdadeiro subsistema dotado de uma ilicitude específica, de culpa diferenciada e de regras processuais adaptadas de aplicação.

III. Um sistema de tipo alemão não se afigura operacional, perante a realidade portuguesa. O juiz tem de dispor de poderes para pôr ordem

---

[214] Quanto à evolução histórica do dever de verdade dos advogados: Frank Lindenberg, *Wahrheitspflicht und Dritthaftung des Rechtsanwalts im Zivilverfahren* (2002), 209 pp. (27 ss.).

[215] Cornelius Popp, *Die Verpflichtung des Anwalts zur Aufklärung des Sachverhalts* (2001), 182 pp. (19 ss., 25 ss., 109 ss. e 127 ss., quanto à sua inobservância).

[216] Bernhard Hahn, *Anwaltliche Rechtsausführubngen im Zivilprozess* (1998), 534 pp. (395); Günther Prechtel/Rainer Oberheim, *Erfolgereiche Taktik im Zivilprozess* (2009), XLIV + 922 pp. (179, reportando ao § 138/I, da ZPO).

[217] Frank-Joseph Rinsche, *Prozesstaktik/Sachgerechte Verfahrensführung des Rechtsanwalts*, 1.ª ed. (1987), 35 ss., 57 ss., 67 ss. (existem edições ulteriores).

[218] Além dos elementos já referidos, foram compulsados: Wolfgang Grunsky, *Taktik im Zivilprozess*, 6.ª ed. (1996), VIII + 218 pp.; Thomas-Wolfgang Oelkers, *Anwaltliche Strategien im Zivilprozess/eine Anleitung zur sachgerechten Prozessführung und Aufertigung von Schriftsätz* (2001), XXVI + 401 pp.; Christoph von der Seipen, *Der Schriftsätz des Anwalts im Zivilprozess*, 6.ª ed. (2004), XIV + 281 pp.; Günther Prechtel, *Erfolgereiche Taktik im Zivilprozess* (2006), XXXVI + 589 pp..

no processo: a litigância de má-fé torna-se indispensável, pelas dimensões punitivas e repressivas que claramente assume. Tudo deve ser feito, no plano jurídico-científico, para que os tribunais, perdendo a timidez, exerçam com efetividade, com energia e com convicção, os poderes que a lei lhes confere.

Mas se esta necessidade é indiscutível, também se perfila uma sua insuficiência. A problemática suscitada pelo mau uso do processo não se resolve, apenas, com as medidas possibilitadas pela litigância de má-fé. Há que defender os direitos das pessoas. Para isso, toda a ordem jurídica deve ajudar.

CAPÍTULO III
O ABUSO DO DIREITO DE AÇÃO

§ 8.º GENERALIDADES E EVOLUÇÃO

34. Generalidades

I. O abuso do direito constitui uma fórmula tradicional para exprimir a ideia do exercício disfuncional de posições jurídicas, isto é: de um concreto exercício de posições jurídicas que, embora correto em si, seja inadmissível por contundir com o sistema jurídico na sua globalidade.

II. Antecipamos pois que, mau grado o seu alcance vocabular imediato, não há, no abuso do direito, nem "abuso" nem, necessariamente, um "direito" subjetivo: apenas uma atuação humana estritamente conforme com as normas imediatamente aplicáveis, mas que, tudo visto, se apresenta ilícita por contrariedade ao sistema, na sua globalidade.

De modo a tornar claras tais considerações, vamos recordar alguns elementos da evolução do abuso do direito, bem como da sua configuração atual, na doutrina e na jurisprudência[219].

---

[219] Para maiores desenvolvimentos: *Da boa fé*, 661 ss. e *Tratado* V, 239 ss., bem como o também nosso *Do abuso do direito: estado das questões e perspectivas*, em Ars Ivdicandi/Estudos em Homenagem ao Professor Doutor António Castanheira Neves II (2008), 125-176. Na literatura alemã, Dirk Looschelders/Dirk Olsen, no Staudinger, *Einleitung zum Schuldrecht, §§ 241-243, Treu und Glauben* (2009), § 242, Nr. 6 ss. (340 ss.) e Christian Grüneberg, no Palandt/BGB, 72.ª ed. (2013), § 242, Nr. 38-107 (262-270).

35. *Aemulatio*, *exceptio doli* e *temeritas* processual

I. No Direito romano, a *aemulatio* correspondia ao exercício, sem utilidade para o seu titular, de um direito: com a intenção de prejudicar outrem[220]. A consagração geral da proibição de atos emulativos parece duvidosa, dada a natureza não-sistemática das fontes romanas. Mas o fenómeno já então era conhecido e, pontualmente, combatido.

Durante o chamado período intermédio, os trechos romanos referentes à *aemulatio* foram comentados e alargados[221]. Chegou-se à elaboração de séries de atos emulativos, fundamentalmente ligados a relações de vizinhança. Tratava-se de ocorrências marcantes, de (in)justiça evidente: não careciam de especial justificação. Além disso, faltava uma doutrina do direito subjetivo que, pelo seu rigor, pudesse albergar ilhas de injustiça contrárias ao sistema.

De todo o modo, o problema dos atos emulativos, a sua injustiça e a necessidade de reagir, juridicamente, perante eles, mantiveram-se vivos no Direito do Ocidente.

II. Ainda no Direito romano, pôs-se a hipótese de a *exceptio doli* poder ser usada para obstar a práticas abusivas. A *exceptio doli*, particularmente possível nos *bonae fidei iudicia*, permitia deter certas pretensões. A tradição do Direito romano comum[222] reconhecia um papel duplo na *exceptio doli*, base da sua repartição por duas *exceptiones* diferenciadas. Nuns casos, o defendente alegava a prática, pelo autor, de dolo, no momento em que a situação jurídica levada a juízo se formara: era a *exceptio doli praeteriti* ou *specialis*. Noutros, o réu contrapunha, à ação, o incurso do autor em dolo, no momento da discussão da causa: era a *exceptio doli praesentis* ou *generalis*[223]. Esta tinha aplicação relativamente a atos de processo[224].

---

[220] Vittorio Scialoja, *Aemulatio* (1892) = *Studi giuridici* III – *Diritto privato* (1932), 216-259 (217) e Salvatore Riccobono, *La teoria dell'abuso di diritto nella dottrina romana*, BIDR 476 (1939), 1-48 (41-42), com uma defesa alargada. Outros elementos: *Da boa fé*, 672 ss..

[221] Ugo Gualazzini, *Abuso del diritto (Diritto intermedio)*, ED I (1957), 163-166 (163).

[222] Filippo Milone, *La exceptio doli (generalis)/Studio di diritto romano* (1882, reimpr. 1970), 59.

[223] Wilhelm Gadow, *Die Einrede der Arglist*, JhJb 84 (1934), 174-203 (175 e 176).

[224] Cabe referir a obra monumental de Massimo Bruti, *La problematica del dolo*

Digamos que a *exceptio doli specialis* equivalia à impugnação da base jurídica da qual o autor pretendia retirar o efeito judicialmente exigido: havendo dolo inicial, toda a cadeia subsequente ficava afetada. O sentido concreto da exceção residia, então, na anulação do ato negocial cuja validade fosse tentada fazer atuar por, na sua base, haver declaração de vontade extorquida com dolo; podia, porém, consistir antes em indemnização arbitrada por ocorrência de práticas danosas ilícitas. A *exceptio doli specialis* perdeu-se, por isso, na evolução subsequente: por um lado, evoluiu na doutrina dos vícios na formação e exteriorização da vontade – os artigos 253.º/1 e 254.º/1 são, dessa forma, herdeiros da *exceptio doli specialis*; por outro, desembocou na *culpa in contrahendo*.

O desenvolvimento posterior aproveitaria, pois, a *exceptio doli generalis* como modo de deter os atos abusivos. Ela seria mesmo reintroduzida, nos finais do século XIX, na Alemanha, como esquema geral destinado a dar corpo ao abuso do direito. Seria, porém, substituída por esquemas mais precisos[225].

III. Uma terceira via de consagração do abuso do Direito romano residiu na lide temerária. Em várias concretizações, o Direito romano sanciona práticas processuais abusivas: no sentido de prosseguirem fins supra ou extraprocessuais ou de procurarem provocar danos na contraparte ou em terceiros. Todas elas confluiriam, no período justinianeu, numa figura conjunta que, hoje, poderemos designar "abuso do processo"[226]. Mais tarde, parte desta tradição foi substituída pelo instituto da litigância de má-fé. O abuso do processo acabaria por impôr-se por outra via: pela influência, no sector processual, do abuso do direito propriamente dito.

36. A tradição francesa

I. O Código Napoleão não referia a emulação, os atos abusivos ou qualquer outra manifestação direta do instituto em análise. Não valem como tal nem a presença de certos limites legais ao exercício dos direitos,

---

processuale nell'esperienza romana (1973), 2 volumes, VIII + 823 pp.; *vide*, aí, 1, 191 ss. e 625 ss..

[225] *Tratado* V, 265 ss..

[226] Temos em conta a pequena mas excelente monografia de Chiara Buzzacchi, *L'abuso del processo nel diritto romano* (2002), especialmente 153 ss..

nem a cláusula geral de responsabilidade civil, presente no artigo 1382.º do referido Código. Não obstante, a jurisprudência veio sancionar atuações gravosas, mormente na área da vizinhança[227]. Tais decisões passaram desapercebidas.

Mais tarde, dois casos ficariam na História. Assim:

– em *Imp. Colmar, 2-mai.-1855* (Tribunal de Apelação francês de Colmar) condenou o proprietário que construíra no seu prédio uma chaminé falsa inútil, apenas para tapar uma janela do vizinho[228];
– em *Compiègne, 19-fev.-1913* (Tribunal de 1.ª Instância da cidade francesa de Compiègne), confirmado por CssFr 3-ago.-1915 (Cassação Francesa), condenou-se o proprietário que erguera, no seu terreno, um dispositivo dotado de espigões de ferro, destinados a perfurar os balões dirigíveis construídos no prédio vizinho, com o que obteve, aliás, êxito[229]. Nestes e noutros casos teria havido abuso do direito[230].

II. A expressão *abus de droit* foi introduzida pelo belga Laurent[231] para designar as situações de responsabilidade do tipo das decididas a propósito da chaminé falsa de Colmar. O termo é importante: pela sua natureza impressiva, a sua utilização constitui, já, uma meia justificação.

---

[227] *Da boa fé*, 671, com relevo para C. Imp. Metz 10-nov.-1808, S 1821, 2, 154. Na realidade, decisões deste tipo têm sempre antecedentes. Henri e Léon Mazeaud/Jean Mazeaud/François Chabas, *Leçons de Droit civil*, tomo II/1, *Obligations/Théorie générale*, 9.ª ed. (1998), n.º 456 (477), referem uma decisão do Parlamento de Aix, de 1-fev.-1577, que condenou um curtidor de lã que cantava apenas para importunar um advogado, seu vizinho; segundo esses Autores, o próprio Domat considerava que o exercício de um direito origina responsabilidade sempre que seja malicioso e não surja justificado por nenhum interesse.

[228] D 1856, 2, 9-10. O Tribunal limitou-se a afirmar:

(...) se é de princípio que o direito de propriedade é um direito de algum modo absoluto, autorizando o proprietário a usar e abusar da coisa, o exercício desse direito, no entanto, como o de qualquer outro, deve ter por limite a satisfação de um interesse sério e legítimo; os princípios da moral e da equidade opõem-se a que a justiça sancione uma ação inspirada pela malquerença, cometida sob o domínio de uma má paixão e provocando um prejuízo grave a outrem (...)

[229] D 1913, 2, 181 e D 1917, 1, 79.

[230] Sobre toda esta matéria, desenvolvidamente e com indicações, *Da boa fé*, 670 ss..

[231] F. Laurent, *Principes de Droit Civil Français*, 20, 3.ª ed. (1878), n.º 411 (428), explicando (já então!) que, havendo abuso do direito, não há, em rigor, direito.

§ 8.º Generalidades e evolução

A Ciência do Direito francesa teve dificuldade em apresentar uma construção jurídico-científica para o abuso do direito. Na verdade, embora reconhecida pela jurisprudência gaulesa, a teoria do abuso do direito não alcançou, junto da doutrina correspondente, um nível satisfatório de explicação científica. Multiplicavam-se as referências a juízos condenatórios merecidos por atuações inúteis, danosas ou imorais; faltou, no entanto, o estabelecer de um conjunto claro de regras que permitissem delimitar com precisão as fronteiras do exercício dos direitos subjetivos, para além das normas que os estabelecessem.

Uma tentativa importante foi a protagonizada por Josserand. Segundo este Autor, seria necessário, para um exercício legítimo dos direitos subjetivos, respeitar a *função* que justificara a atribuição[232]. Cedo, porém, a meditação científica revelaria que a busca da função dos direitos apenas encobria a necessidade de proceder a uma interpretação mais cuidada das normas jurídicas envolvidas. Pois bem: superada a fase puramente exegética da interpretação e vincada a existência de elementos teleológicos no apuramento das normas jurídicas, ficava satisfeita a necessidade fundamental que ditara, nesta fase, o sucesso da teoria do abuso do direito.

III. Esta curiosa fraqueza do abuso do direito – e isso no seu próprio espaço de origem! – ficaria clara na conhecida afirmação da natureza logomáquica do instituto, proferida por Planiol: o direito cessa onde começa o abuso[233]. Planiol aceitava a excelência das decisões relativas aos atos abusivos; punha porém em causa a expressão "abuso do direito". Uma aparente querela de linguagem, mas que, a ter êxito, seria fatal para o instituto: privado da sua designação impressiva (ainda que questionável), o abuso dissolver-se-ia em decisões perdidas e sem estrutura alguma[234]. Numa realidade que a Ciência do Direito bem conhece: os institutos jurídicos desenvolvem-se, por vezes, em torno de locuções expressivas, sem uma especial lógica inicial. Apenas subsequentemente intervêm as preocupações dogmáticas da Ciência do Direito.

---

[232] Louis Josserand, *De l'Esprit et de leur Relativité. Théorie de l'abus des droits*, 2.ª ed. (1939), 312 ss. (364 ss., 388).

[233] Marcel Planiol, an. Douai, 7-mai.-1902, D 1903, 2, 329-330 (329) e *Traité élémentaire de Droit civil*, 3.ª ed., 2 (1903), 284.

[234] Este fenómeno, evidente perante a filosofia da linguagem, vem muito corretamente apontado em Mazeaud/Chabas, *Leçons de Droit civil* cit., II/1, 9.ª ed., n.º 457 (478).

IV. A dimensão posteriormente alcançada, em França, pela responsabilidade civil, graças, em especial, à utilização do conceito de "falta"[235], levou a que, na prática, o abuso do direito tivesse uma utilização escassa. Na verdade, a pessoa que atue com "falta" é responsável, mesmo quando se acolha ao exercício formal de um direito. De todo o modo, o longo período decorrido desde o caso da chaminé falsa de Colmar e até hoje, permite documentar, na base de matérias reguladas no Código Napoleão, algumas dezenas de decisões de abuso do direito[236]: na sua maioria, deparamos com questões de vizinhança. Não encontramos, todavia, nada que se assemelhe ao quadro geral oferecido pela nossa jurisprudência, no domínio da concretização do artigo 334.º.

37. A tradição alemã

I. A experiência alemã não desenvolveu uma ideia de "abuso do direito" semelhante à francesa. Aparecem, com efeito, referências a um *Rechtsmissbrauch* como tradução literal de *abus de droit* ou, até, como instituto *proprio sensu*, mas na literatura suíça.

Na origem da situação atual temos a pandectística do século XIX. Esta não desenvolveu a *aemulatio* romana, limitando-se, nos casos mais flagrantes, a apelar para os comportamentos proibidos[237]. Nas tentativas de precisar o fenómeno, os pandectistas alemães ora recorreram à *exceptio doli*, ora remeteram para a chicana. A primeira veio a ser abandonada, pela sua vaguidade. Consideremos, por ora, a chicana.

II. Em sentido amplo, a chicana traduzia o exercício do direito para prejudicar outrem; em sentido estrito, teríamos um exercício sem interesse próprio, para prejudicar terceiros[238]. Sem uma opção clara entre as duas

---

[235] A ideia de "falta" (*faute*) não pode ser corretamente traduzida pela de culpa. Na realidade, a "falta" traduz um misto de culpa e ilicitude que, na sua imprecisão, permite desenvolvimentos muito latos, no campo da responsabilidade civil. Cf., *infra*, bem como *Da responsabilidade civil*, 423 ss. e *Tratado* II/3, 317 ss..

[236] Na base do *Code Civil/2005*, da Dalloz/*12.000 arrêts en texte intégral sur CD-Rom*.

[237] Assim: Anton Friedrich Justus Thibaut, *System des Pandekten-Rechts*, I (1805), § 49 (53) e Christian Friedrich Glück, *Ausführliche Erläuterung der Pandecten nach Hellfeld/Ein Commentar*, vol. 8 (1807), 43.

[238] Max Rewolt, *Das Verbot der Chicane*, Gruchot 24 (1880), 677-702 (702).

hipóteses, a pandectística tardia admitia, como vigente e na base do Direito comum, a simples proibição de chicana[239]. Ela estava prevista no Direito territorial prussiano[240], anterior à unificação civil trazida pelo BGB. Não conseguiu, porém, nem o apreço de Savigny[241], nem o apoio de Jhering[242]. O BGB teve dificuldades em acolher a chicana, dada a complexidade dos antecedentes. Acabaria, simplesmente, por prever um § – o 226 –, pela reforma do BGB de 2001/2002, epigrafado "proibição de chicana", assim concebido:

> O exercício de um direito é inadmissível quando só possa ter o escopo de provocar danos a outrem.

O preceito viria a surgir de tal modo restritivo que, nos 113 anos de vigência do BGB, teve uma aplicação muito escassa[243]. De facto, praticamente apenas em casos de perfil académico será possível imaginar um exercício que *só possa ter* como escopo o prejudicar terceiras pessoas.

III. O desempenho pouco promissor da proibição da chicana levou a procurar outras vias. Tentou-se a do § 826 do BGB, assim concebido:

> Aquele que, de uma forma que atente contra os bons costumes, inflija dolosamente um dano a outrem, fica obrigado à indemnização do dano.

---

[239] Bernhard Windscheid/Theodor Kipp, *Lehrbuch des Pandektenrechts*, 9.ª ed. (1906), § 121 (1, 603) e Heinrich Dernburg/Johannes Biermann, *Pandekten*, I (1902), 89, nota 7.

[240] ALR I, 8, §§ 27 e 28, respetivamente:
> Ninguém pode abusar da sua propriedade para moléstia ou prejuízo de outrem

e
> Diz-se abuso uma utilização tal da propriedade que, pela sua natureza, só possa ter por intenção a moléstia de outrem.

[241] *Vide Da boa fé*, 286, quanto à oposição de princípio de Savigny ao Código Napoleão e ao ALR.

[242] Rudolf von Jhering, *Zur Lehre von den Beschränkungen des Grundeigenthümers im Interesse der Nachbarn*, JhJb 6 (1861), 81-130 (103-104).

[243] Tilman Repgen, no *Staudingers Kommentar*, I, §§ 164-240 (2004), § 226, Nr. 9 (764), Karl Larenz/Manfred Wolf, *Allgemeiner Teil des Bürgerlichen Rechts*, 9.ª ed. (2004), § 16, Nr. 13 (283); Manfred Wolf/Jörg Neuner, *Allgemeiner Teil des Bürgerlichen Rechts*, 10.ª ed. (2012), § 20, Nr. 77 (231).

À primeira vista, o preceito nada tem a ver com o exercício dos direitos. A doutrina, todavia, começaria por justapô-lo ao § 226; depois, tentou repartir áreas de influência entre os dois preceitos; por fim, pensou recorrer ao § 826, como modo de suprir as insuficiências do § 226[244]. Mas a solução não era satisfatória:

- o § 826 apenas sancionava o dolo, que não se presume; ficavam sem saída os exercícios negligentes;
- além disso, esse preceito inscrevia-se na responsabilidade aquiliana: dava azo a indemnizações e não à solução mais óbvia, no caso de abuso: a de cessar a atuação questionada;
- finalmente: a remissão para os bons costumes complicava um já de si complexo preceito, com o problema magno da sua concretização.

Apesar destas reticências, a tentativa de aproximação entre o abuso e os bons costumes tem interesse; influenciaria outros ordenamentos, como o austríaco[245], o grego e, mediatamente, o nosso.

IV. O abuso do direito – ou um espaço correspondente a essa expressão – acabaria por se desenvolver, na Alemanha, a partir de grandes grupos de casos típicos: *exceptio doli*, *venire contra factum proprium*, *suppressio* e *surrectio*, inalegabilidades formais, *tu quoque* e outros. Finalmente, tudo isso foi reconduzido à boa-fé[246].

Estamos, pois, perante um instituto que se desenvolveu na periferia, em face de questões concretas. Ele veio, depois, a ser acolhido, disciplinado e aprofundado no núcleo do sistema, através do recurso à boa-fé.

38. A receção em Portugal

I. A receção do abuso do direito não foi pacífica, no Direito português. A consignação, pelo menos aparente, da regra *qui suo iure utitur neminem ledit*, no artigo 13.º do Código de Seabra, levou Autores impor-

---

[244] Opção defendida por Rudolf Schmidt, *Bürgerliches Recht* (1927), 126 e por Konrad Cosack/Heinrich Mitteis, *Lehrbuch des Bürgerlichen Rechts*, 8.ª ed. (1927), 318. A evolução apontada pode ser confrontada, com elementos, em *Da boa fé*, 693-694.
[245] *Da boa fé*, 695-697.
[246] *Da boa fé*, 719-860 e *passim*.

§ 8.º Generalidades e evolução

tantes, como Guilherme Moreira[247] e Teixeira de Abreu[248], a restringir a introdução do instituto. A doutrina veio, depois, fazer declarações de princípio favoráveis, com relevo para José Tavares[249], Cunha Gonçalves[250] e Cabral de Moncada[251]. Outros autores tomaram idênticas posturas, procurando minimizar o efeito negativo do artigo 13.º do Código de Seabra[252]. Havia, assim, um certo fundo favorável ao abuso do direito em Portugal, ainda que sem bases jurídico-científicas. O artigo 334.º repousa, todavia, numa receção mais ampla, fundamentalmente devida ao próprio Vaz Serra[253].

II. O anteprojeto Vaz Serra, simplificado pelo próprio na versão resumida do Direito das obrigações[254], foi profundamente alterado nas revisões ministeriais. Na primeira revisão, foi substituído por um único artigo[255]:

---

[247] Guilherme Moreira, *Instituições de Direito civil português*, 1 (1907), n.º 235 (632-639); este Autor, depois de fazer uma referência ao problema, tal como se punha na época, com especial atenção aos §§ 226 e 826 do BGB, detém-se com cuidado nas posições negativistas de Planiol. Apenas admite a aplicação do "abuso" nos casos em que o exercício do direito vise prejudicar outrem sem que, de todo, o agente possa demonstrar que visava, também, o interesse próprio. E remata mesmo com uma crítica aos costumes da época (639):

> Se na sua applicação ha um certo arbitrio por parte dos tribunaes, esse arbitrio de modo algum póde considerar-se um perigo social, desde que a organização do poder judicial corresponda á elevada funcção que elle exerce. E, perante a manifesta incompetencia dos parlamentos para o exercicio da funcção legislativa, o facto de se atribuir ao poder judicial, quanto a certas relações juridicas, a faculdade de apreciar os factos e decidir em harmonia com as circunstâncias, contribuirá sem duvida para o progresso das instituições jurídicas.

[248] Teixeira de Abreu, *Curso de Direito civil*, 1 (1910), 213.
[249] José Tavares, *Princípios fundamentais de Direito civil*, 1, 2.ª ed. (1929), 542-543.
[250] Luiz da Cunha Gonçalves, *Tratado de Direito civil*, 1 (1929), 423-451, com uma atenção especial às relações de vizinhança e ao Direito comparado.
[251] Luís Cabral de Moncada, *Lições de Direito civil*, 2, 3.ª ed. (1958), 354, nota 1.
[252] Tito Arantes, *Do abuso do direito e da sua repercussão em Portugal* (1936), 91 ss. e Gândara de Oliveira, *Da teoria do abuso do direito em face do Código Civil português*, GadvRLd (1942), 13-18 (15 ss.).
[253] Adriano Vaz Serra, *Abuso do direito (em matéria de responsabilidade civil)*, BMJ 85 (1959), 243-343.
[254] Adriano Vaz Serra, *Direito das Obrigações (parte resumida)*, BMJ 101 (1960), 15-408 (116-117, artigo 735.º).
[255] BMJ 107 (1961), 5-156 (129).

O exercício de um direito, com a consciência de lesar outrem através de factos que contrariem os princípios éticos fundamentais do sistema jurídico, obriga a indemnizar os danos directa ou indirectamente causados.

Note-se a perspetivação da figura pelo prisma da responsabilidade civil, a sua subordinação a um entendimento moral do abuso do direito e a exigência de um elemento subjetivo, traduzido na expressão "consciência de lesar outrem". Do modelo alemão passava-se, deste modo, radicalmente e sem estudos de apoio, ao francês puro, na sua versão subjetiva. Na segunda revisão ministerial, o preceito em causa foi muito modificado, surgindo, praticamente, com a configuração que teria no projeto do Código Civil e, depois, no próprio Código em si[256]. As referências agora feitas à "boa-fé" e aos "bons costumes", apontam, numa primeira leitura, de novo para o modelo alemão. A explicação é a seguinte: a segunda revisão ministerial introduziu, quase sem alterações e no então futuro Código Civil, o artigo 281.º do Código Civil grego. Este preceito, por seu turno, derivou do pensamento jurídico alemão[257].

III. O artigo 281.º do Código Civil grego, apesar de muito conseguido, nada mais é do que uma fórmula de grande abstração, insuscetível de transmitir um conteúdo significativo se não for acompanhada de transferências culturais bastantes. A doutrina jurídica grega não é conhecida em Portugal[258]; os passos dos tribunais helénicos não serão, salvo coincidência, seguidos pelos nossos. Mas nem por isso o artigo 334.º – a versão portuguesa do artigo 281.º grego – fica culturalmente desenraizado. O abuso do direito do Código grego é o produto da doutrina germânica; a sua aplicação desenvolveu-se porque e na medida em que essa doutrina foi efetivamente recebida pelos juristas gregos. O artigo 334.º, apesar de ser fruto material dos codificadores gregos, equivale a decénios de doutrina germânica; a sua efetivação, com mais ou menos desvios, depende, no fundo, do estádio expresso pela Ciência Jurídica portuguesa, através da jurisprudência e da literatura.

---

[256] Vide Fernando Cunha de Sá, Abuso do direito (1973), 132.
[257] Quanto à origem do preceito grego: Tratado I/4, 260 ss..
[258] Como faz notar Cunha de Sá, Abuso do direito cit., 76-77, a justificação de motivos que acompanhou o anteprojeto, muito copiosa embora, não faz, à legislação e à jurisprudência gregas, qualquer referência.

O modelo tido em mente pelo legislador de 1966 – na linha, aliás, que informou a generalidade do Código – foi o de um sistema capaz de se reproduzir e de preencher conceitos indeterminados. Sendo o ordenamento português, no essencial, fundado na lei, tanto basta para ensaiar um caminho: o do abuso do direito assente numa série de regulações típicas de comportamentos abusivos.

A regulação típica de comportamentos abusivos, a não confundir com o comportamento abusivo típico, traduz uma forma de solucionar todas ou algumas situações de abuso, dotada de uma certa unidade linguística e, por vezes, dogmática. Sendo típicas, estas regulações não permitem uma classificação, uma vez que ora se sobrepõem parcialmente – um mesmo ato pode ser objeto de várias regulações – ora deixam por cobrir espaços abusivos possíveis. Constitui, todavia, um instrumento jurídico-científico reconhecido e, hoje, imprescindível, para trabalhar com conceitos indeterminados.

§ 9.º A CONCRETIZAÇÃO DO ABUSO NO DIREITO PORTUGUÊS

39. As fases da implantação jurisprudencial

I. O abuso do direito é, como foi dito, um instituto corrente, diariamente aplicado nos nossos tribunais. Tal sucedeu na sequência de uma progressão que poderemos indiciar em cinco fases:

– a fase pré-científica (anterior a 1966);
– a fase exegético-pontual (de 1967 a 1984);
– a fase da implantação (1985 a 1990);
– a fase da expansão (1991 a 2000);
– a fase do afinamento (2001 em diante).

Trata-se de fases tendenciais, particularmente as três últimas: apenas a nível global será possível distingui-las.

II. A fase pré-científica foi a anterior ao Código Vaz Serra (1966). O Código de Seabra consagrava, como se disse e no seu artigo 13.º, a velha regra *qui suo iure utitur nemini facit iniuriam* ou *neminem laedit*[259]. Fê-lo com tal convicção que a melhor doutrina entendeu difícil o abuso

---

[259] *Quem exerce o seu direito não faz ilícito a ninguem* ou *não prejudica ninguem*; na realidade, o artigo 13.º do Código de Seabra deixava uma porta para o abuso do direito. Dizia, textualmente:

> Quem, em conformidade com a lei, exerce o proprio direito, não responde pelos prejuizos que possam resultar d'esse mesmo exercicio.

A doutrina da época contentava-se, no entanto, com a (re)afirmação do princípio: Dias Ferreira, *Código Civil Annotado* cit., 1, 24, vindo mesmo combater a hipótese de abuso do direito.

do direito, com retrocesso mesmo perante o Direito comum[260]. E assim, apenas se documentam, nesse período, três acórdãos relativos ao abuso:

– *RCb 26-mai.-1928*, que condenou um proprietário a elevar de metro e meio uma chaminé que emitia fumos incómodos para o vizinho[261];
– *STJ 27-jan.-1933*, considerou abusiva a construção, sobre um muro comum, de uma sapata e de uma calha, fonte de infiltrações no prédio vizinho[262];
– *RLx 30-jun.-1951*: não pode um senhorio pedir a um arrendatário que subloque parte da coisa a terceiro e, depois, invocando falta de autorização escrita, mover um despejo[263]; dir-se-ia, hoje, haver *venire contra factum proprium*.

Trata-se de casos evidentes, decididos, todavia, na base de um sentido geral de justiça, não apoiado em desenvolvimentos científicos.

III. Após a entrada em vigor do Código Civil de 1966, a situação não se modificou. Surgem numerosas decisões que ponderam o abuso do direito, mas sem o aplicar[264]. Em tese geral, podemos dizer que os nossos tribunais superiores tentavam interpretar o artigo 334.º em moldes exegéticos, de forma a, dele, retirar material útil. Esse método não era de todo possível, pelo que, durante longos anos, o preceito teve escassa concretização. Todavia, registaram-se interessantes casos de aplicação pontual, mormente perante situações muito marcadas, de perfil escandaloso. Assim:

– *RLd 17-jul.-1970*: um senhorio estimula a instalação de uma indústria doméstica, por parte do inquilino; depois e com esse fundamento, intenta uma ação de despejo; há abuso do direito por *venire contra factum proprium*[265];
– *RLx 13-dez.-1976*: movido um despejo por não pagamento de uma renda de 800$00, verifica-se que o inquilino sacara um cheque nesse montante

---

[260] Tal a opção de Autores como Guilherme Moreira e Teixeira de Abreu, já citados.
[261] RCb 26-mai.-1928, BFD 11 (1930), 133-171, anot. Teixeira de Abreu, *Da construção de chaminés*, idem, 171-204, crítico.
[262] STJ 27-jan.-1933 (B. Veiga), RLJ 65 (1933), 381-382.
[263] RLx 30-jun.-1951 (Eduardo Coimbra), BMJ 39 (1952), 338-345 (344); o abuso do direito é, aí, derivado dos artigos 14.º e 15.º do Código de Seabra, relativos à colisão de direitos.
[264] Cf. as espécies citadas em *Da boa fé*, 836-891.
[265] RLd 17-jul.-1970 (Manuel Fernandes Mota), AcRLd 1970, 492-496 (493-494).

quando dispunha de um saldo de 795$60, completado nesse mesmo dia: o despejo foi negado por abuso[266];

– *STJ 2-mar.-1978*: três irmãos, através de uma sociedade, constroem três residências: uma para cada; um deles cai em desgraça: a sociedade vem reivindicar a fração a ele destinada, pedindo a sua entrega; julgou-se esta prática como abusiva[267];

– *STJ 26-mar.-1980*: um proprietário reconstrói o seu edifício, deixando exposta a parede do edifício contíguo; promete obras de resguardo, que não faz; entendeu-se haver uma prática abusiva[268];

– *RPt 3-fev.-1981*: um armazém arrendado deixa entrar água; instado, o senhorio não faz obras; o arrendatário evacua o local: o senhorio move um despejo por desocupação: há abuso, pois serve-se ele "... do seu ilícito em proveito próprio exclusivo"[269];

– *STJ 31-mar.-1981*: foi decidido, sem formalismos, arbitrar certa remuneração à sócia-gerente de uma sociedade; depois, vem a sociedade exigir a restituição do total assim pago: há abuso[270].

Estes cinco casos, conquanto que quase isolados, permitem, no longo período a que se reportam, ilustrar situações de *venire contra factum proprium* (RLd 17-jul.-1970 e STJ 2-mar.-1978), de desequilíbrio no exercício (RLx 17-dez.-1976), de *surrectio* (surgimento) ou *surrectio* (supressão) (STJ 26-mar.-1980), de *tu quoque* (RPt 3-fev.-1981) e de inalegabilidade formal (STJ 31-mar.-1981). Apesar de escassas, as espécies relatadas mostram a erupção pontual de uma problemática antes desconhecida[271]. Assinale-se, ainda, que na sua maioria, estes casos assentam no exercício (abusivo) de ações judiciais. Os tribunais dão-lhes – e bem – um tratamento substantivo.

IV. A partir de 1985, a concretização do abuso do direito passa a fazer-se a um ritmo crescente. Para tanto terão contribuído a renovação

---

[266] RLx 17-dez.-1976 (Correia de Paiva), BMJ 264 (1977), 234 (o sumário).

[267] STJ 2-mar.-1978 (Octávio Dias Garcia), BMJ 275 (1978), 214-219 (216-218) = RLJ 111 (1979), 291-294 (292-294), anot. Vaz Serra, favorável – *idem*, 295-297.

[268] STJ 26-mar.-1980 (Octávio Dias Garcia), BMJ 295 (1980), 426-433 (431) = RLJ 114 (1981), 35-40 (39-40).

[269] RPt 3-fev.-1981 (Joaquim Carvalho), CJ VI (1981) 1, 146-148 = BMJ 304 (1981), 469 (o sumário).

[270] STJ 31-mar.-1981 (Rui Corte-Real), BMJ 305 (1981), 323-327 (326-327).

[271] Foi neste estádio que foi escrito *Da boa fé no Direito civil*; cf., aí, 895-896, nota 889, o elenco das decisões em que o abuso foi ponderado, sem obter aplicação.

dos quadros de magistrados dos tribunais superiores e a difusão de elementos jurídico-científicos favoráveis a uma aplicação alargada do instituto[272]. Até 1990 contámos, entre os publicados, cerca de 50 acórdãos relevantes. Documentam-se, com interesse, os diversos tipos de concretização do abuso do direito[273]. Chamemos-lhe a fase da implantação. Ela permitiu não só habituar os operadores jurídicos a trabalhar com o instituto do abuso do direito, mas também demonstrar que, da sua aplicação, não resultava qualquer insegurança.

V. De 1991 a 2000 falaremos na fase da expansão. O abuso do direito é apreciado e ponderado correntemente, nas mais diversas situações. Contabilizámos mais de 250 acórdãos publicados, nesse período, sobre abuso do direito[274]. Esta expansão coloca a jurisprudência portuguesa ao nível da alemã, no que toca à concretização da boa-fé e das condutas inadmissíveis. Ela permite, ainda, isolar algumas linhas de força:

– há uma concentração de casos exemplares em torno do *venire contra factum proprium*;
– surge uma preocupação em isolar os elementos próprios da tutela da confiança;
– verifica-se uma tendência clara para objetivar a tutela concedida pelo abuso do direito;
– admite-se a sua ponderação a título oficioso.

A doutrina explícita ou implicitamente adversa ao abuso do direito e ao que ele representa perdeu, a partir de então, o contacto com a evolução real do instituto. Além disso, assume ignorar os problemas concretos que o abuso visa resolver.

VI. De 2001 em diante, percorremos uma fase de afinamento. A jurisprudência torna-se menos imediatista e vai, progressivamente,

---

[272] Na base da citações judiciais então verificadas, terá contribuído o nosso *Da boa fé* e, ainda, o importante estudo do saudoso Prof. João Baptista Machado, *Tutela da confiança e "venire contra factum proprium"* (1985), em *Obras dispersas* 1 (1991), 345-423, surgido pouco depois.
[273] Podem ser confrontados alguns elementos relativos a este período na nossa *Teoria geral do Direito civil* 1, 2.ª ed. (1989), § 13.º.
[274] *Vide* algumas dessas decisões no *Tratado* V, §§ 31 e ss., a propósito dos diversos tipos de atuação abusiva.

abandonando as remissões *ad nutum* para as fórmulas hiperbólicas clássicas, tais como "termos clamorosamente ofensivos da justiça". Afasta-se da exigência do abuso *manifesto*, a favor de ponderações mais precisas. O abuso do direito desliga-se da ideia de "direito subjetivo", surgindo como uma instância geral de controlo dos exercícios jurídicos[275].

VII. No seu conjunto e contando apenas decisões publicadas, os nossos tribunais superiores terão ponderado o abuso do direito, desde 1967, em cerca de 1000 acórdãos. Na base de uma amostragem realizada quanto a acórdãos inéditos, podemos considerar que os números absolutos ultrapassaram os dois milhares: quiçá mesmo os quatro mil. Como é evidente, em muitos deles o abuso do direito não foi constatado. Mas o seu papel mantém-se.

Em definitivo: qualquer processo se sujeita, hoje, a uma sindicância do sistema, feita pelo crivo do abuso do direito. Não é de esperar retrocessos. Em boa hora, pois, estamos em face de um dos mais significativos avanços jurídico-científicos desde 1867.

40. *Venire contra factum proprium*

I. O abuso do direito apresenta-se, afinal, como uma constelação de situações típicas em que o Direito, por exigência do sistema, entende deter uma atuação que, em princípio, se apresentaria legítima. Compete referir e analisar as situações típicas em causa. Renovando uma prevenção: não estamos perante uma classificação, mas antes em face de ordenações características. Surgem situações atípicas, ocorrências de sobreposição e ocorrências desfocadas, em relação aos núcleos duros dos diversos tipos. Nada disso retira utilidade à tipificação subsequente. Pelo contrário: devidamente usada, ela opera como um instrumento adequado para a realização do Direito.

II. O primeiro e, porventura, mais impressivo tipo de atos abusivos organiza-se em torno da locução *venire contra factum proprium* ou, mais

---

[275] Entre 2001 e 2004 localizámos mais de sessenta acórdãos relevantes; o número mantém-se elevado, embora estável e aquém dos anos de 1999 e 2000: os mais produtivos. De então e até aos finais de 2013, o número em causa já ultrapassa os 1000, como se diz no texto.

simplesmente, *venire*. De origem canónica e com raízes controversas[276], o *venire* ficou a dever boa parte da sua carreira à musicalidade da sua fórmula latina[277].

Estruturalmente, o *venire* postula duas condutas da mesma pessoa, lícitas em si, mas diferidas no tempo. Só que a primeira – o *factum proprium* – é contraditada pela segunda – o *venire*. O óbice que justificaria a intervenção do sistema residiria na relação de oposição que, entre ambas, se possa verificar.

Há diversas sub-hipóteses. O *venire* é positivo quando se traduza numa ação contrária ao que o *factum proprium* deixaria esperar; será negativo caso redunde numa omissão contrária no mesmo *factum*. Sendo positivo, o *venire* pode implicar o exercício de direitos potestativos, de direitos comuns ou de liberdades gerais[278].

III. O *venire* só é proibido em circunstâncias especiais. Para as explicar, surgiram duas grandes fundamentações dogmáticas:

– doutrinas da confiança (Canaris);
– doutrinas negociais (Wieling).

Para as doutrinas da confiança[279], o *venire* seria proibido quando viesse defrontar inadmissivelmente uma situação de confiança legítima gerada pelo *factum proprium*. Para as negociais, o agente ficaria vinculado, em termos negociais, pelo *factum proprium* em causa; ao perpetrar o *venire*, estaria a violar a vinculação daí derivada[280].

Apesar de significativas, as teorias negociais têm dificuldades práticas: afinal, o regime do *venire* não é o do negócio. Além disso: a ser

---

[276] Em especial: Erwin Riezler, *Venire contra factum proprium/Studien im römischen, englischen und deutschen Zivilrecht* (1912), 1 ss., 40 ss. e 43 ss., Michael Griesbeck, *Venire contra factum proprium/Versuch einer systematischen und theoretischen Erfassung* (1978), 3 ss., Hans Walter Dette, *Venire contra factum proprium nulli conceditur/Zum Konkretisierung eines Rechtssprichtworts* (1985), *passim* e Detlef Liebs, *Lateinische Rechtsregeln und Rechtsprichtwörter*, 6.ª ed. (1998), 237.

[277] Detlef Liebs, *Rhythmische Rechtssätze/Zur Geschichte einiger lateinischer Rechtsregeln*, JZ 1981, 160-164 (160/I).

[278] Exemplos judiciais: *Tratado* V, 281.

[279] Claus-Wilhelm Canaris, *Die Vertrauenshaftung im deutschen Privatrecht* (1971, reimp. 1983), 287-372.

[280] Josef Wieling, *Venire contra factum proprium und Verschulden gegen sich selbst*, AcP 176 (1976), 334-355 (343 e *passim*).

possível, *in concreto*, descobrir um verdadeiro negócio, dispensada ficaria toda uma complexa construção em torno da boa-fé e do abuso do direito.

IV. Prevalecem hoje as doutrinas da confiança, as quais têm obtido o apoio da literatura portuguesa interessada[281].

Na verdade, o princípio da confiança surge como uma mediação entre a boa-fé e o caso concreto. Ele exige que as pessoas sejam protegidas quando, em termos justificados, tenham sido levadas a acreditar na manutenção de um certo estado de coisas. Várias razões depõem nesse sentido. Em termos antropológicos e sociológicos, podemos dizer que, desde a sedentarização, a espécie humana organiza-se na base de relacionamentos estáveis, a respeitar. No campo ético, cada um deve ser coerente, não mudando arbitrariamente de condutas, com isso prejudicando o seu semelhante. Juridicamente, a tutela da confiança acaba por desaguar no grande oceano do princípio da igualdade e da necessidade de harmonia, daí resultante: tratar o igual de modo igual e o diferente de forma diferente, de acordo com a medida da diferença[282]. Ora, a pessoa que confie, legitimamente, num certo estado de coisas não pode ser vista como se não tivesse confiado: seria tratar o diferente de modo igual.

V. A tutela da confiança, embora convincente, só pode operar, na falta de preceitos jurídicos, quando se mostrem reunidos especiais pressupostos. De outro modo, poderíamos transformar a sociedade num colete de forças, que prejudicasse as iniciativas individuais necessárias para dar corpo à liberdade e para possibilitar a inovação e o progresso.

Na base da doutrina e com significativa consagração jurisprudencial[283], a tutela da confiança, apoiada na boa-fé, ocorre perante quatro proposições. Assim:

1.ª *Uma situação de confiança* conforme com o sistema e traduzida na boa-fé subjetiva e ética, própria da pessoa que, sem violar os

---

[281] *Da boa fé*, 753 ss. e *passim* e *Tratado* V, 290 ss., com indicações, bem como: João Baptista Machado, *Tutela da confiança e "venire contra factum proprium"* (1985), em *Obra dispersa* (1991), 345-423 (396 ss.), Manuel Carneiro da Frada, *Teoria da confiança e responsabilidade civil* (2001, ed. 2004), 411 e Paulo Mota Pinto, *Sobre a proibição do comportamento contraditório (venire contra factum proprium) no Direito civil*, BFD/ Volume Comemorativo (2003), 269-322 (272 ss.).
[282] *Da boa fé*, 1271 ss.; continuamos a aguardar explicações alternativas globais.
[283] *Tratado* I, 4.ª ed., 970-971 e V, 292-293.

108   *O abuso do direito de ação*

deveres de cuidado que ao caso caibam, ignore estar a lesar posições alheias;

2.ª *Uma justificação para essa confiança*, expressa na presença de elementos objetivos capazes de, em abstrato, provocar uma crença plausível;

3.ª *Um investimento de confiança* consistente em, da parte do sujeito, ter havido um assentar efetivo de atividades jurídicas sobre a crença consubstanciada;

4.ª *A imputação da situação de confiança* criada à pessoa que vai ser atingida pela proteção dada ao confiante: tal pessoa, por ação ou omissão, terá dado lugar à entrega do confiante em causa ou ao fator objetivo que a tanto conduziu.

Estas quatro proposições devem ser entendidas dentro da lógica de um sistema móvel[284]. Ou seja: não há, entre elas, uma hierarquia e o modelo funciona mesmo na falta de alguma (ou algumas) delas: desde que a intensidade assumida pelas restantes seja tão impressiva que permita, valorativamente, compensar a falha.

VI. O *venire* e a sua proibição surgem constantemente na nossa jurisprudência. Como exemplos posteriores a 2002[285], apontamos:

STJ 14-nov.-2000: após 25 anos de contemporização com certo estado de coisas, é abuso, por *venire*, intentar uma ação de despejo[286];
STJ 21-nov.-2000: o *venire* só pode ser determinado *in concreto*[287];
RPt 20-mar.-2001: enumera as proposições de que depende o modelo de decisão do *venire*[288];

---

[284] A ideia de sistema móvel foi apresentada há mais de meio século por Walter Wilburg, *Entwicklung eines beweglichen Systems im bürgerlichen Recht* (1950), tendo sido divulgada por Claus-Wilhelm Canaris; refira-se *Die Vertrauenshaftung im Deutschen Privatrecht*, cit., 301 ss., 312, 373, 389 e 529. A sua aplicação ao Direito português não oferece dificuldades e é útil, num prisma instrumental. Vide *Da boa fé*, 1248, 1262 e *passim* e STJ 5-fev.-1998 (Torres Paulo), BMJ 474 (1998), 431-435 (433).

[285] Para jurisprudência anterior a 1993, vide a *Teoria geral* 1, 2.ª ed., 377 ss.; de 1993 a 2000: *Tratado* I/1, 2.ª ed. (2000), 253 ss..

[286] STJ 14-nov.-2000 (Silva Paixão), CJ/Supremo VIII (2000) 3, 121-124 (123/I).

[287] STJ 21-nov.-2000 (Fernando Pinto Monteiro), CJ/Supremo VIII (2000) 3, 130/133 (133/I); trata-se de um caso em que foi decretado o arresto de *passes* de jogadores de futebol.

[288] RPt 20-mar.-2001 (Afonso Correia), CJ XXVI (2001) 2, 183-190 (190/I).

§ 9.º A concretização do abuso no direito português 109

REv 4-out.-2001: considera haver abuso do direito, na fórmula venire, por parte da mulher casada que, vivendo em união de fato com um terceiro, vem pedir alimentos ao marido; sublinhe-se, aqui, uma conceção objetiva do venire[289];

STJ 17-jan.-2002: admite a figura do venire, mas recusa a sua aplicação na hipótese de uma nulidade formal[290];

RPt 9-abr.-2002: há abuso pretender a destituição da gerência por haver atos falseados quando os sócios já sabiam disso e não se opuseram anteriormente[291];

STJ 21-jan.-2003: ocorre um venire quando, em ação de divórcio, se pretendam arrolar bens adquiridos pelo marido em execução de um mandato sem representação, para o qual tenha sido dado acordo[292];

STJ 13-mar.-2003: o próprio devia fazer um pagamento que não fez; invocar essa falta para recusar uma responsabilidade é venire[293];

RGm 7-jan.-2004: alguém aceita livranças sabendo que não o podia fazer; vem depois invocar esse facto para pedir a suspensão da execução; aqui, não haveria venire, por falta de chocante contradição[294];

RLx 22-jan.-2004: o senhorio não fez as obras que deveria fazer; autoriza o inquilino a fazê-las; este muda uma pequena estrutura, vindo o senhorio, com esse fundamento, mover um despejo; há um misto de venire com tu quoque[295];

RGm 31-mar.-2004: foi intentada uma ação para a fixação judicial de prazo de uma obrigação; subsequentemente, o autor recusa-se a cumprir; entendeu-se, todavia, que não ocorreria aqui um venire por não se verificar nem um direito, nem o poder: apenas responsabilidade contratual[296];

RPt 4-jun.-2009: há abuso do direito quando um interessado, num inventário, qualifica como benfeitorias úteis certas despesas e pede que lhe

---

[289] REv 4-out.-2001 (Borges Soeiro), CJ XXVI (2001) 4, 266-268 (268/I).
[290] STJ 17-jan.-2002 (Miranda Gusmão), CJ/Supremo X (2002) 1, 48-50 (50).
[291] RPt 9-abr.-2002 (M. Fernanda Pais Soares), CJ XXVII (2002) 2, 216-219 (217/II).
[292] STJ 21-jan.-2003 (Azevedo Ramos; vencido: Armando Lourenço), CJ/Supremo XI (2003) 1, 31-34 (33/II).
[293] STJ 13-mar.-2003 (Oliveira Barros), CJ/Supremo XI (2003) 2, 12-14 (13/II).
[294] RGm 7-jan.-2004 (António Magalhães; vencido: Carvalho Martins), CJ XXIX (2004) 1, 273-276 (274-275); o Desembargador vencido propendeu para o venire.
[295] RLx 22-jan.-2004 (Salazar Casanova), CJ XXIX (2004) 1, 74-79 (77/II).
[296] RGm 31-mar.-2004 (Vieira da Cunha), CJ XXIX (2004) 2, 281-283 (282/I e II).

sejam pagas e depois, em ação autónoma, pretende adquirir o prédio por acessão[297].

41. Inalegabilidade

I. Na linguagem própria do abuso do direito, diz-se inalegabilidade formal ou, simplesmente, inalegabilidade, a situação da pessoa que, por exigências do sistema, não se possa prevalecer da nulidade de um negócio jurídico causada por vício de forma[298].

À partida teríamos, aqui, apenas uma concretização do *venire contra factum proprium*: num primeiro tempo o agente daria azo a uma nulidade formal, prevalecendo-se do negócio (nulo) assim mantido enquanto lhe conviesse; na melhor (ou pior) altura, invocaria a nulidade, recuperando a sua liberdade. Haveria uma grosseira violação da confiança com a qual o sistema não poderia pactuar.

II. Esta simplicidade esconde problemas dogmáticos muito consideráveis. De facto, o negócio que não respeite a forma legal é nulo (220.º). Essa nulidade é invocável a todo o tempo e por qualquer interessado, sendo declarável, de ofício, pelo tribunal (286.º). Não basta, nestas condições, paralisar a alegação da nulidade pelo agente: seria necessário mexer em profundidade em toda a estrutura das regras formais.

Durante bastante tempo, defendemos que isso, de todo, não seria possível[299]. Quando muito, poderíamos descobrir, por parte da pessoa que provocasse uma nulidade formal e, depois, viesse prevalecer-se dela, invocando-a, um dever de indemnizar equivalente à validação do negócio nulo.

III. Num curioso paralelo com o sucedido na Alemanha – onde também a doutrina hesitava em admitir as inalegabilidades – a jurisprudência, confrontada no terreno com verdadeiras injustiças contrárias ao sistema, ultrapassou a doutrina e passou mesmo a consagrar inalegabilidades. Fá-lo, por vezes, na base do *venire*[300]; noutras: diretamente. Assim:

---

[297] RPt 4-jun.-2009 (Barateiro Martins), CJ XXXIV (2009) 3, 201-206 (205/II).
[298] Outros elementos: *Da boa fé*, 771 ss. e *Tratado* V, 299 ss..
[299] *Da boa fé*, maxime 794-796 e *Tratado* I/1, 2.ª ed., 379 ss..
[300] Onze acórdãos deste tipo podem ser confrontados em *Tratado* V, 309.

STJ 22-nov.-1994: não se pode, por abuso do direito, ceder uma posição contratual de uso de escritório e, muito mais tarde, pretender voltar a ele, por a cessão não ter obedecido ao formalismo prescrito[301];

STJ 28-set.-1995: dispensa a forma escrita do contrato de seguro, por respeito para com uma situação de confiança criada[302];

RLx 31-mar.-1998: não pode invocar a nulidade da locação financeira por vício de forma o locador que, conhecendo *ab initio* a situação, pautou a sua conduta de modo consentâneo com a validade do contrato[303];

RLx 4-mar.-1999: é abuso do direito alguém pedir, através de um terceiro, a um banqueiro, um cartão de crédito, usá-lo largamente e vir, depois, invocar a nulidade do negócio por ter subjacente um contrato de crédito ao consumo que, contra o disposto na lei, não fora reduzido a escrito[304];

RPt 31-mai.-2001: num contrato de arrendamento, a alegação da nulidade por vício de forma poderia ser paralisada por abuso do direito[305];

RPt 22-abr.-2004: num trespasse anterior ao Decreto-Lei n.º 64-A/2000 – e, portanto, sujeito a escritura – haverá abuso do direito na invocação da sua nulidade formal, quando apenas se pretenda evitar o pagamento da parte, ainda em falta, do preço[306];

RLx 29-abr.-2004: na hipótese de um arrendamento nulo por falta de forma, mas declarado nas Finanças e largamente executado, há abuso na ulterior alegação da nulidade formal[307];

RPt 20-mar.-2007: a nulidade dos negócios formais por falta de forma pode ser obstada com base no abuso do direito[308];

STJ 31-mar.-2009: sendo o réu sempre tratado, entre 1998 e 2006, como arrendatário comercial, na base de mera promessa, não pode agora ser invocada a nulidade do respetivo contrato[309].

---

[301] STJ 22-nov.-1994 (Carlos Caldas), CJ/Supremo II (1994) 3, 157-159 (159/I).
[302] STJ 28-set.-1995 (Henriques de Matos), BMJ 449 (1995), 374-387.
[303] RLx 31-mar.-1998 (Lino Augusto Pinto), BMJ 475 (1998), 755 (o sumário).
[304] RLx 4-mar.-1999 (Ponce de Leão), CJ XXIV (1999) 2, 78-79 (79/II).
[305] RPt 31-mai.-2001 (Afonso Correia), CJ XXVI (2001) 3, 205-210 (208/I); refere-se, aí, doutrina nos dois sentidos.
[306] RPt 22-abr.-2004 (Saleiro de Abreu), CJ XXIX (2004) 2, 188-191 (190/II): em casos excecionais haverá mesmo inalegabilidade.
[307] RLx 29-abr.-2004 (Fátima Galante), CJ XXIX (2004) 2, 113-119 (116/I e 118/I); também se invoca, aqui, o *venire contra factum proprium*.
[308] RPt 20-mar.-2007 (Alziro Cardoso), Proc. 0720378.
[309] STJ 31-mar.-2009 (Moreira Camilo), Proc. 09A0537.

IV. Estes casos são impressivos: mostram-se decididos com adequação e com justiça. Resta concluir que, hoje, o Direito português permite mesmo preterir normas formais[310]. Mas temos de apontar uma fundamentação precisa, sob pena de abandonar as decisões ao sentimento ou à deriva linguística. Propomos a seguinte:

– a inalegabilidade exige, à partida, os pressupostos (os quatro) da tutela da confiança, tal como vimos a propósito do *venire*;
– além disso, temos de introduzir mais três requisitos[311]:

1.º Devem estar em jogo apenas os interesses das partes envolvidas; não, também, os de terceiros de boa-fé;
2.º A situação de confiança deve ser censuravelmente imputável à pessoa a responsabilizar;
3.º O investimento de confiança deve apresentar-se sensível, sendo dificilmente assegurado por outra via.

Os rigores do elenco podem ser temperados pela lógica de um sistema móvel.

42. *Suppressio*

1. A *suppressio* (supressão) abrange manifestações típicas de "abuso do direito" nas quais uma posição jurídica que não tenha sido exercida, em certas circunstâncias e por certo lapso de tempo, não mais possa sê-lo por, de outro modo, se contrariar a boa-fé.

Propusemos o termo *suppressio* para exprimir o alemão *Verwirkung*[312]. Recorremos ao latim, dentro das tradições nacionais, para evitar o deselegante recurso ao alemão e na impossibilidade de adaptar locuções portuguesas. De facto e entre nós, já foram propostas as locuções "caducidade", "exercício inadmissível do direito", "decadência", "inibição", "paralisação", "preclusão" e "perda". São todas reconhecidamente inadequadas,

---

[310] Alteramos, aqui e já em *Tratado* V, 311, a posição que antes defendêramos.
[311] Alguns elementos constam de Larenz/Wolf, *Allgemeiner Teil* cit., 9.ª ed., § 27, Nr. 71-73 (503) e Wolf/Neuner, *idem* cit., 10.ª ed., § 44, Nr. 61-76 (521-523).
[312] Com pormenor: *Tratado* V, 313-314.

seja por assumirem outros significados técnicos, seja por traduzirem efeitos e não causas[313].

Ora *suppressio* contracena com a *surrectio* (surgimento), num universo onde ocorrem a *exceptio doli*, o *venire*, o *tu quoque* e o *dolo agit*: a expressão latina fica bem integrada, desde que se admitam novidades (já com vinte anos).

Não nos parece nada vantajoso, para o progresso da nossa Ciência, que cada Autor interessado no tema comece logo por alterar toda a terminologia e isso, para mais, para reproduzir candidamente expressões há décadas rejeitadas pelos nossos clássicos. Com isso, só se prejudica a nossa Ciência do Direito.

II. A *suppressio* teve a sua origem na prática da jurisprudência comercial alemã dos finais do século XIX[314], tendo-se intensificado com a guerra de 1914-18 e com o subsequente período de grande inflação. No cerne do problema, verificou-se que o exercício retardado de certos direitos, em conjunturas de instabilidade, podia dar azo a graves injustiças. Na base da jurisprudência alemã, foram-se elaborando diversas proposições que dariam corpo ao seu regime. São elas:

– todos os direitos e posições similares lhe estariam sujeitos;
– exige-se um decurso do tempo sem exercício, decurso esse que varia com as circunstâncias;
– requerem-se, ainda, indícios objetivos de que a posição em causa não irá ser exercida.

III. Estas proposições são demasiado vagas. Qual a efetiva sustentação dogmática da *suppressio*? Duas hipóteses:

– ela visa o comportamento do agente, cuja inação deveria ser penalizada;
– ela visa proteger o beneficiário, na sua confiança de que não haverá exercício.

---

[313] Além disso, tais expressões, por si, não são significativas. Por exemplo: se se disser que certo direito está "precludido" ou que foi "paralisado", ninguém (nem mesmo os autores que defendam tais expressões) perceberá que há *Verwirkung*. Mas se se falar em *suppressio*, ninguém tem dúvidas.

[314] *Tratado* V, 315 ss..

Na primeira hipótese, a *suppressio* deveria ser normalizada e os seus prazos nivelados. Só sendo cognoscíveis de antemão, eles surtiriam algum efeito. Na segunda, teríamos de indagar, junto do beneficiário, os pressupostos da tutela da confiança.

Equacionado desta forma, o problema tem solução fácil. Se a *suppressio* visasse a conduta omissiva do agente, ela aproximar-se-ia dos pressupostos histórico-culturais da prescrição[315]. Mas para eles temos já, justamente, a prescrição: nenhuma vantagem existiria em duplicar esta através de um instituto que, apesar de tudo, sempre pecaria por falta de clareza.

Fica a segunda hipótese: a *suppressio* é uma forma de tutela do beneficiário, confiante na inação do agente. Teríamos, no fundo, uma espécie de *venire*, em que o *factum proprium* seria constituído por uma simples inação. Esta, porém, nunca poderá ser tão clara e óbvia como um comum *factum proprium*. Por isso, o correspondente modelo de decisão será um pouco mais complexo do que o da comum tutela da confiança:

– um não-exercício prolongado;
– uma situação de confiança, daí derivada;
– uma justificação para essa confiança;
– um investimento de confiança;
– a imputação da confiança ao não-exercente.

O *quantum* do não-exercício será determinado pelas circunstâncias do caso: o necessário para convencer um homem normal, colocado na posição do real, de que não mais haveria exercício. A justificação será reforçada por todas as demais circunstâncias ambientais capazes de conformar essa convicção, legitimando-a.

Quer isto dizer que, no fundo, o confiante *ex bona fide*, vê surgir, na sua esfera, uma nova posição jurídica: será a *surrectio* (surgimento)[316], contraponto da *suppressio*.

IV. Resta acrescentar que a *suppressio* está perfeitamente radicada no nosso Direito. Assim, referindo apenas arestos publicados a partir de 2000[317]:

---

[315] *Tratado* V, 236-237.

[316] Propomos, pois, *surrectio* para exprimir, no nosso Direito, o neologismo *Erwirkung*, preconizado, com êxito, por Canaris, *Vertrauenshaftung* cit., 372.

[317] Para jurisprudência anterior a 2000: *Tratado* I/1, 2.ª ed. (2000), 261; a 1994: o nosso *Teoria geral do Direito civil* 1, 2.ª ed. (1996), 380 ss..

STJ 19-out.-2000: um interessado instala certas confeções em prédio de propriedade horizontal, contra o regulamento e contra o projeto; durante anos, nada se fez; pode-se, agora, atuar sem incorrer em *suppressio*? O Supremo analisa, bem, os vários elementos da figura[318], que distingue do *venire*; acaba por, *in casu*, decidir que nada justificava, dados os factos, a confiança do interessado[319];

RLx 16-jan.-2001: constitui abuso do direito, no âmbito de uma SACEG, esperar 6 anos para intentar uma ação: há um agravamento desmesurado da prestação[320];

STJ 30-out.-2001: num contrato-promessa com um prazo de dois anos para a celebração da escritura, verifica-se que o exercente deixou passar 15 anos, sem pagar as prestações que lhe incumbiam; há abuso do direito quando, supervenientemente, venha requerer a execução específica[321];

RLx 22-jan.-2002: durante 7 anos só intervém (indevidamente) um gerente, em nome da sociedade; vir, agora, alegar a falta de representação é abuso do direito[322];

RPt 11-mar.-2003: uma doação de meio poço é nula; todavia, invocar a nulidade ao fim de 20 anos é abuso do direito[323];

RLx 1-abr.-2003: é abusivo vir alegar a nulidade de um crédito ao consumo, invocando a falta de indicação, no contrato, do nome do fornecedor, muito tempo depois da conclusão e reconhecendo a falta de meios para pagar[324];

STJ 12-fev.-2009: a entidade empregadora que, durante 16 anos, não exerce uma cláusula que a habilitava a mudar o local de trabalho de uma sua trabalhadora, abusa do direito quando, inopinadamente, o pretenda fazer[325];

---

[318] Aponta: a) o titular deve comportar-se como se não tivesse o direito ou como se não mais quisesse exercê-lo; b) previsão de confiança: a contraparte confia em que o direito não mais será feito valer; c) desvantagem injusta: o exercício superveniente do direito acarretaria, para a outra parte, uma desvantagem iníqua.

[319] STJ 19-out.-2000 (Nascimento Costa), CJ/Supremo VIII (2000) 3, 83-84 (84).

[320] RLx 16-jan.-2001 (Mário Rua Dias), CJ XXVI (2001) 1, 81-94 (84/II).

[321] STJ 30-out.-2001 (Pais de Sousa), CJ/Supremo IX (2001) 3, 102-104 (103/II); este acórdão refere, apenas, o artigo 334.º; materialmente há, todavia, *suppressio*.

[322] RLx 22-jan.-2002 (António Abrantes Geraldes), CJ XXVIII (2002) 1, 80-86 (85/II); invoca-se, aí, a função social dos direitos; todavia: é de *suppressio* que se trata.

[323] RPt 11-mar.-2003 (Lemos Jorge), CJ XXVIII (2003) 2, 173-179 (177/I).

[324] RLx 1-abr.-2003 (Pereira da Silva), CJ XXVIII (2003) 2, 103-105 (105); refere-se, aí, também o *venire*.

[325] STJ 12-fev.-2009 (Vasques Dinis), CJ/Supremo XVII (2009) 1, 281-287 (286/I).

STJ 27-mai.-2010: celebrado contrato de empréstimo sem forma legal e tendo o devedor pago, durante oito anos, os juros convencionados, revela abuso do direito, por parte deste, pedir a sua devolução, em consequência da nulidade do contrato[326].

43. *Tu quoque*

I. *Tu quoque* (também tu!) exprime a máxima segundo a qual a pessoa que viole uma norma jurídica não pode, depois e sem abuso[327]:

– ou prevalecer-se da situação jurídica daí decorrente;
– ou exercer a posição jurídica violada pelo próprio;
– ou exigir a outrem o acatamento da situação já violada.

Estamos perante um tipo abusivo que suscita algumas dificuldades dogmáticas. Ele desfruta, de resto, de um suporte doutrinário claramente inferior ao dos restantes tipos[328].

II. O Código Vaz Serra tem numerosas consagrações parcelares da regra-mãe *tu quoque*[329]. Recordamos três:

– artigo 126.º: o menor que use de dolo para se fazer passar por maior não pode invocar a anulabilidade do ato;
– artigo 342.º/2: há inversão do ónus da prova quando a parte contrária tiver culposamente tornado impossível a prova do onerado;
– artigo 570.º/1: a culpa do lesado pode reduzir ou excluir a indemnização.

Todavia, torna-se problemático generalizar estas menções: isso poderia equivaler a permitir repercutir, indefinidamente, as inobservâncias da

---

[326] STJ 27-mai.-2010 (Custódio Montes), Proc. 148/06.
[327] *Tu quoque* terá sido a exclamação de espanto e de crítica, proferida por Júlio César aquando do seu assassinato, no Senado de Roma, quando se apercebeu de que o seu próprio filho adotivo, Bruto, se encontrava entre os conjurados.
[328] Merecem referência: Erwin Riezler, *Berufung auf eigenes Unrecht*, JhJb 89 (1941), 177-276, Egon Lorenz, *der Tu-quoque-Eiwand*, JuS 1972, 311-315 e Gunther Teubner, *Gegenseitige Vertragsuntreue* (1975).
[329] *Tratado* V, 328-329; podem, aí, ser confrontadas vinte referências desse tipo.

ordem jurídica. O *tu quoque* requer, assim, uma aplicação confinada entre as partes envolvidas.

III. O *tu quoque* deve ser aproximado do segundo princípio mediante, entre a boa-fé e os casos concretos: o da primazia da materialidade subjacente[330]. A ordem jurídica postula uma articulação de valores materiais, cuja prossecução pretende ver assegurados. Nesse sentido, ele não se satisfaz com arranjos formais, antes procurando a efetivação da substancialidade. Pois bem: a pessoa que viole uma situação jurídica perturba o equilíbrio material subjacente. Nessas condições, exigir à contraparte um procedimento equivalente ao que se seguiria se nada tivesse acontecido equivaleria ao predomínio do formal: substancialmente, a situação está alterada, pelo que a conduta requerida já não poderá ser a mesma. Digamos que, da materialidade subjacente, se desprendem exigências ético-jurídicas que ditam o comportamento dos envolvidos.

Num exemplo retirado da lei (570.º/1): havendo culpa do lesado, a realidade subjacente não pode ser equiparada ao ilícito comum; por isso, a indemnização pode ser minorada ou suprimida.

Temos, aqui, uma interessante área de progresso futuro.

IV. Apesar da novidade e das carências doutrinárias, a jurisprudência portuguesa tem isolado, na prática, o problema, contemplando-o com soluções justas, ainda que sem nomear o *tu quoque*. Assim:

RPt 3-fev.-1981: por falta de obras, um armazém torna-se inutilizável com a chuva; instado a fazer obras, o senhorio nega-se; o locatário desocupa, por isso, o local: o senhorio move um despejo com base no encerramento; o tribunal recusa-o, por abuso[331];

STJ 21-set.-1993: uma companhia de seguros fora condenada, com trânsito em julgado, a pagar 4.364 c.; conseguiu, todavia, um recibo pelo qual pagara 3.000 c., acrescentando que era tudo o devido; não pode invocar essa circunstância para não cumprir a sentença[332];

STJ 12-jul.-2001: num contrato-promessa, o Réu assina, faz reconhecer a assinatura e manda ao Autor, pedindo-lhe que assinasse e fizesse reco-

---

[330] *Tratado* I, 4.ª ed., 969 ss..
[331] RPt 3-fev.-1981 (Joaquim Carvalho), CJ VI (1981) 1, 146-148 = BMJ 304 (1981), 469 (o sumário).
[332] STJ 21-set.-1993 (Fernando Fabião), CJ/Supremo I (1993) 3, 19-22 (21).

nhecer a sua; o Autor perde o documento e alega a invalidade por não ter assinado: há abuso[333];

RLx 2-mar.-2004: um condómino que não queira assinar a ata da assembleia não pode prevalecer-se disso para a impugnar: seria abuso do direito[334];

STJ 10-jan.-2008: incorre em *tu quoque* o sucessor do *de cuius* que invoca a violação, pelo cônjuge do falecido, de uma convenção antenupcial nula, por ambos subscrita[335];

REv 14-abr.-2009: não pode invocar o vício de falta de notificação quem, com a sua conduta ou omissão, concorreu para a sua produção[336].

44. Desequilíbrio

I. O desequilíbrio no exercício das posições jurídicas constitui um tipo extenso e residual de atuações contrárias à boa-fé. Ele comporta diversos subtipos; podemos apontar três:

– o exercício danoso inútil;
– *dolo agit qui petit quod statim redditurus est*;
– desproporção grave entre o benefício do titular exercente e o sacrifício por ele imposto a outrem.

II. Em todas estas hipóteses, podemos considerar que o titular, exercendo embora um direito formal, fá-lo em moldes que atentam contra vetores fundamentais do sistema, com relevo para a materialidade subjacente. O desequilíbrio está na origem do abuso, particularmente nas decisões pioneiras, como a da chaminé falsa de Colmar ou a da chaminé baixa de Coimbra. À medida que os ordenamentos foram progredindo, estas hipóteses perderam terreno. Todavia, elas vieram a recuperá-lo noutras áreas, especialmente quando houve que enfrentar o silêncio do Direito legislado.

---

[333] STJ 12-jul.-2001 (Araújo Barros), CJ/Supremo IX (2001) 3, 30-34.
[334] RLx 2-mar.-2004 (André dos Santos), CJ XXIX (2004) 2, 69-71 (70/II).
[335] STJ 10-jan.-2008 (João Bernardo), Proc. 07B3972.
[336] REv 14-abr.-2009 (António João Latas), CJ XXXIV (2009) 2, 294-296.

III. A palavra à jurisprudência:

STJ 4-mar.-1997: constitui abuso do direito usar da preferência em negócios simulados, de tal modo que o preferente acabaria por adquirir um imóvel por uma pequena fração do seu valor[337];

STJ 9-out.-1997: não se pode exigir a um senhorio a execução de obras dispendiosas, quando as rendas recebidas sejam insignificantes[338];

RCb 9-nov.-1999: não pode ser invocada a exceção do não-cumprimento de modo não adequado à gravidade do incumprimento: seria contrário à boa-fé[339];

RCb 8-fev.-2000: no âmbito da acessão, não se pode exigir uma demolição muito custosa a troco de uma pequena vantagem[340];

RPt 25-out.-2007: integra abuso do direito a construção de um armazém inútil que apenas vise tirar as vistas a um vizinho[341];

STJ 30-set.-2008: atua com abuso do direito o inquilino que pagando uma renda de € 2,30 mensais, exige dos senhorios, que vivem de pensões de reforma, obras de € 5000,00[342];

STJ 7-jan.-2010: abusa do direito de suceder o pai que, tendo sido condenado por crime de violação cometido na pessoa da própria filha vem, depois, habilitar-se à herança desta, morta em acidente de viação[343].

O abuso do direito e a boa-fé a ele subjacente representam, assim, sempre uma válvula do sistema: permitem corrigir soluções que, de outro modo, se apresentariam contrárias a vetores elementares.

---

[337] STJ 4-mar.-1997 (Pais de Sousa), CJ/Supremo V (1997) 1, 121-125 (125/I).

[338] STJ 9-out.-1997 (Henrique de Matos), BMJ 470 (1997), 546-555; também RCb 27-jan.-1998 (Soares Ramos), CJ XXIII (1998) 1, 16-18 = BMJ 473 (1998), 569 (o sumário).

[339] RCb 9-nov.-1999 (Ferreira de Barros), CJ XXIV (1999) 5, 19-21 (20/II).

[340] RCb 8-fev.-2000 (Custódio Marques Costa), CJ XXV (2000) 1, 17-20 (19).

[341] RPt 25-out.-2007 (Amaral Ferreira), CJ XXXII (2007) 4, 198-200 (200/I).

[342] STJ 30-set.-2008 (Paulo Sá), Proc. 08A2259. No mesmo sentido, p. ex., STJ 27-mai.-2008 (Cardoso Albuquerque), Proc. 08A786 (obras de € 27.423,91, com renda mensal de € 13,97); o bloqueio do dever de fazer obras, por desequilíbrio, dado o valor diminuto das correspondentes rendas pode considerar-se como jurisprudência constante. Vide o nosso *O novo regime do arrendamento urbano: dezasseis meses depois, a ineficiência económica do Direito*, O Direito 2007, 945-971 (948 ss.).

[343] STJ 7-jan.-2010 (Pires da Rosa), Proc. 104/07.

§ 10.º A CONSTRUÇÃO DO ABUSO DO DIREITO

45. Generalidades: as teorias

I. No tratamento do abuso do direito, devemos manter claro e sempre presente que se trata de um instituto surgido em diversas manifestações periféricas, para resolver problemas concretos. O abuso não deriva de considerações racionais de tipo central. E apenas após a efetiva consubstanciação de múltiplas hipóteses de exercício típico abusivo – do *venire* ao desequilíbrio no exercício – se colocou o tema de uma construção global consequente. Este tipo de tratamento da matéria é válido para os Direitos do estilo do português.

II. Numa contraposição sugestiva divulgada por Wolfgang Siebert[344], podemos distinguir:

– teorias internas;
– teorias externas.

Para as teorias internas, a solução do abuso do direito estaria no próprio conteúdo de cada direito subjetivo. Este seria concedido em termos unitários, aos seus titulares, de modo a apresentar limites intrínsecos, a respeitar. E seria justamente a desconsideração de tais limites internos que daria lugar ao abuso.

Para as teorias externas, pelo contrário, o abuso adviria do desrespeito de normas jurídicas alheias ao próprio direito subjetivo, mas que o titular deveria acatar. No fundo, tratar-se-ia de uma limitação comum ao exercício dos direitos, semelhante a muitas outras, mas que por razões históricas teriam sido agrupadas em "abuso do direito".

---

[344] Wolfgang Siebert, *Verwirkung und Unzulässigkeit der Rechtsausübung* (1934), 85 ss..

46. As teorias internas; versões comuns

I. As teorias internas surgiram com o próprio abuso do direito. Nos atos emulativos, a ideia dominante era, logo, a de que independentemente das clássicas limitações (externas) ao exercício dos direitos, estes não poderiam ser atuados com a intenção malévola de prejudicar. A ideia alargou-se, depois, à necessidade de, no exercício, prosseguir algum interesse sério.

Trata-se de fatores qualitativamente diferentes das delimitações impostas aos direitos, do exterior, por normas jurídicas. A interioridade exprimiria de modo sugestivo uma essência: no abuso jogar-se-ia um fenómeno que, não sendo permitido, também não cairia na ilicitude comum, imposta do exterior, através de normas que apontariam os limites formais dos direitos. Seria o abuso em sentido próprio.

II. Podemos conduzir às teorias internas as seguintes conceções de abuso do direito:

– a doutrina dos atos emulativos;
– as doutrinas funcionais;
– as doutrinas interpretativas.

A doutrina dos atos emulativos manda computar, no exercício jurídico-subjetivo, a concreta intenção do titular. Sendo ela uma pura intenção maléfica de causar prejuízos, surgiria o abuso. Apenas direito a direito seria possível determinar e enquadrar tal intrusão.

III. As doutrinas funcionais tiveram a sua origem em Josserand. Deve explicar-se que esse Autor parte da conceção de Jhering, de direito subjetivo: interesse juridicamente protegido. Posto isso, ele entende que os direitos subjetivos são concedidos com uma determinada função. O abuso ocorreria com o desrespeito por ela[345].

A função de cada direito e – logo – o abuso derivado da sua inobservância deverão ser procurados nas normas que componham o próprio conteúdo do direito: no seu interior.

As diversas orientações funcionais podem ser ordenadas em:

– doutrinas da função pessoal;
– doutrinas da função social.

---

[345] Josserand, *De l'esprit des droits*, 2.ª ed. cit., 312 ss. (364 ss., 388).

Para as primeiras, o direito subjetivo seria conferido para que, dele, o próprio sujeito retirasse utilidades. Seriam abusivos os atos emulativos e, em geral, os exercícios danosos inúteis. Para as segundas, o direito subjetivo teria, subjacente, um programa de exercício em prol da sociedade. O passo seguinte é o da função económica: evolução materialista da função social.

IV. As teorias emulativas equivalem, se bem se atentar, a uma primeira fórmula, algo empírica, de traduzir as doutrinas funcionais. Como estas, elas entendem que o direito subjetivo não pode ser exercido *ad nutum* mas, antes e apenas, com certas funções.

Se atentarmos, agora, nas teorias funcionais, verificamos que elas não podem dar a chave do abuso.

Os direitos podem ser concedidos com uma certa função: teremos direitos ou poderes funcionais ou direitos-deveres. Quando isso suceda, as normas em jogo devem ser respeitadas, sob pena de ilicitude. Não há abuso. Poder-se-ia proclamar que existe um princípio geral que determina, sempre, um exercício funcional – portanto: social e economicamente útil – de todos os direitos. Se assim fosse, tal princípio implicaria um limite exterior ao exercício dos direitos. Cairíamos nas doutrinas externas e, daí e provavelmente, nos comuns limites ao exercício dos direitos. A única hipótese de "funcionalidades" atuantes por via autónoma seria a de os direitos subjetivos pressuporem "funções" suficientemente subtis para nem implicarem direitos funcionais, nem redundarem em princípios externos norteadores de exercícios. Mas isso levar-nos-ia às teorias interpretativas, abaixo examinadas.

V. Às teorias funcionais dirigem-se, ainda, duas observações:

– a sua natureza antiliberal;
– o seu formalismo.

O direito subjetivo é, visceralmente, um espaço concreto de liberdade. Daí a nossa proposta para a noção de direito subjetivo: permissão normativa específica de aproveitamento de um bem. Liberdade é livre-arbítrio: ou já não será liberdade, no sentido forte aqui relevante. A descoberta de "funções" nos direitos, particularmente "sociais" e "económicas", visa cercear essa liberdade: afinal, o titular já não seria livre: ele deveria atuar os seus direitos de acordo com bitolas "politicamente corretas"[346]. Sabemos, em termos históricos, que foram justamente as experiências totalitárias que construíram códigos de conduta para os titulares dos direitos. Por certo que os direitos têm limites: mas eles devem ser externos, assumidos, aprovados em termos constitucionais e, de antemão, conhecidos.

Quanto ao formalismo: as "funções sociais" autoproclamam-se substantivas, arrogando-se uma superioridade perante o direito subjetivo, puramente formal. É o inverso. O direito subjetivo, sendo formal, assume a materialidade da ideia de liberdade, na síntese da sua aplicação. A isso contrapõe o "funcionalismo" limites permanentes que não define. Nada assume a não ser pela negativa da essência de subjetivismo jurídico, base do pensamento ocidental. Os valores sociais devem ser defendidos. Mas com clareza e em face de normas claras e explícitas, a tanto dirigidas. Não há, aqui, planos para o abuso.

VI. As doutrinas interpretativas sucederam às teorias funcionais. Desde o momento em que, da contemplação do dispositivo que institua o direito subjetivo, através de considerações funcionais teleológicas ou similares, se desprenda um limite interno a ter em conta, direito a direito e caso a caso, tudo redunda num problema de interpretação.

Havendo um direito subjetivo, há que perguntar, simplesmente, até onde vai a permissão normativa por ele pressuposta e se, associados à permissibilidade básica da situação, não surgem alguns deveres. Esta saída torna-se mais fácil graças ao predomínio de orientações teleológicas, objetivas e atualistas, na interpretação e na aplicação do Direito. O que, de início, traduzia um direito subjetivo com determinada configuração, pode, tempos volvidos, mercê do respeito requerido pelo escopo real da lei e tendo em conta as circunstâncias do tempo em que é aplicado, exprimir uma realidade diferente. Uma evolução deste tipo provoca uma área de refração que, estando aparentemente coberta pelo direito subjetivo – a aparência é facilitada quando correspondesse à compleição real do direito, em momentos históricos anteriores – se revela, a uma interpretação mais atenta, como não permitida. Os atos praticados nessa área de refração

---

[346] Pois é disso que se trata: o critério para uma verdadeira utilidade "social" e "económica", a existir, será político.

podem, com vigor expressivo, chamar-se abusivos. No fundo, nada mais haveria do que um tema de interpretação[347].

As chamadas teorias internas têm sido dominantes[348], quando se trata de apresentar o abuso do direito como construção. Compreende-se que, dado o desembocar inevitável de tais orientações em mera temática interpretativa, se acabe numa de três situações: numa distorção completa entre o panorama global apresentado como o do abuso do direito e as aplicações dele feitas, numa decadência simples do abuso em si, incapaz de proporcionar soluções próprias ou, na doutrina mais atenta, no reconhecimento explícito da natureza interpretativa do chamado abuso do direito.

O fazer desembocar, de modo assumido ou escamoteado, o abuso do direito num problema de interpretação, representa uma saída puramente formal para o problema: não se dá qualquer critério material para a resolução de questões, procedendo-se, apenas, a deduções logicistas sucessivas de umas proposições para outras[349].

47. As teorias externas

I. Segundo as teorias externas, o abuso do direito é entendido como uma contraposição entre as normas que instituem o direito subjetivo considerado e certos preceitos que delimitam o seu exercício. Pois bem: os comportamentos que caíssem no campo permitido das primeiras, mas violassem os segundos, seriam abusivos.

Esta ideia nuclear pode, depois, comportar várias doutrinas:

– a doutrina das normas específicas;
– a doutrina da contraposição entre a lei e o Direito;
– a doutrina da remissão para ordens extrajurídicas.

A doutrina das normas específicas diz, simplesmente, que existem certas regras, dirigidas aos titulares de direitos subjetivos que, deixando

---

[347] O que é expressamente reconhecida pelos seguidores mais criteriosos das doutrinas que se integram nas "teorias internas"; assim, Rudy, *Rechtsmissbrauch* cit., 70. A defesa do abuso do direito como problema de interpretação tem, ainda, sido feita sem um esclarecer metodológico prévio dos postulados em que assenta.

[348] Soergel/Siebert/Knopp, BGB, 10.ª ed. cit., § 242, Nr. 172 (58-59).

[349] Não faltaram, por isso, acusações de conceptualismo e de positivismo dirigidas a Siebert, embora sejam pouco mencionadas; assim, H. O. de Boor, *Methodisches zur Dogmatik und Rechtsvergleichung*, AcP 141 (1935), 265-279 (269 e 272).

estes incólumes, determinariam todavia algumas proibições de exercício. Aí residiria o abuso[350].

A doutrina da contraposição entre a lei e o Direito pretende que, no abuso, o exercente respeita a primeira mas viola o segundo[351].

II. Estas orientações conduzem ao negativismo preconizado por Planiol[352]: o direito subjetivo existe nas margens da lei e do Direito; se se ultrapassam os seus limites, já não há direito: para quê falar em abuso?

Assim delineadas, as teorias externas têm crítica mais profunda nos dados atuais da teoria interpretativa. Visando, esta, a solução do caso concreto, só por abstração irreal se pode admitir uma sua independência em relação à premissa menor, dada pela subsunção ou por uma qualquer manifestação volitiva que se lhe substitua. A interpretação não é rigorosamente cindível da aplicação: uma interpretação teórica ou fica incompleta ou opera sobre casos hipotéticos. Não há limites genéricos aos direitos mas, tão-só, disposições limitativas. Todos os limites efetivos ao conteúdo dos direitos exigem uma determinação no caso concreto. As teorias externas seriam, pois, uma impossibilidade técnica: a atuação, por elas pressuposta, dar-se-ia sempre no plano interno; aliás: no plano único.

III. A doutrina da remissão para ordens extrajurídicas descobre o abuso quando, no exercício dos direitos subjetivos, o Direito fosse respeitado mas tais ordens se mostrassem violadas.

São várias as modalidades então possíveis, com primado para a imputação do abuso à Moral[353] ou ao Direito natural[354]. Põe-se, desta forma,

---

[350] Hans Christoph Hirsch, *Die Übertragung der Rechtsausübung/Vervielfältigung der Rechte* (1910), 32-33.

[351] F. Freiherrn Marschall von Biererstein, *Vom Kampf des Rechts gegen die Gesetze* (1927), 31 ss. (35). Quanto à não coincidência entre a lei e o Direito, com a evolução histórica e múltiplos elementos: Birgit Hoffmann, *Das Verhältnis von Gesetz und Recht* (2004), 27 ss.. Contra: João Pedro Charters Marchante, *Da detecção de lacunas da lei no Direito português* (2001), 60 ss..

[352] Marcel Planiol, *Traité élémentaire de Droit civil* II, 2.ª ed. (1903), 284.

[353] Georges Ripert, *La règle morale dans les obligations civiles*, 4.ª ed. (1949), 157 ss. (166 ss. e 179 ss.), Jean Dabin, *Le droit subjectif* (1952), 293 ss. e Paul Roubier, *Droits subjectifs et situations juridiques* (1963), 331 ss. (334-335), que acaba por aplaudir o § 226 BGB, sem referir a sua inaplicabilidade historicamente comprovada.

[354] Josserand, *L'esprit des droits*, 2.ª ed. cit., 415, apelava, para esse efeito, a um "Direito natural de conteúdo variável".

um problema das relações entre o Direito e a Moral, que agora não retomaremos[355]. Ainda, porém, que tais remissões sejam admissíveis e que, sendo-o, não positivem as ordens para que apelem, fica por demonstrar a desnecessidade de uma concretização particular. Nenhum enunciado de Moral ou de Direito natural atinge, na atualidade, a explicitação própria de um diploma positivo; a concretização seria sempre necessária, o que passa pela Ciência do Direito e, logo, pelo Direito.

Sem que isso implique uma aceitação das teorias internas, já criticadas, tal como se apresentam, deve rejeitar-se a sua antítese.

48. Posição adotada; a disfuncionalidade intrassubjetiva e o papel do sistema

I. Na busca de uma leitura do abuso do direito, devemos partir das manifestações dessa figura, reveladas nas decisões concretas subjacentes aos grupos de atos abusivos, acima examinados.

A inerente análise mostra que, no abuso do direito, há efetivas limitações ao exercício de posições jurídico-subjetivas. Só que tais limitações:

– só são determináveis *in concreto*;
– correspondem a exigências globais que se projetam – ou podem projetar – em exercícios precisos;
– ordenam-se em função de princípios gerais como o da tutela da confiança e o da primazia da materialidade subjacente;
– equivalem, em termos jurídico-positivos, a uma regra de conduta segundo a boa-fé.

Tudo isto apela ao sistema[356]. Digamos que o sistema, no seu conjunto, tem exigências periféricas que se projetam no interior dos direitos subjetivos, em certas circunstâncias. E é o desrespeito por essas exigências que dá azo ao abuso do direito.

---

[355] Vide *Da boa fé*, 1160 ss..
[356] Outros elementos: *Da boa fé*, 879 ss..

II. A conduta contrária ao sistema é disfuncional. A disfuncionalidade intrassubjetiva constitui a base ontológica do abuso do direito[357].

Um sistema jurídico postula um conjunto de normas e princípios de Direito, ordenados em função de um ou mais pontos de vista. Esse conjunto projeta um sistema de ações jurídicas – portanto de comportamentos que, por se colocarem como atuações juridicamente permitidas ou impostas, relevam para o sistema. O não-acatamento das imposições e o ultrapassar do âmbito posto às permissões contraria o sistema: há disfunção. Em rigor, deve-se acrescentar uma terceira classe de comportamentos: os não-funcionais. Estes, não importando para o sistema, seriam, perante o Direito, indiferentes.

III. O encarar o sistema jurídico pelo prisma funcional da ação relevante para o Direito – isto é: portanto pela vertente dos comportamentos jurídicos conformes com as interações persistentes, por ele postuladas – é, apenas, uma das muitas vias que, no conjunto, dão a ideia do jurídico. Mas tem um interesse particular para esclarecer o fenómeno do abuso.

A natureza funcional de uma ação jurídica afere-se, simplificando, pela sua conformidade com uma norma. Só que – num desvio típico do Direito, mas que a sociologia também conhece – o sistema, como tal, supera o somatório simples das normas que o originem. Há áreas cuja funcionalidade não se prende, direta ou indiretamente, com nenhuma norma jurídica; recorde-se o artigo 10.º/3 do Código Civil e o "espírito do sistema". Em termos lineares, a funcionalidade não cominada por normas traduz-se na conquista, para o sistema, de zonas anteriormente não-funcionais, isto é, irrelevantes para o Direito.

As zonas não-funcionais correspondem a áreas que o Direito entende não regular. Estas situam-se, em princípio, fora do espaço jurídico. Existem, no entanto, dentro do tecido jurídico, ilhas de não-funcionalidade. Atine-se no fenómeno do jurídico-subjetivismo, ou seja, da permissão normativa específica de aproveitamento. No seio desta, os comportamentos são funcionais, porquanto conformes com a permissão. Do exterior, porém, eles são não-funcionais: é irrelevante para o Direito que o exercício se processe desta ou daquela maneira. O sistema pode impor-se, por si, no interior de permissões normativas específicas; quando o faça, o exercício

---

[357] A ideia de disfuncionalidade jurídica arranca da teoria da ação, de Talcott Parsons, cujo apanhado consta do *Tratado* V, 367-368.

do direito que contradite o sistema, embora conforme com normas jurídicas, é disfuncional.

O abuso do direito reside na disfuncionalidade de comportamentos jurídico-subjetivos por, embora consentâneos com normas jurídicas permissivas concretamente em causa, não confluírem no sistema em que estas se integrem.

IV. Pergunta-se se esta orientação é interna ou externa. Quando refletimos nas regras sobre a tutela da confiança – exigência do sistema que se projeta no exercício das posições jurídicas – ocorre a ideia de uma limitação externa: afinal os direitos subjetivos seriam condicionados, exteriormente, por essas regras. Já a ideia da primazia da materialidade subjacente apontaria para limitações internas.

A nossa proposta é diversa.

Os direitos subjetivos *são* o sistema. Fazem parte dele, contribuindo estruturalmente para a sua composição. As exigências do sistema nos direitos subjetivos *equivalem* ao modo de ser dos próprios direitos em jogo. Temos, no fundo, uma síntese entre as orientações externas e internas, síntese essa que, ontologicamente, dá corpo aos próprios direitos. O sistema, por definição, tem no seu seio a ideia básica da permissividade dos direitos subjetivos e do nível significativo-ideológico que ela representa. Pois bem: no abuso haverá, sempre, uma consideração estrutural da liberdade básica do subjetivismo jurídico. Mas trata-se de uma liberdade conferida pelo sistema e, portanto: sempre impregnada dos seus valores básicos.

§ 11.º REGIME

49. O abuso como concretização da boa-fé

I. No Direito português, a base jurídico-positiva do abuso do direito reside no artigo 334.º e, dentro deste, na boa-fé. Para além de todo o desenvolvimento histórico e dogmático do instituto, que aponta nesse sentido, chamamos ainda a atenção para a inatendibilidade, em termos de abuso, dos bons costumes e da função económica e social do direito.

Os bons costumes remetem para regras de comportamento sexual e familiar que, por tradição, não são explicitadas pelo Direito civil, mas que este reconhece como próprias[358]. E eles remetem, também, para certos códigos deontológicos reconhecidos pelo Direito. Nestes termos, os bons costumes traduzem regras que, tal como muitas outras, delimitam o exercício dos direitos e que são perfeitamente capazes de uma formulação genérica. Não há, aqui, qualquer especificidade.

Quanto ao fim económico e social dos direitos: a sua ponderação obriga, simplesmente, a melhor interpretar as normas instituidoras dos direitos, para verificar em que termos e em que contexto se deve proceder ao exercício. Também aqui falta um instituto autónomo, já que tal interpretação é sempre necessária.

II. A boa-fé, em homenagem a uma tradição bimilenária[359], exprime os valores fundamentais do sistema. Trata-se de uma visão que, aplicada ao abuso do direito, dá precisamente a imagem propugnada. Dizer que,

---

[358] *Tratado* I/1, 3.ª ed., 708-709. De novo alertamos para o seguinte: uma tomada de posição quanto aos "bons costumes" exige uma pesquisa paciente que vai desde o Direito romano à pandectística e que se prolonga pelos clássicos nacionais, ponderando a vasta jurisprudência existente nos vários países. Verberamos vivamente a literatura que, sem esse esforço, procede a afirmações *naïf* sobre moralidades ou éticas sociais: não é uma postura científica séria e só dificulta a nossa jurisprudência.

[359] *Tratado* I/1, 3.ª ed., 399 ss..

no exercício dos direitos, se deve respeitar a boa-fé, equivale a exprimir a ideia de que, nesse exercício, se devem observar os vetores fundamentais do próprio sistema que atribui os direitos em causa.

III. Aparentemente vago, este postulado obtém uma concretização fecunda através dos vetores próprios do manuseio da boa-fé. Recordamos:

– a utilização dos princípios mediantes de tutela da confiança e da primazia da materialidade subjacente;
– o enquadramento nos grupos típicos de atuações abusivas, com relevo para o *venire*, a inalegabilidade, a *suppressio*, o *tu quoque* e o desequilíbrio no exercício.

Particularmente a tutela da confiança dispõe, hoje e entre nós, de modelos de decisão experimentados surgindo, através do *venire*, como uma das fórmulas mais características do abuso.

IV. Os grupos típicos de atuação abusiva usualmente referidos e os próprios princípios mediantes de concretização da boa-fé não esgotam as possibilidades criativas do sistema nem, consequentemente, as possibilidades de abuso do direito. Quer os grupos típicos, quer os princípios mediantes são simples instrumentos linguísticos, de base histórico-cultural, para a concretização da ideia de sistema. Existem: mesmo quando nem sejam especialmente lógicos. Os problemas podem, porém, apelar a vetores ainda por isolar.

Devemos, pois, manter aberto o espírito, dispensando sempre, ao círculo sistema/problema, a necessária atenção.

50. Âmbito, conhecimento oficioso, objetividade e consequências

I. "Abuso do direito" é, como temos repetido, uma mera designação tradicional, para o que se poderia dizer "exercício disfuncional de posições jurídicas". Por isso, ele pode reportar-se ao exercício de quaisquer situações e não, apenas, ao de direitos subjetivos[360]. De facto e em boa hora,

---

[360] Assim: STJ 25-jun.-1998 (Miranda Gusmão), CJ/Supremo VI (1998) 2, 138-143 (142) e RLx 18-abr.-2002 (Salvador da Costa), CJ XXVII (2002) 2, 104-108 (106-107): abuso do "direito" de contratar.

cada vez menos surgem afirmações de inaplicabilidade do regime do abuso do direito ... por não haver um direito subjetivo. Esta figura foi, todavia, paradigmática na elaboração do instituto: donde o discurso sempre usado.

II. A aplicação do abuso do direito depende de terem sido alegados e provados os competentes pressupostos – salvo a hipótese de se tratar de posições indisponíveis. Além disso, as consequências que se retirem do abuso devem estar compreendidas no pedido feito ao Tribunal, em virtude do princípio dispositivo[361].

Verificados tais pressupostos, o abuso do direito é constatado pelo juiz, mesmo quando o interessado não o tenha expressamente mencionado: é, nesse sentido, de conhecimento oficioso[362]. O Tribunal pode, por si e em qualquer momento, ponderar os valores fundamentais do sistema, que tudo comporta e justifica. Além disso, não fica vinculado às alegações jurídicas das partes.

III. O abuso do direito, nas suas múltiplas manifestações, é um instituto puramente objetivo[363]. Quer isto dizer que ele não depende de culpa do agente nem, sequer, de qualquer específico elemento subjetivo. Evidentemente: a presença ou a ausência de tais elementos poderão, depois, contribuir para a definição das consequências do abuso.

IV. Pergunta-se, por fim, quais são as consequências do abuso. O artigo 334.º fala em "ilegitimidade". Trata-se, porém, de ilicitude. As consequências podem ser variadas:

– a supressão do direito: é a hipótese comum, designadamente na *suppressio*;
– a cessação do concreto exercício abusivo, mantendo-se, todavia, o direito;

---

[361] STJ 20-mai.-1997 (Fernandes de Magalhães), BMJ 467 (1997), 557-564 (562), RLx 29-jan.-1999 (Salazar Casanova), CJ XXIII (1998) 1, 103-105 (104/II) e RLx 18-mar.-2003 (António Abrantes Geraldes), CJ XXVIII (2003) 2, 79-86 (85/I). Jurisprudência anterior: *Tratado* I/1, 2.ª ed., 247, nota 501.

[362] STJ 22-nov.-1994 (Carlos Caldas), CJ/Supremo II (1994) 3, 157-159 (159/I), REv 23-abr.-1998 (Tavares de Paiva), CJ XXIII (1998) 2, 278-281 (281/II), STJ 25-nov.-1999 (Duarte Soares), CJ/Supremo VI (1998) 2, 138-143 (142) e STJ 11-out.-2001 (Silva Salazar), CJ/Supremo IX (2001) 3, 65-69 (68/II).

[363] RLx 12-jun.-1997 (Carlos Valverde), CJ XXII (1997) 3, 110-114 (113/II).

– um dever de restituir, em espécie ou em equivalente pecuniário;
– um dever de indemnizar, quando se verifiquem os pressupostos de responsabilidade civil, com relevo para a culpa.

Não é, pois, possível afirmar *a priori* que o abuso do direito não suprima direitos: depende do caso. Registe-se, como ponto importante, que, pelo Direito português, embora podendo dar lugar a deveres de indemnizar, o abuso do direito não é, em si, um instituto de responsabilidade civil.

51. Balanço e tendências recentes

I. A concretização da boa-fé e do abuso do direito, levada a cabo pela jurisprudência nos finais do século XX e prosseguida no atual século XXI, constitui um acontecimento jurídico-científico da maior importância. Neste momento, ele decorre ainda no dia-a-dia e sob os nossos olhos: torna-se difícil fixar-lhe os contornos. Todavia, alguns aspetos podem, desde já, ser sublinhados.

II. No tocante à verificação do abuso do direito, recordamos que essa locução é puramente tradicional. Não tem de haver qualquer "direito subjetivo": trata-se, simplesmente, do exercício de posições jurídicas.
A jurisprudência portuguesa mostra ainda que o abuso pode ocorrer nas mais diversas situações jurídicas. Temos exemplos para inúmeros tipos de contratos, civis e comerciais. As figuras próprias dos Direitos Reais são abrangidas, outro tanto sucedendo com o Direito da família e com o Direito das sucessões. Seria possível reescrever boa parte do Direito privado português, tal como resulta da aplicação da boa-fé.

III. Torna-se fundamental ter presente que a boa-fé surge tão-só como uma via para permitir, ao sistema, reproduzir, melhorar, corrigir e completar as suas soluções. Apenas o uso da História e do Direito comparado nos pode explicar esta dimensão. Além disso, o recurso à boa-fé só é pensável para uma dogmática não conceptualista. Criticar a boa-fé ou descobrir a sua inutilidade parece-nos tão descabido como fulminar *ad nutum* todos os avanços da Ciência do Direito no último século. Quais são as alternativas?
A boa-fé e o abuso do direito não são compatíveis com análises racionalistas – ou aparentemente racionalistas, já que a Razão, para o ser, exa-

mina o real não funcionando, apenas, sobre si própria. Exigem valorações e um atendimento ao poder dos factos[364].

É perfeitamente surrealista reclamar "valorações materiais" e, depois, recusar os institutos onde, dogmaticamente, tais valorações poderiam ser postas em prática.

IV. A jurisprudência portuguesa não tem sido suficientemente apoiada pela doutrina. O individualismo dos autores portugueses, que os leva, muitas vezes, a montar discordâncias de pura terminologia, a aparentar originalidades sem substância ou sem estudos aprofundados bastantes ou a, pura e simplesmente, ignorar quanto se faz e decide *intra muros*, dá ensejo a uma doutrina desalinhada onde, em vez de se progredir, se procura continuamente rediscutir os fundamentos e isso mesmo quando estes, sendo histórico-culturais, estejam assentes há décadas ou séculos.

Nestas condições, não admira que a jurisprudência vá procurando os seus próprios caminhos.

V. À partida, poderemos colocar a afirmação do Supremo, pela boca do seu ex-Presidente, Cardona Ferreira[365]:

> O princípio da boa fé tem de ser algo mais, muito mais do que idílico verbalismo jurídico.

De facto, apelar à boa-fé implica sempre uma ponderação material da solução existente, na sua globalidade. Isso não impede que a boa-fé seja usada para (re)confirmar decisões assentes noutros institutos: trata-se duma sindicância salutar do sistema sobre o problema. Ela não enfraquece a boa-fé; pelo contrário.

VI. Posto isto, constatamos, através da jurisprudência, que se confirmam plenamente, como úteis, atuantes e justos, os dois princípios mediantes da tutela da confiança e da primazia da materialidade subjacente. A tutela da confiança ocorre sobretudo no tópico do *venire contra factum*

---

[364] REv 21-mar.-1998 (Fernando Bento), CJ XXIII (1998) 3, 258-262 (262/II), num importante acórdão a propósito do levantamento da personalidade.
[365] STJ 28-out.-1997 (Cardona Ferreira), CJ/Supremo V (1997) 3, 105-108 (108/I).

proprium[366], o mais aplicado pelos nossos tribunais[367]. A análise dos seus elementos e a sua concretização nas situações que o requeriam faz, dele, um instituto habitual e seguro.

A primazia da materialidade subjacente tem aflorado em várias manifestações. Assim:

- ele pode contracenar com a confiança, delimitando-a: por exemplo, condescender com uma atuação ilegal pode traduzir apenas boa-vontade; chegado a certo ponto, cabe ao agente, se quiser, pôr-lhe cobro sem *venire*[368]; numa situação de possível abuso, há que ponderar a situação de terceiros envolvidos, que beneficiem com o ato pretensamente abusivo[369];
- certos valores podem estar de tal modo ancorados no ordenamento, que subsistam mesmo à custa da harmonia do sistema, só cedendo *in extremis*; exemplo: nulidades formais; esquemas semelhantes ocorrem em áreas fortemente imperativas, que – pelo menos até certo ponto – se mantêm *contra bonam fidem*[370];
- o abuso do direito mantém-se para casos vincados: será necessário estabelecer que a solução de Direito estrito repugna ao sistema[371]; não deve ser tomado como "panaceia" fácil[372];
- o abuso do direito implica, sempre, uma ponderação global da situação em jogo, sob pena de se descambar no formalismo de que se pretende fugir; assim, embora sendo um instituto objetivo, a intenção das partes pode constituir um elemento a ter em conta[373];

---

[366] Veja-se a jurisprudência acima citada, justamente a propósito do *venire contra factum proprium*.

[367] Associando o abuso do direito à confiança: RPt 29-set.-2003 (Fernando do Vale), CJ XXVIII (2003) 4, 170-173 (173/I).

[368] RLx 25-nov.-1999 (Moreira Camilo), CJ XXIV (1999) 5, 107-109 (109/I).

[369] RPt 19-out.-2000 (Moreira Alves), CJ XXV (2000) 4, 217-221 (220-221). Cf. RCb 23-mar.-2004 (Távora Vítor), CJ XXIX (2004) 2, 22-24 (24/II), que não há abuso do direito no facto de uma seguradora só investigar a celebração de um contrato quando haja um sinistro.

[370] RLx 10-fev.-1999 (Ferreira Marques), CJ XXIV (1999) 1, 167-171 (168-169): um trabalhador aceita ganhar abaixo da tabela do IRCT aplicável; uma vez admitido, pede a equiparação; não há abuso: o salário é indisponível.

[371] RLx 11-mar.-1999 (Salvador da Costa), CJ XXIV (1999) 2, 89-93 (92/II).

[372] STJ 24-jan.-2002 (Silva Paixão), CJ/Supremo X (2002) 1, 51-54 (53/II).

[373] STJ 11-mar.-1999 (José Mesquita), BMJ 485 (1999), 372-376 (376).

a mentira pode coadjuvar a aplicação do abuso por *venire*[374]; a aplicação da boa-fé é mais fácil quando se esteja perante soluções de Direito estrito pouco claras, discutíveis ou em plena controvérsia[375].

VII. A jurisprudência tem sido inexcedível na concretização do abuso do direito[376]. Com isso põe em prática uma Ciência jurídica avançada, ainda há alguns anos pensada inviável.

Cabe agora à doutrina, sem complexos, ordenar, explicar e reduzir dogmaticamente o vasto material disponível.

---

[374] Conduzindo, inclusive, à condenação por litigância de má-fé; cf. RLx 9-jul.-1998 (Rogério Sampaio Beja), BMJ 479 (1998), 698 (o sumário).
[375] RLx 3-fev.-1998 (Pinto Monteiro), BMJ 474 (1998), 536 (o sumário).
[376] Fá-lo com total naturalidade e sem necessidade de maiores investigações teóricas: RGm 30-jun.-2004 (Manso Rainho), CJ XXIX (2004) 3, 288-289 (289/I).

§ 12.º O ABUSO DO DIREITO NO PROCESSO

52. A boa-fé no processo civil

I. O princípio da boa-fé tem uma típica estrutura civil: seja pela origem, seja pelos seus atuais desenvolvimentos nucleares. Todavia, ele expandir-se-ia aos mais diversos sectores, constando hoje da própria Constituição, com referência à Administração Pública – artigo 266.º/2.
O Direito processual civil também foi atingido: não oferece dúvidas a asserção de que, no seu âmbito, domina uma regra de boa-fé[377]. Vamos, rapidamente, verificar o seu modo de expansão nesses domínios.

II. O primeiro sector do extracivil no qual a boa-fé se impôs foi, precisamente, o do processo civil. A sua natureza instrumental perante o Direito civil e uma certa tradição literária de escrita sobre a boa-fé em processo[378] terão facilitado a transposição. A jurisprudência mostrou-se receptiva ao movimento, fazendo, desde cedo, aplicação da boa-fé no campo processual.

Em RG 14-out.-1905, numa primeira incursão das cláusulas gerais do BGB em processo, restringiu-se, em nome delas, o próprio caso julgado formal. Uma pessoa conseguira a condenação de outra no pagamento de

---

[377] Walter Zeiss/Klaus Schreiber, *Zivilprozessrecht*, 10.ª ed. (2003), 79 ss., Othmar Jauernig, *Zivilprozessrecht*, 29.ª ed. (2007), 100 ss., Kurt Schellhammer, *Zivilprozess/Gesetz-Praxis-Fälle*, 13.ª ed. (2010), Nr. 1271-1275 (612-613) e 127 e Leo Rosenberg/Karl Heinz Schwab/Peter Gottwald, *Zivilprozessrecht*, 17.ª ed. (2010), § 65, VII (343 ss.).

[378] À partida, a clivagem entre os *bonae fidei* e os *stricti iuris iudicia* era de origem processual. Antes da codificação alemã, há que apontar o livro de Josef Trutter, *Bona fides im Civilprozesse/Ein Beitrag zur Lehre von der Herstellung der Urteilsgrunde* (1892, reimp. 1972), seguido do de Konrad Schneider, *Treu und Glauben im Civilprozess* (1903); estas obras, apesar de defenderem teses opostas, introduziram, na literatura processualista, o hábito de referir e tratar a boa-fé.

determinada quantia; o R. neste primeiro processo fora citado com editais, formando-se, contra ele, caso julgado. O R. aparece e, com nova ação, pretende suster a execução da decisão condenatória; alega que a dívida tinha, na sua base, uma "exploração usurária" e que o seu paradeiro, conhecido de todos, tinha sido, na propositura e decurso da ação em que fora condenado, Bloemfontein, na África do Sul. O RG decidiu: "o caso julgado formal da decisão anterior não se opõe à aplicação do § 826 BGB. A eficácia do caso julgado deve cessar, onde ela seja, com consciência, usada para escopos aos quais não se deve dar o cunho do Direito"[379]. O § 826 BGB reporta-se aos bons costumes e não à boa-fé. Nos primeiros tempos da vigência do BGB, foi frequente a confusão entre boa-fé e bons costumes, sobretudo no domínio do exercício inadmissível de posições jurídicas. A equação encontrada pelo RG é, no entanto, de típica boa-fé.

Muito claras seriam as considerações de RG 1-jun.-1921. Numa ação de condenação no pagamento de quantia determinada, o R. vem dizer que acordara com o A. a retirada dessa ação. Disse o RG "... deve aceitar-se que também a relação processual das partes, assim como o seu relacionamento jurídico-material, é dominada pelo princípio da boa-fé, tal como a *exceptio doli generalis*, reconhecida para o Direito do Código Civil se dirige precisamente contra o comportamento do credor no processo"[380].

III. A doutrina, apesar das hesitações de Konrad Schneider[381], que mais não representaram, aliás, do que o reflexo das posições restritivas assumidas por ele no campo civil, aceitaria a receção da boa-fé, tal como emergia do § 242 BGB, no processo civil[382]. Perante tentativas de transpo-

---

[379] RG 14-out.-1905, RGZ 61 (1906), 359-366 (361 e 365).
[380] RG 1-jun.-1921, RGZ 102 (1921), 217-223 (217 e 222-223).
[381] Konrad Schneider, *Treu und Glauben im Civilprozess* cit., 21-22. K. Schneider teve o apoio de K. H. Gorres, *Über das Verschulden im Prozesse*, ZZP 34 (1905), 1-106 (7), o qual, em particular, critica Trutter. Também a respeito do chamado dever de verdade, esse Autor nega aplicação à boa-fé. Em compensação, Trutter, *Bona fides im Civilprozesse* cit., p. ex., 155 ss., infere, da *bona fides*, um dever geral de honestidade processual, de onde retira deveres processuais de relevo. Trutter pronunciou-se, como foi salientado, antes do próprio BGB.
[382] Benkendorf, *Treu und Glauben im Zivilprozess*, JW 1933, 2870-2872 (2872) – foca o relevo da boa-fé no processo, mas chama a atenção para a sua indeterminabilidade, que tem por semelhante à que reinaria no Direito civil; Wilhelm Beltz, *Treu und Glauben und die guten Sitten nach neuer Rechtsauffassung und ihre Geltung in der ZPO* (1937) – defende a aplicação geral da boa-fé ao processo – ob. cit., 22 ss. – com relevo particular para a *exceptio doli* – ob. cit., 31 ss.; Bernhardt, *Auswirkungen von Treu und Glauben im Prozess und in der Zwangsvollstreckung*, ZZP 66 (1953), 77-100 (95, 99 e 100, p. ex.)

sição pura e simples e sublinhando a necessidade de adaptar a regra da boa--fé à realidade processual, que requereria, no campo deixado aberto pela lei, uma liberdade especial dos litigantes, pronunciar-se-ia Baumgärtel[383].

IV. A aplicação geral do instituto do abuso do direito no campo do Direito processual civil surge, hoje, indiscutível. Nenhuma posição jurídico-subjetiva está imune a uma sindicância, no momento do seu exercício, feita à luz dos valores fundamentais do ordenamento em causa. Não há alternativa: o direito subjetivo imune ao sistema – e, como tal, suscetível de um exercício ilimitado – acabaria por se colocar fora do próprio ordenamento, tornando-se irreconhecível.

Estas considerações não podem deixar de se aplicar ao direito de ação judicial. Como quaisquer outras posições ativas, também o direito de ação é suscetível de abuso, com todas e as devidas consequências.

53. Concretizações do abuso do direito de ação

I. Se o abuso do direito é claramente aplicável ao direito de ação judicial – ou, mais latamente: ao exercício de quaisquer posições no processo – pergunta-se, naturalmente, se não deveria proceder-se a significativas adaptações. Baumgärtel propende, como se disse, para a positiva.

Na verdade, a doutrina processual germânica adotou, em termos translativos, uma ordenação em quatro tipos dos casos de aplicação da boa--fé no processo[384]: a proibição de consubstanciar dolosamente posições

---

– sublinha, em particular, que sem a boa-fé, as formas processuais transformam-se em formalismos. A nível geral, Horst Theuerkauf, *Beweislast, Beweisführungslast und Treu und Glauben*, MDR 1962,449-451 (449-450), e a generalidade dos atuais manuais de Direito processual civil. Vide a aplicação de Peter Schlosser, *Wirtschaftsprüfervorbehalt und prozessuales Vertraulichkeitsinteresse der nicht primar baveis- und substantiierungsbelasteten Prozesspartei*, FS Grossfeld (1999), 997-1016 (999 ss., 1015).

[383] Baumgärtel, *Treu und Glauben, gute Sitten und Schikaneverbot im Erkenntnisverfahren*, ZZP (1956), 89-131 (119 ss. e 131), contra um certo simplismo anterior, reconhece a aplicação da boa-fé no Direito processual civil, mas reclama que se proceda às adaptações necessárias, dado o espírito específico desse ramo jurídico.

[384] Na origem desta tetrapartição, aplicada ao processo; encontra-se a monografia de Walter Zeiss, *Die arglistige Prozesspartei/Beitrag zur rechtstheoretischen Präzisierung eines Verbotes arglistigen Verhaltens im Erkenntnisverfahren des Zivilprozesses* (1967), 41, 52 ss., 100 ss., 123 ss. e 150 ss:, retomada por Baumgärtel, *Treu und Glauben im Zivilpro-*

processuais[385], a proibição de *venire contra factum proprium*[386], a proibição de abuso de poderes processuais[387] e a *suppressio*[388].

zess, ZZP 86 (1973), 353-372 (362-366), por Bernhard Pfister, *Die neuere Rechtsprechung zu Treu und Glauben im Zivilprozess* (1998), 34 ss., 68 ss. e 196 ss., respetivamente, e por numerosos manuais, com exemplo no clássico, já citado, de Rosenberg/Schwab/Gottwald, *Zivilprozessrecht*, 17.ª ed. (2010), § 65, VII, Nr. 50 a 53 (343-344). Complementando um pouco essa tetrapartição, embora lhe respeite os quadros, surge o agrupamento sugerido por Wolfram Henckel, *Prozessrecht und materielles Recht* (1970), 370-374; este A. preconiza cinco grupos: *venire contra factum proprium*, falta de interesse justificado no exercício, *dolo agit* ... – i. é, *dolo facit, quid petit, quod redditurus est*, no sentido de ser contrária à boa-fé a exigência do que, de seguida, deva ser restituído, a aquisição desonesta de um direito e o abuso de posições jurídicas. A influência de um certo discurso civil, próprio do tema do exercício inadmissível de posições jurídicas, numa fase em que se apresentava, ainda, fracionariamente, é manifesta.

[385] Exemplo deste tipo de concretização da boa-fé em processo seria dado pela decisão do BGH, em 23-nov.-1977, NJW 1978, 426-427 (426) = ZZP 91 (1978), 486-488, com an. favorável de Klaus Schreiber, 488-490 (488). Entendeu-se aí que, por força do dever de comportamento honesto em processo, derivado da prescrição da boa-fé – § 242 BGB uma parte não pode beneficiar do não decurso de um prazo cuja notificação, que produziria a interrupção, foi dolosamente impedida. No Direito português, hipóteses semelhantes têm contemplação legal expressa; p. ex.: artigos 321.º do Código Civil ou 203.º/2 do Código de Processo Civil. Contra a configuração deste grupo como caso de aplicação da boa-fé pronunciam-se Zeiss, *Arglistige Prozesspartei* cit., 52 ss. (58 ss.), Baumgärtel, *Treu und Glauben im Zivilprozess* cit., 362-363 e Horst Konzen, *Rechtsverhältnisse zwischen Prozessparteien/Studien zur Wechselvirkung von Zivil- und Prozessrecht bei der Bewertung und den Rechtsfolgen prozesserheblichen Parteiverhaltens* (1976), 252. Estes Autores entendem, no essencial, que não haveria, nos casos que integrariam este grupo, a violação da boa-fé, mas antes o contornar de disposições legais, devendo, pois, resolver-se pela interpretação. Com alguns desses casos, pelo menos, assim será. O grupo em causa tem sido aprofundado no Direito civil em torno da locução *tu quoque*; trata-se de uma via que poderia ser aproveitada com mérito no processo.

[386] Exemplo muito citado de *venire contra factum proprium* em processo é o decidido em BGH 20-mai.-1968, BGHZ 50 (1968), 191-197 (192 e 196): uma parte nega a competência do tribunal arbitral e, citada perante o tribunal comum, exceciona o compromisso arbitral; o BGH entendeu haver comportamento contraditório, em violação da boa-fé – § 242 BGB. O *venire contra factum proprium* em processo é questionado por Zeiss, *Die arglistige Prozesspartei* cit., 100-122, por Baumgärtel, *Treu und Glauben im Zivilprozess* cit., 363-365 e 372 e por H. Konzen, *Rechtsverhältnisse zwischen Prozessparteien* cit., 237-238, 239-240 e 254. Também Rolf Stürner, *Die Aufklärungspflicht der Parteien des Zivilprozesses* (1976), 91-92, tem o *venire contra factum proprium* como construção artificial. No fundo, subjaz a limitação excessiva que adviria de uma permanente vinculação das partes aos comportamentos processuais que porventura assumissem um dia, com prejuízo para a possibilidade de se poderem adaptar à evolução processual. Esta dificuldade surge

§ 11.º Regime

Neste elenco, mal se esconde uma receção da sistemática interna do exercício inadmissível de posições civis, isolado pela doutrina privatística. As especificidades ensaiadas por alguns processualistas, reconduzindo, por exemplo, o consubstanciar doloso de posições processuais a um tema de interpretação de normas, duvidando da probição de *venire contra factum proprium* como tal, ou pondo entraves ao preterir dos prazos estritos processuais através da *suppressio*, são apenas um reflexo, pálido aliás, das discussões que têm animado, na doutrina civil, os tipos concretizadores da boa-fé.

II. Tem interesse ilustrar o tema do exercício abusivo de posições processuais com recurso à rica jurisprudência alemã. Temos:

a) Casos de *venire contra factum proprium*:

BGH 20-mai.-1968: o Réu invoca a incompetência do tribunal arbitral e, uma vez no foro comum, deduz a exceção da cláusula de arbitragem: clássica situação de *venire* processual, contrário à boa-fé[389];

BGH 5-jun.-1997: há *venire* quando, contra uma postura primeiro adotada, se pretenda fazer valer determinada patente[390].

b) Casos de *suppressio*:

BverfG 8-fev.-1972: o interessado fez valer uma determinada queixa junto do Tribunal Constitucional muito tempo após a verificação dos pertinentes factos: há *suppressio*[391].

---

também no Direito civil. Outras indicações jurisprudenciais constam de Bernhard Pfister, *Die neuere Rechtsprechung zu Treu und Glauben im Zivilprozess* cit., 68 ss.. Ainda quanto ao *venire* no processo, vide Reiner Singer, *Das Verbot widersprüchlichen Verhaltens* (1993), XV + 392 pp. (176 ss. e 200 ss.).

[387] Esta figura é um tanto residual, abrangendo hipóteses de chicana e de arrastamento injustificado do processo; Zeiss, *Die arglistige Prozesspartei* cit., 150, Konzen, *Rechtsverhältnisse zwischen Prozessparteien* cit., 270-273, Henckel, *Prozessrecht und materielles Recht* cit., 373-374. Vide Hans Dölle, *Pflicht zur redlichen Prozessführung?*, FS Riese (1964), 279-294 (287) e Bernhard Pfister, *Die neuere Rechtsprechung* cit., 144 ss..

[388] Casos em Bernhard Pfister, *idem*, 196 ss..

[389] BGH 20-mai.-1968, NJW 1968, 1928-1929.

[390] BGH 5-jun.-1997, NJW 1997, 3377-3380 (3379/II).

[391] BVerfG 8-fev.-1972, NJW 1972, 675-677, anot. Meinhard Schröder, *idem*, 675-676; quanto a esta decisão: Wilhelm Dütz, *Verwirkung des Rechts auf Anführung der*

c) Caso de inalegabilidade:

BAG 5-ago.-1969: quando um processo de recuperação seja considerado, durante largo tempo e pelas partes, como eficaz, viola a boa-fé aquele que, subitamente, venha invocar irregularidades formais[392].

d) Casos de *tu quoque*, a que a doutrina também chama "exercício doloso" (no sentido do *dolus generalis*):

BGH 12-nov.-1987: é inadmissível o réu invocar uma exceção de compromisso arbitral quando o autor não tenha a possibilidade de, em arbitragem, obter um título executivo, uma vez que, por falta de meios do próprio réu, a arbitragem não seria possível[393];

BGH 18-nov.-1999: é inadmissível o réu invocar uma exceção de prévio recurso a determinada mediação previamente acordada quando, pela recusa do próprio réu de pagar a sua parte das custas da mediação, ela não seja possível[394].

III. A distinção entre aspectos substanciais e de processo, no domínio do abuso, tende a restringir a aplicação, aos primeiros, desse instituto. Trata-se de uma asserção que tem atuado no domínio da *suppressio* e que sempre poderia ser alargada às outras manifestações abusivas. Esse alargamento não deve proceder.

54. Consequências e regime

I. O instituto do abuso do direito traduz a aplicação, nas diversas situações jurídicas, do princípio da boa-fé. E o princípio da boa-fé equivale à capacidade que o sistema jurídico tem de, mesmo nas decisões mais periféricas, reproduzir os seus valores fundamentais. A boa-fé age através de dois princípios mediantes já expostos: a tutela da confiança e a primazia da materialidade subjacente. Ambos se concretizam numa constelação de

---

Gerichte/Zugleich eine Besprechung des Beschlusses des BverfG v. 26.1.1972, NJW 1972, 1025-1028, sustentando que apenas os aspectos materiais se submetem à *verwirkung*.
[392] BAG 5-ago.-1969, NJW 1970, 349.
[393] BGH 12-nov.-1987, NJW 1988, 1215-1216.
[394] BGH 18-nov.-1998, NJW 1999, 647-648 (648).

situações típicas, acima ponderadas: desde o *venire* ao desequilíbrio no exercício.

II. Nestas condições, a aplicação da boa-fé e do abuso do direito, nos domínios processuais civis, não oferece quaisquer dúvidas. Desde logo tal ocorre no plano substancial do processo. As ações judiciais intentadas contra a confiança previamente instilada ou em grave desequilíbrio, de modo a provocar danos máximos a troco de vantagens mínimas, são abusivas: há abuso do direito de ação judicial[395].

Mas também no plano puramente técnico, a matéria do abuso pode surgir. Assim sucederá sempre que as atuações puramente processuais defrontem, nos parâmetros apontados, o princípio da boa-fé.

III. O regime do abuso do direito assenta em duas vertentes: a cessação da conduta abusiva e a reparação dos danos perpetrados. Também assim será, no campo em que o abuso respeite a situações processuais. Caso a caso poderemos estabelecer a extensão do ilícito e dos danos a indemnizar.

IV. Existe uma permanente ilustração jurisprudencial de situações de abuso do direito perpetradas através do direito de ação judicial. Ultrapassada a contraposição entre conceitos substantivos e conceitos processuais, esse estado de coisas torna-se evidente.

A esta luz, a generalidade das muitas dezenas de decisões judiciais que, entre nós ilustram o abuso do direito, ocorre, precisamente, aquando do exercício indevido do direito de ação. Vamos referir mais três espécies onde o problema se pôs, ainda que, por razões que se prendem com os requisitos do abuso – e não com o direito de ação – se tenha concluído pela sua inexistência:

> *STJ 14-out.-1997*: não há abuso do direito, por *venire*, quando se intente uma ação de despejo em aparente contradição com uma comunicação antes dirigida ao inquilino[396];

---

[395] Nesse sentido, STJ 4-nov.-2008 (Fonseca Ramos), Proc. 08A3127.
[396] STJ 14-out.-1997 (Miranda Gusmão), CJ/Supremo V (1997) 3, 71-76 (75/I).

STJ 16-mai.-2000: em determinada situação decorrente de um contrato-promessa, não é abusiva a invocação judicial da resolução do contrato e da retenção da coisa por direito a uma indemnização[397];

RPt 22-jan.-2002: constitui abuso intentar uma ação de execução específica de uma promessa contra os promitentes adquirentes de ações de uma sociedade que, entretanto, perdeu o seu valor[398].

55. Abuso do direito de ação e litigância de má-fé

I. Pergunta-se se o abuso do direito, em processo, não será pura e simplesmente absorvido pela litigância de má-fé. De facto, nalguns casos, a jurisprudência deteta situações de abuso, considerando aplicável a litigância em causa[399].

Pode haver áreas de coincidência entre os dois institutos, ao nível das consequências. Nessa altura, a litigância de má-fé prevalece como instituto especial, sobre o abuso, de ordem geral. Como regra, porém, não há coincidência. E isso:

– em termos processuais;
– em termos materiais.

Em termos processuais, cumpre ter presente que a litigância de má-fé é apreciada imediatamente, na própria ação, podendo sê-lo oficiosamente. O abuso do direito pode ser apreciado numa ação *ad hoc*. Negar essa hipótese seria regressar a uma tipicidade de ações judiciais, abolida, no século II a. C., com o aparecimento dos *bonae fidei iudicia*.

II. Em termos materiais, o abuso do direito não está sujeito às restrições da litigância de má-fé. Designadamente:

– vale qualquer violação de boa-fé;
– dolosa, negligente ou, até, puramente objetiva;
– exigem-se danos, atuais, futuros ou eventuais;
– qualquer pessoa é responsabilizável incluindo as coletivas;
– todos os danos são considerados;

---

[397] STJ 16-mai.-2000 (Quirino Soares), CJ/Supremo VIII (2000) 2, 72-74 (74/II).
[398] RPt 22-jan.-2002 (Lemos Jorge), CJ/Supremo XVIII (2002) 1, 188-190 (190/II).
[399] RCb 16-mai.-2000 (Araújo Ferreira), BMJ 497 (2000), 452.

– mesmo não originando responsabilidade civil, ele faz sempre nascer a obrigação de cessar o abuso.

Trata-se, pois, de mais um instrumento oferecido aos particulares interessados, resultante das exigências globais do sistema e que transcende em muito as margens estreitas da litigância de má-fé.

CAPÍTULO IV

A RESPONSABILIDADE PELA AÇÃO OU *CULPA IN AGENDO*

§ 13.º GENERALIDADES E EVOLUÇÃO DA RESPONSABILIDADE CIVIL

56. Generalidades; a *culpa in agendo*

I. Por vezes, a responsabilidade ocorre no âmbito da litigância de má-fé. O litigante condenado por má-fé pode ser condenado numa indemnização à parte contrária – artigo 542.º/1 – indemnização essa que se enquadra no conteúdo inserido no artigo 543.º/1.

De igual modo, a responsabilização do agente poderá ser o epílogo normal daquele que abuse do direito de ação. Recorde-se que, nessa eventualidade, a ilicitude advirá da violação do princípio da boa-fé, restando coligir os demais pressupostos do abuso e da responsabilidade.

II. Pretende-se, porém, na presente rubrica, apurar algo de diverso: o exercício do direito de ação judicial poderá envolver responsabilidade civil nos termos gerais, independentemente da verificação quer da litigância de má-fé, quer do abuso do direito de ação? Chamaremos a essa eventualidade, também, a *culpa in agendo*.

III. Adiantámos, acima, que a resposta é positiva, numa orientação sufragada pelo Direito comparado. Cabe, agora, fixar os seus contornos dogmáticos e o condicionalismo da sua concretização.

Neste ponto, porém, deparamos com o condicionalismo algo incómodo da instabilidade jurídico-científica da própria responsabilidade civil. Embora a *culpa in agendo* se possa consubstanciar à luz das diversas conceções e construções da responsabilidade civil, afigura-se-nos que um seu tratamento mais profundo exige o aclarar dos vários parâmetros em jogo.

Começaremos, por isso, por fixar as coordenadas atuais da responsabilidade civil.

57. As XII Tábuas e a *Lex Aequilia*; os pressupostos

I. A responsabilidade civil é uma disciplina jurídica autónoma[400]. A sua integração no Direito das obrigações foi sempre superficial: teve a ver com a natureza privada e comum da responsabilidade e, ainda, com o facto de, estruturalmente, ela se efetivar através de vínculos obrigacionais: os deveres de indemnizar. Tais vínculos seguem, contudo, um regime próprio muito diferente do das obrigações contratuais: a absorção estrutural aproxima-se, antes, de uma absorção linguística. A este estado de coisas veio somar-se um desenvolvimento recente da responsabilidade civil, o qual, descentrado em inúmeros pólos especializados – dos acidentes de viação, aos danos ecológicos – torna impensável o seu tratamento, lado a lado com as demais fontes das obrigações.

A responsabilidade civil requer, hoje, uma dogmática que se distancia, com uma clareza percetível, do Direito das obrigações.

Matéria vasta, a responsabilidade civil é suscetível de vários tipos de abordagem. As flutuações que comporta denotam uma origem histórico-cultural muito marcada. É certo que temos, aqui, um lugar comum, pelo menos no Direito privado. Mas na responsabilidade civil, o condicionamento histórico ultrapassa em muito, por exemplo, o que se passa nos contratos: faltou, nela, a profunda redução jusracionalista que permitiu, a partir do século XVII, reconduzir os contratos a um encadear lógico de princípios. Por isso se irá propor, de seguida, embora com a natural brevidade, que a responsabilidade civil seja tomada como um processo histórico, ainda instável, no qual apenas em arriscados cortes, será possível encontrar plataformas explicativas[401].

---

[400] Manuel Carneiro da Frada, *Direito civil/responsabilidade civil/O método do caso* (2006); *Tratado* II/3, 285 ss., com indicações.
[401] Para mais elementos: *Da responsabilidade civil*, § 17.º; o nosso pensamento atual pode ser confrontado em *Tratado* II/3, 285 ss., com indicações.

§ 13.º Generalidades e evolução da responsabilidade civil

II. Como instituto ou disciplina jurídica, a responsabilidade civil era desconhecida, no Direito romano. O próprio termo "responsabilidade civil" não tem correspondência, em latim[402]; para o traduzir, seria necessário recorrer a perífrases ou a significados parcelares, como *iniuria*, *actio ex maleficiis*, *actio ex contractu*, *actio de damno*, *culpa* ou *dolo*.

A origem da responsabilidade civil é totalmente diferente da das obrigações[403]. Discute-se, ainda hoje, se na sua base está a violação de um contrato ou a prática de um delito[404]. Esta última hipótese ganha a dianteira, ainda que sem permitir uma obtenção imediata de conclusões dogmáticas.

A responsabilidade individual – portanto aquela em que incorresse o cidadão *sui iuris* – teve, também, uma evolução longa e complexa. As XII Tábuas compreendiam já, como institutos diferenciados, os dois grandes troncos donde derivaria toda a evolução subsequente: a responsabilidade delitual e a responsabilidade obrigacional. A evolução posterior veio aperfeiçoá-los.

Nas XII Tábuas, os malefícios, a que correspondia o que, hoje, se diria uma situação de responsabilidade, estavam tipificados. Essa situação era estruturalmente penal, numa decorrência que se manteria, ainda, por longo tempo. Além disso, toda a matéria dos *delicta* primitivos assentava na não separação entre aspetos civis e penais. O fim da sanção era, em primeira linha, a pena, com os seus corolários retorsivo e dissuasório e não o ressarcimento[405]. A vingança, ainda que limitada pelo talião, tinha um sabor público, comprometendo toda a comunidade. A evolução posterior traduz uma "socialização" da responsabilidade delitual (Kaser), com o recuo da retorsão e a progressiva introdução e aperfeiçoamento da responsabilidade patrimonial.

III. A grande evolução subsequente é representada pela *Lex Aquilia de damno*[406]. A *Lex Aquilia* foi, na realidade, um plebiscito, rogado por

---

[402] Fernand de Visscher, *Le régime romain de la noxalité/de la vengence collective à la responsabilité individuelle* (1947), 27 ss..

[403] Max Kaser, *Das römische Privatrecht* I – *Das altrömische, das vorklassische und klassische Recht*, 2.ª ed. (1971), § 39 (147).

[404] Antonio Marchi, *Storia e concetto dell'obbligazione romana*, I (1912), 69 ss. e 137 ss..

[405] Kaser, *Das römische Privatrecht* cit., I, 2.ª ed., 147.

[406] Anteriormente, já teria havido leis parcelares, revogadas pela *Lex Aquilia*; cf. Von Lübtow, *Untersuchung zur lex Aquilia de damno iniuria dato* (1971), § 3 (22).

Aquílio, tribuno da plebe[407]. A sua data exata não é conhecida; vários estudos permitem colocá-la no mesmo ano em que foi aprovada a *Lex Hortensia* e portanto: 287 ou 286 a. C., ou entre 289 e 286 a. C.. Também as exatas circunstâncias em que surgiu levantam dúvidas e questões, que têm sido enfrentadas com especulações razoáveis, mas não comprovadas.

A *Lex Aquilia* compreende três capítulos – hoje dir-se-iam três artigos – cuja reconstrução, possível, sobretudo, através das *Institutiones* de Gaio, e dos fragmentos, dedicados ao tema, por Ulpiano e que constam dos *Digesta*, oferece o maior interesse[408]. Diz ela:

> I – Si quis servum servamve alienum alienamve quadrupedemve pemdem iniuria occiderit, quanti is servus in eo anno plurimi fuit, tantum aes dare domino damnas esto.
> II – Eum adstipulatorem qui pecuniam in fraudem stipulatoris acceptam fecerit, quanti ea res est, tantum aes eo dare damnas esto.
> III – Praeter servum servamve alienum alienamve quadrupedemve pemdem occisos, si quis alteri damnum faxit, quod usserit fregerit ruperit iniuria, quanti ea res erit in diebus triginta proximis, tantum aes domino dare damnas esto.

Portanto:

– segundo o Capítulo I, se alguém, com injúria – Álvaro D'Ors traduz por "com injustiça", com referência a Ulpiano, D. 9.2.3.[409] – matar um escravo ou animal doméstico quadrúpede, deve pagar, ao dono, o valor máximo que eles atingiram, esse ano, no mercado;
– segundo o Capítulo II, o *adstipulator* que, enganando o *stipulator*, aceitasse o dinheiro deste, deveria pagar-lhe outro tanto; o *adstipulator* funcionava como que um mandatário arcaico, para efeitos de execução, de certo negócio;
– segundo o Capítulo III, se alguém, com injúria, provocar a um escravo, a uma escrava ou a um quadrúpede alheios, outro dano que não o da morte, deve pagar, ao dono, o preço que a coisa em questão atingiria, nos trinta dias subsequentes.

---

[407] Ulpianus, D. 9.2.1.: *Quae lex Aquilia plebiscitum est, cum eam Aquilius tribunus plebis a plebe rogaverit.*

[408] A reconstrução utilizada é a de Schebitz, *Berechnung des Ersatzes nach der lex aquilia* (1988), 160.

[409] Álvaro D'Ors e outros, *El Digesto de Justiniano*, vol. I (1968), 379.

§ 13.º Generalidades e evolução da responsabilidade civil

A *Lex Aquilia* teve uma importância unanimemente reconhecida. O Capítulo II perdeu o interesse, já na época clássica, dado o aparecimento, *ex bona fide*, da *actio mandati*. O Capítulo I, contudo, foi alargado pela interpretação e pela extensão analógica, enquanto o III se estendia aos diversos danos e destruições relativos a coisas inanimadas[410]. Em suma: uma extensão contínua da *Lex Aquilia* permitia abranger cada vez mais danos praticados com "injúria"; paralelamente, ficava assente, de uma vez por todas, que a sanção consistia num dever de indemnizar, por oposição a composições pessoais ou a práticas retorsivas ou taleónicas. É com inteira justiça que Aquílio, Tribuno da Plebe desaparecido há quase 23 séculos, viu o seu nome para sempre ligado a um tipo bem atual de responsabilidade civil: a responsabilidade extraobrigacional ou aquiliana. Dois artigos legais foram suficientes.

IV. A responsabilidade obrigacional tem uma origem muito diferente da aquiliana. A matéria consta da literatura jurídica portuguesa: por isso não se retoma, a não ser em termos muito sumários. Sobre o tema dispunha a Tábua III, divulgada e explicada por Sebastião Cruz[411].

A existência da dívida e a condenação do devedor, no seu pagamento, eram judicialmente processadas. Seguiam-se trinta dias de benevolência, durante os quais o devedor poderia encontrar forma de solver a dívida – *dies iusti*. Expirado esse lapso sem pagamento, ocorria a *manus iniectio* do devedor: este era capturado e levado a juízo; não havendo cumprimento, por ele ou por terceiro, podia o credor levá-lo, em cárcere privado, para a sua própria casa podendo atá-lo com correntes ou grilhetas e devendo alimentá-lo[412]. O cárcere privado mantinha-se, durante sessenta dias, sendo o devedor, nesse período e com grande publicidade, levado a três feiras consecutivas, para que alguém o resgatasse, pagando a dívida. Ainda durante esse período, o devedor poderia compor-se, com o credor, seja pagando, seja praticando o *se nexum dare*, entregando-se, para todos os efeitos, nas mãos do credor. Esgotados os sessenta dias, sem qualquer solução, o credor poderia fazer, do devedor, seu escravo ou vendê-lo *trans Tiberim* ou, ainda, matá-lo, *partes secanto*, sendo as *partes* proporcionais às dívidas, no caso de concurso de credores.

---

[410] Schebitz, *Berechnung* cit., 160.
[411] Sebastião Cruz, *Direito Romano*, 1.ª ed. (1969), 185 ss..
[412] A lei regulava o peso máximo das grilhetas e fixava a quantidade mínima de alimentos, a dar ao devedor infeliz; apesar da dureza do sistema, há, nas XII Tábuas, já algumas preocupações humanitárias.

O funcionamento implacável deste sistema, veio a provocar grave questão social. A *Lex Poetelia Papiria de Nexis* – 362 a. C. –, surgida na sequência de coloridos episódios, relatados por Tito Lívio, tentou resolver o problema, abolindo a escravização e a morte do devedor[413]. Mais tarde, passar-se-ia à apreensão dos bens do devedor e, depois de uma evolução milenária há pouco concluída, à abolição da prisão do devedor infeliz.

As responsabilidades aquiliana e obrigacional, com as suas origens bem diferentes, mantiveram-se separadas, ao longo da História. Entre elas ocorreu um paralelismo que ditou uma certa aproximação.

V. A evolução externa da responsabilidade civil romana embora elucidativa, não esclarece todo o seu funcionamento. Requere-se, ainda, a apreensão da sua dimensão interna, o que implica o conhecimento e a ponderação dos seus pressupostos de aplicação.

Delicta designavam factos ilícitos, de teor privado ou público, falando-se, neste último caso, também em *crimina*: o *delictum* justificava, quando privado, a reação do particular; o *crimen* implicava, pela sua gravidade, a intervenção do Estado. Mas não enquanto conceitos abstratos: tanto os *delicta*[414] como os *crimina*[415] eram conjuntos de figuras singulares e não categorias gerais, então fora do alcance do pensamento jurídico.

O pensamento histórico-jurídico tradicional entendia que os *delicta*, ao tempo das XII Tábuas, se contentavam com o facto e a causalidade: seriam, em suma, totalmente objetivos[416]. No entanto, os elementos subjetivos já então teriam um papel: as próprias XII Tábuas consignavam duas situações que, hoje, se diriam de negligência: o homicídio causado por imprudência, no manejo de armas e o atear descuidado de fogo, na cidade[417]. De todo o modo, as posições mais recentes tendem a surgir mati-

---

[413] Quanto ao sentido e às circunstâncias da *Lex Poetelia Papiria de Nexis*, com indicação das fontes, *Da boa fé*, 63, nota 46.

[414] *Delictum* provém de *de linquo*, raiz de *leik*, grego λειπω e alemão *leihe*, traduzindo a ideia de deixar ou de abster; no domínio jurídico, por oposição a *facinus* e a *maleficium*, exprimia uma falha omissiva; mais tarde, aproximou-se destas duas noções, correspondendo, em sentido estrito, a ato ilícito. Vide Hitzig, *Delictum*, PWRE 4, 2 (1901), 2438-2442 (2438-2439).

[415] Ugo Brasiello, *Delitti (diritto romano)*, ED XII (1964), 3-8 (5 ss.).

[416] Giuliano Crifò, *Illecito (diritto romano)*, NssDI VIII (1968), 153-164 (154-155) e G. Marton, *Un essai de reconstruction du développement probable du systhème classique romain de responsabilité civile*, RIDA 3 (1949), 177-191 (178).

[417] Vide Marton, *Un essai de reconstruction* cit., 178.

§ 13.º *Generalidades e evolução da responsabilidade civil* 155

zadas, sobretudo na sequência dos escritos de Kaser, que apela para a introdução, desde muito cedo, de elementos subjetivos nos *delicta*.

Parece de aceitar a ideia de que, no Direito clássico como, porventura, posteriormente, os pressupostos das *actiones ex delicto* não eram unitários; cada tipo delitual tinha os seus próprios postulados, a verificar caso a caso.

Pressuposto bastante comum, pelo menos após a *Lex Aquilia*, era a *iniuria*. Com uma evolução marcada, a *iniuria* estabilizou num dos seus significados, em torno da antijuricidade, da ilicitude, da ilicitude e culpa, da desconformidade com o Direito e da injustiça. Como conceito compreensivo, a *iniuria* incluía, pois, já no tempo republicano tardio, a ideia de *culpa*: isso permitia lidar com as causas de justificação, como a legítima defesa e as de excusa, de modo a não responsabilizar o *infans* e o *furiosus*[418]. A interpenetração entre as duas ideias seria um facto[419] – veja-se o que, ainda hoje, se passa no Direito francês, abaixo referido. No entanto, não era uma interpenetração amorfa, ditada pelo desinteresse ou pela falta de ponderação das realidades. A Ciência disponível antes levava a que a culpa resultasse de comportamentos típicos externos, "... imputando-se o facto a cada agente que tivesse desenvolvido a atuação que conduziu ao efeito ..."[420]. Ou, nas palavras de Kunkel: "... para os romanos clássicos, a culpabilidade não é, apenas, uma qualidade do agente, mas, antes, uma qualidade do facto; deste modo, ela inclui-se no moderno conceito de ilicitude ..."[421]. Parece de entender que, no período clássico e através da *iniuria*, se transmitia a ideia de uma ilicitude alargada que, incluindo a reprovação do agente, permitia a imputação do dano. A causalidade estava incluída; e também a culpa, uma vez que se isentavam de responsabilidade o *infans* e o *furiosus* enquanto, noutra vertente, se reconhecia a legítima defesa.

A instância de valoração era única: o juízo de *iniuria*. O sistema era, obviamente, pouco analítico. Mas funcionava, assente na tipicidade dos

---

[418] Ulpianus, D. 9.2.5.2.: *Et ideo quaerimus, si furiosus damnum dederit, an legis Aquiliae actio sit? et Pegasus negavit: quae enim eo culpa sit, cum suae mentis non sit? et hoc est verissimum ...*

[419] Johann Christian Hasse, *Die culpa der Römischen Rechts/Eine civilistische Abhandlung*, 2.ª ed. (1838), 9 e 38-40.

[420] Kaser, *Römische Privatrecht* cit., I, 2.ª ed., 503. Assim, para a aplicação da *Lex Aquilia*, não bastaria o "ilícito objetivo", antes se exigindo, também, o "subjetivo", isto é: que o comportamento pudesse ser censurado ao agente como uma ação contrária a um dever – ob. cit., 620.

[421] Wolfgang Kunkel, *Exegetische Studie zur aquilischen Haftung*, SZRom 49 (1929), 158-187 (163).

delicta e na variabilidade que, por via honorária, eles podiam apresentar, a nível de previsões.

VI. A inclusão de elementos subjetivos nos *delicta* tem sido atribuída a Justiniano/Triboniano e à influência do pensamento cristão, no Direito romano pós-clássico[422].

O termo *culpa* tem uma origem etimológica pouco clara[423]. É seguro que a sua evolução semântica, designadamente no campo jurídico, foi intensa. Assim, ela traduziu a ilicitude em geral, a culpa (*Verschulden*) e a negligência[424]. Só que, num fenómeno que os juristas bem conhecem, os novos significados não se substituíam aos antigos: todos se mantiveram, lado a lado, dando à *culpa* uma polissemia acentuada, que se mantém hoje nas línguas românicas. Além disso e noutra vertente, a *culpa* adquiriu um alcance valorativo, a nível de imputação[425]. Primeiro, ela ligou-se à causalidade[426]; mais tarde, ela teve a ver com o grau de imputação em geral e, por fim, com a negligência, tomada agora não já como algo de ontológico, mas como uma (mera) valoração.

A riqueza significativa da *culpa* compreende-se, ainda, atentando em que, no próprio período clássico, ela surgia perante a violação de qualquer norma e, antes de mais, de uma norma moral. O Direito romano da responsabilidade veio a ser dominado pelo princípio da culpa[427], numa situação que enforma o Direito civil – até aos nossos dias. O sentido dessa afirmação não é, contudo, preciso: ele tem vindo a modificar-se, ao longo do tempo, de tal modo que, formalmente, o princípio mantém a sua validade. A evolução geral do termo, no Direito romano, permite adiantar que,

---

[422] Arangio-Ruiz, *Responsabilità contrattuale in diritto romano/Corso di Pandette svolto nella R. Università di Napoli 1926-27*, 2.ª ed. (1933), 222. Cf. Sandro Schiapani, *Responsabilità "ex lege aquilia"/Criteri di impitazione e problema della "culpa"* (1969), 20, Francesco M. de Robertis, *La disciplina della responsabilità contrattuale nel sistema della compilazione giustinianea* (1962), 39-40, Biagio Brugi, *Istituzioni di diritto romano (diritto privato Giustinianeo)* (1926), 132, e Kunkel, *Exegetischen Studien* cit., 161.

[423] R. Leonhard, *Culpa*, PWRE 4.2 (1902), 1748-1793; cf. ThLL IV (1909), 1296-1311 e Karl Binding, *Culpa. Culpa lata und culpa levis*, SZRom 39 (1918), 1-35 (3).

[424] Wolfgang Kunkel, *Diligentia*, SZRom 45 (1925), 266-351 (340) e Dieter Nörr, *Die Fahrlässigkeit im byzantinischen Vertragsrecht* (1960), 19, com rec. Franz Wieacker, SZRom 78 (1961), 504-509.

[425] Alberto Burdese, *Manuale di diritto privato romano*, 3.ª ed., 1987, 218 bem como 250, na 1.ª ed. (1964).

[426] Crifò, *Illecito (diritto romano)* cit., 155.

[427] Kaser, *Römische Privatrecht* cit., 1, 2.ª ed., 505.

nas suas diversas fases, se caminhou para um sistema de responsabilidade civil que requeria uma determinação do processo mental do agente. Essa determinação poderia estar mais ou menos dependente de indícios externos e apresentar uma autonomia muito variável, em relação ao próprio facto objetivo da violação. Mas era exigida. Segundo parece, apenas por exceção surgiam hipóteses de imputação objetiva ou pelo risco[428].

VII. A partir de determinado momento, a *culpa* teve – numa das suas aceções – uma evolução paralela ao *dolus*. Etimologicamente, o *dolus* – grego δολος – designava um procedimento, *bonus* ou *malus*[429], vindo, depois, a evoluir para um processo escondido, ligado a uma simulação ou a uma maquinação para enganar outrem[430]. Perdeu então a adjetivação, uma vez que passou a ser sempre *malus*. Com esse sentido, ele ainda hoje aparece no artigo 253.º do Código Civil.

O *dolus* sofreu, depois, um processo de difusão horizontal, vindo a ser usado para designar um elemento do *delictum*: a *culpa*, na sua forma mais grave[431]. O dolo pressuporia, na forma mais elaborada, a vontade do resultado ilícito, apesar da consciência da ilicitude[432]. Como bem se compreende, toda a ideia de *dolus* foi relativizada, uma vez que dependia da existência de uma forma menos grave de culpa.

VIII. A concluir, pode-se dizer que a distinção formal, hoje comum nos sistemas românicos de estilo germânico, entre ilicitude e culpa era estranha aos romanos. Devia-se o facto à inclusão da *culpa* na própria previsão da *iniuria* aquiliana. As circunstâncias que excluíam a ilicitude negavam, também, a culpa. Mas se a diferença conceitual estava ausente, as realidades materiais subjacentes eram manuseadas.

---

[428] Geoffrey Maccormack, *Custodia and Culpa*, SZRom 89 (1972), 149-219, Rolf Knütel, *Die Haftung für Hilfspersonen im römischen Recht*, SZRom 100 (1983), 340-443 (435) e Ingo Reichard, *Stipulation und Custodiahaftung*, SZRom 107 (1990), 46-79 (73).
[429] Oskar Hey, *Dolus*, ThLL 5 (1910), 1857-1864 (1857).
[430] Kleinfeller, *Dolus*, PWRE 5, 1 (1903), 1292-1293.
[431] Entre a literatura mais antiga, Egid von Löhr, *Die Theorie der Culpa/Eine civilistische Abhandlung* (1806), 133 ss. e *Beyträge zu der Theorie der Culpa* (1808), 17 ss. e 58 ss..
[432] Theodor Kipp, *Das römische Recht* (s/d), 205. O alargamento do dolo, nesta vertente, foi contínuo, vindo a abranger elementos penais – vide Franz Haymann, *Textkritische Studien zum römischen Obligationenrecht – I – Über Haftung für custodia*, SZRom 40 (1919), 167-350 (213 ss. e 254 ss.).

O *Corpus Iuris Civilis*, ao reunir dez séculos de evolução justapondo conceitos e realidades, permitiu aos juristas que trabalhariam nas diversas receções do Direito romano utilizar diversas instâncias para controlar a imputação de danos e beneficiar de vários ângulos de abordagem de uma realidade já em si rica.

Por isso, como tantas vezes sucede na História dos Direitos românicos, foi no regresso aos textos clássicos que foram relançadas muitas das ideias que têm vindo a modelar, em termos atuais, a responsabilidade civil.

58. Evolução subsequente; o modelo francês (*faute*)

I. O Direito das grandes compilações refletiria já, como foi referido, uma ideia de *culpa* ética, de inspiração cristã. Trata-se de um aspeto que se intensificaria nos séculos em que a salvaguarda da cultura foi, praticamente, entregue à Igreja. A negação das leis dos homens era a violação da lei de Deus. O *maleficium* envolvia o *pecatum* sendo, como tal, reprovado também pelo foro interior.

No tocante à responsabilidade civil, não se aponta, propriamente, uma construção alternativa da Igreja: antes houve uma recuperação das fontes romanas, cujas potencialidades, mormente após a evolução justinianeia, eram satisfatórias num prisma canónico[433]. De todo o modo, cumpre ter presente que, em termos canónicos, os delitos exigem sempre a culpa moral[434] ou um nível moral de imputação[435]. Neste pano de fundo, logo se alcançaria a necessidade de dolo, nos crimes[436], enquanto, na responsabilidade civil, a culpa viu crescer o seu papel. Os comentadores iriam conferir-lhe um alcance técnico muito importante: a culpa seria o elemento subjetivo da previsão do ilícito, em paralelo com o seu alcance ético[437].

---

[433] Giovanni Rotondi, *Dalla "lex aquilia" all'art. 1151 Cod. Civ./Richerche storico-dogmatiche*, RDComm XIV (1916) I, 942-970 e XV (1917), I, 236-295 (237 ss.).

[434] Antonio Vitale, *Delitti (diritto canonico)*, ED XII (1964), 29-37 (33).

[435] Francesco M. Robertis, *Delitti e pene (diritto canonico)*, NssDI V (1960), 404-406 (405).

[436] Antonio Marongiu, *Delitti (diritto intermedio)*, ED XII (1964), 8-17 (13).

[437] Em especial, com indicações: Mario Talamanca, *Colpa civile (storia)*, ED VII (1960), 517-534 (523 ss.) e Rotondi, *Dalla "lex aquilia"* cit., 242-243. Cf., ainda, Hans-Peter Benöhr, *Zur Ausservertraglichen Haftung im gemeinen Recht*, FS Kaser 70. (1976), 689-713 (693).

§ 13.º Generalidades e evolução da responsabilidade civil

Trata-se de um filão que, mercê das dificuldades do discurso sistemático, não teria seguimento imediato.

O influxo canónico foi bastante significativo, sobretudo no tocante ao que, hoje, poderíamos chamar a "ideologia" da responsabilidade civil no Ocidente[438].

O aprofundamento do elemento subjetivo do *delictum* teve consequências dogmáticas, que perduram. Entre os romanos, a culpa era a forma de distinguir o dano propositado, do negligente e do casual[439]. A partir dos canonistas e, em geral, da primeira receção do Direito romano, a culpa passou a ser a própria justificação significativo-ideológica – portanto, do plano das ideias, que não das ideologias, no sentido atual do termo – da imputação delitual.

O agente era objeto de uma censura. E esse juízo de censura permitia delimitar, agora numa instância diversa, a formação e o âmbito da responsabilidade.

II. As doutrinas do Direito natural, dos séculos XVII e XVIII, assumiram uma particular postura perante o fenómeno jurídico: colocando a razão como a grande fonte das regras jurídicas, os jusnaturalistas e os jusracionalistas pretenderam deduzir todo o Direito de um certo número de proposições consideradas básicas e corretas. Lançaram, assim, a sistemática central ou segunda sistemática[440]. No tocante à responsabilidade civil, uma metodologia deste tipo constituiria uma oportunidade única de repensar, em conjunto, os seus diversos pressupostos, procedendo a uma uniformização necessária dado o estado caótico em que se encontravam as fontes. Encontramos, de facto, alguns processos significativos.

Grotius (1583-1645) estabelece, em suma, um sistema de responsabilidade delitual, verdadeiramente baseado na *culpa* (... *maleficium hic appelamus culpam omnem* ...), que se apresenta como um pressuposto

---

[438] Em geral, Regina Ogorek, *Untersuchungen zur Entwicklung der Gefährdungshaftung im 19. Jahrhundert* (1975), 22 ss.; esta obra obteve a rec. de Hans-Peter Benöhr, TS 45 (1977), 202-208. O clássico da responsabilidade objetiva, de resto dedicado a Jhering, é Joseph Unger, *Handeln auf eigene Gefahr. Ein Beitrag zur Lehre vom Schadensersatz* (1893).

[439] Donde a conhecida asserção do *dolus* e do *casus*, como limites da culpa; cf. Mario Talamanca, *Culpa civile (storia)* cit., 518.

[440] Menezes Cordeiro, *Ciência do Direito e metodologia jurídica nos finais do século XX* (1989), 52 ss. e *Introdução* à trad. port. de Claus-Wilhelm Canaris, *Pensamento sistemático e conceito de sistema na Ciência do Direito* (1989), LXXIX ss..

absorvente de todos os restantes[441]. Vai mesmo tão longe que recusa, *iure naturale*, qualquer responsabilidade por ato de terceiros[442]. A unificação dos pressupostos da responsabilidade civil em torno da culpa manteve-se constante, nos autores subsequentes[443].

III. O problema dos pressupostos da responsabilidade civil foi enfrentado pelos autores franceses que prepararam as codificações oitocentistas. Um relevo especial deve ser dado a Jean Domat (1625-1696) que, numa linha que remonta ao canonismo, introduziu a *faute* para exprimir a *culpa* envolvente. Nesse seguimento e a propósito dos delitos, surge o artigo 1382.º do Código Civil francês de 1804, cujo original cumpre reter:

> Tout fait quelconque de l'homme, qui cause à autrui un dommage, oblige celui par la faute duquel il est arrivé, à le réparer.

O artigo 1383.º prossegue, dispondo que cada um seja responsável pelo dano que tenha causado, não apenas pelo seu feito, mais ainda pela sua negligência ou pela sua imprudência. De todo o modo, a *faute* estava lançada: se bem se atentar no texto do artigo 1382.º, ela acabava por surgir como pressuposto único da imputação delitual. A doutrina e a jurisprudência posteriores, marcadas, aliás, por um positivismo de tipo exegético, ver-se-iam na contingência de reconduzir, à *faute*, todo o sistema de imputação delitual e, mais tarde, obrigacional[444].

IV. Os cem primeiros anos de vigência do *Code Napoléon* mostraram que um sistema de responsabilidade civil simplesmente baseado na *faute* era funcional. Além disso, ficou claro que se tratava de um sistema responsivo, claramente capaz de acompanhar uma realidade em perma-

---

[441] Grotius, *De iure belli ac pacis libri tres* (1625), II, XVII, I; recorde-se que Grotius se movia, essencialmente, no domínio do Direito internacional; aí, escasseavam as fontes, pelo que, continuamente, tinha de apelar a grandes princípios ou a conceitos de grande generalidade.

[442] Hans-Peter Benöhr, *Ausservertragliche Schadensersatzpflicht* cit., 211. Com importantes elementos sobre a responsabilidade civil no jusracionalismo, cumpre, ainda, referir Thomas Kiefer, *Die aquilische Haftung im "Allgemeinen Landrecht für das Preussischen Staaten" von 1794* (1989), 80 ss., referindo Grotius, Pufendorf, Thomasius e Christian Wolff.

[443] *Da responsabilidade civil*, 420 ss..

[444] *Vide* uma ilustração jurisprudencial em *Da responsabilidade civil*, 428 ss..

§ 13.º *Generalidades e evolução da responsabilidade civil* 161

nente mutação, sem sobressaltos nem necessidade de alterações formais. A simplicidade e a indefinição da *faute* traduziam a chave do êxito. Procurando, com recurso a conceitos gerados numa Ciência Jurídica diversa – e, portanto, com toda a reserva que tal procedimento implica – exprimir o conteúdo de *faute*, podemos considerar que ela abrange, no seu funcionamento, a ilicitude, a culpa e o nexo causal.

59. O modelo alemão (culpa e ilicitude); confronto com o francês

I. O problema dos pressupostos da responsabilidade civil foi analisado por Rudolf von Jhering (1818-1892), num escrito clássico[445]: *o momento da culpa no Direito privado romano*[446].

Na sua rica exposição, Jhering explica, designadamente:

> Qualquer pessoa sente a diferença que existe entre a pretensão do proprietário contra o terceiro possuidor de boa-fé, da coisa dele e a do roubado, contra o ladrão. Naquele caso trata-se, apenas, da existência do direito controverso, sem ser necessário confrontar-se, por parte do Autor, com a censura de um desvio jurídico consciente e censurável (...) o momento da censura subjetiva é, aqui, irrelevante (...). Pelo contrário, a ação contra o ladrão respeita, essencialmente, à censura do desvio jurídico ou seja a violação, querida e consciente, do nosso direito; o momento da censura subjetiva é-lhe indispensável, pois não há roubo sem intenção[447].

Em ambos os casos, há contrariedade ao Direito; objetiva, no do possuidor de boa-fé e subjetiva, no do ladrão. O ilícito (*Unrecht*) objetivo dispensa a culpa (*Verschuldung*), mas não a vontade humana – ou teríamos uma força da natureza, juridicamente irrelevante[448].

---

[445] Curiosamente, o papel de von Jhering, que deixaria, para sempre, marcada toda a Ciência Jurídica subsequente é, hoje, mais enaltecido na doutrina penal – p. ex., Claus Roxin, *Strafrecht/Allgemeiner Teil* I (1992), § 7, Nr. 9 (109) – do que na civil. Entre nós, a omissão é regra, mesmo nos manuais mais exaustivos e nas monografias mais cuidadosas, no domínio da responsabilidade civil.

[446] Rudolf Von Jhering, *Das Schuldmoment im römischen Privatrecht*, FS Birnbaum (1867) = *Vermischte Schriften juristischen Inhalts* (1879, reimpr. 1968), 155-240; cita-se por este último local.

[447] Jhering, *Schuldmoment* cit., 159.

[448] Jhering, *Schuldmoment* cit., 161.

Remata Jhering:

> A consequência natural de qualquer violação culposa de um direito alheio é a obrigação de suprimir as consequências danosas do facto, isto é, de indemnizar, independentemente de saber se e quanto lucrou o culpado com o facto em causa[449].

Depois de apoiar as suas asserções no Direito romano – o qual era, então, Direito vigente – Jhering vem concluir que a ideia de culpa com a contraposição, daí derivada, entre o ilícito objetivo e o subjetivo, atravessa todo o sistema jurídico, rematando[450]:

> (...) o conceito de culpa é a bitola geral de responsabilidade do Direito privado romano desenvolvido.

II. O *Schuldmoment* permite, depois, múltiplas consequências dogmáticas. Assim, explica Jhering que é a culpa e não o dano, que obriga a indemnizar[451]: por isso, não respondem os animais, os dementes e as crianças[452]. Na construção desse Autor, essa mesma ordem de ideias explicaria a inexistência, no estado de necessidade, de ações delituais, outro tanto sucedendo em relação ao sucessor, que só responderia pelo enriquecimento[453].

Num complemento da maior importância – e sempre com apelo aos romanos, aqui tomados no sentido de Direito romano atual – Jhering vem estender a construção às ações contratuais: também nelas a indemnização dependeria de culpa, numa asserção que ele procura documentar com a mora, com a evicção e com a responsabilidade por terceiros[454]. Passando à análise da bitola da culpa (*Verschuldung*), Jhering distingue a culpa (*culpa*) do dolo (*dolus*); este não conheceria graduação, por equivaler ao conhecimento; já a culpa poderia ser pesada ou leve, tendo a ver com a diligência do bom *pater familias*[455].

---

[449] Jhering, *Schuldmoment* loc. cit.
[450] Jhering, *Schuldmoment* cit., 177-178.
[451] Jhering, *Schuldmoment* cit., 199; Jhering compara esta descoberta com a do químico: não é a chama que arde, mas, sim, o oxigénio do ar.
[452] Jhering, *Schuldmoment* cit., 201-202.
[453] Jhering, *Schuldmoment* cit., 203-204.
[454] Jhering, *Schuldmoment* cit., 205-210.
[455] Jhering, *Schuldmoment* cit., 211-214. A afirmação, por Jhering, do "momento da culpa" teve ainda o mérito de prevenir uma afirmação do que foi já referido como "tradição

§ 13.º *Generalidades e evolução da responsabilidade civil* 163

As considerações de Jhering conheceram, depois, toda uma evolução vindo, muitas delas, a ser ultrapassadas pela doutrina e pela evolução do Direito positivo. A própria construção da responsabilidade civil obteve, mais tarde, múltiplos afinamentos, cujo levantamento crítico histórico-dogmático está, aliás, por realizar. O essencial da sua descoberta, porém, mantém-se: os pressupostos da responsabilidade civil implicam duas instâncias de controlo do sistema: a ilicitude, primordialmente virada para a inobservância de normas jurídicas e a culpa, que lida com a censura merecida pelo agente, com a atuação perpetrada.

III. A distinção entre a ilicitude e a culpa conheceu um vivo sucesso no espaço de estilo germânico[456].

As opções depois feitas, aquando da preparação do Código Civil alemão, seriam decisivas para o radicar definitivo da descoberta de Jhering. Na verdade, não é historicamente exato que os romanos tivessem amparado um sistema de responsabilidade civil sobre a culpa[457]: tal como já sucedera com a *culpa in contrahendo*, Jhering não procurou, propriamente, a verdade histórica mas, antes, a reposição dogmática do Direito romano atual. Os juristas que trabalharam na codificação de 1896-1900 foram movidos por considerandos dogmáticos e por razões de política legislativa[458]. Quanto aos primeiros, pesou a necessidade de uniformizar a linguagem e de dar corpo à clarificação de Jhering. No tocante às segundas, vingou a necessidade de restringir o âmbito da responsabilidade civil[459].

---

alemã", favorável a uma imputação objetiva; quanto a tal "tradição", cf. Josef Esser, *Grundlagen und Entwicklung der Gefährdungshaftung/Beiträge zur Reform des Haftpflichtrechts und zu seiner Wiedereinordnung in die Gedanken des allgemeinen Privatrechts*, 2.ª ed. (1969), 46. Perguntando pela base racional – ou meramente tradicional – do princípio da culpa, Jürgen Schmidt, *Schadensersatz und Strafe/Zur Rechtsfertigung des Inhaltes von Schadensersatz aus Verschuldenshaftung* (1973), 7.

[456] Mais elementos: *Da responsabilidade civil*, 434 ss..

[457] Hans-Peter Benöhr, *Die Entstehung des BGB für das Verschuldensprinzip*, TS 46 (1978), 1-31 (1, 3 e 6).

[458] Hans-Peter Benöhr, *Die Entstehung* cit., 8 ss., 10 ss. e 31, cujas asserções são, aqui, complementadas.

[459] Os próprios *Motive* – vide *Motive zu dem Entwurfe eines Bürgerlichen Gesetzbuches für das Deutsche Reich – II – Recht des Schuldverhältnisse* (1896), 817 – ponderaram que seria financeiramente insuportável a responsabilidade sem culpa. Quanto ao projeto, em geral e no tocante à responsabilidade civil, Viktor Mataja, *Das Schadenersatzrecht im Entwurf eines bürgerlichen Gesetzbuchs für das Deutsche Reich*, AbürgR 1 (1889), 267-282. Também quanto ao projeto e focando, aí, o domínio do princípio da culpa, Rudolf

O *BGB* foi aprontado, já sob a Revolução Industrial, numa ocasião em que, sectorialmente, se ia impondo a responsabilidade objetiva. O legislador optou pela prudência: a multiplicação das situações de imputação iria coartar os empreendimentos, pela multiplicação dos riscos.

O esquema saído do *BGB* surge, pois, duplamente cauteloso: por um lado, ele isolou os dois pressupostos de Jhering: segundo o § 823, I, "Quem, com dolo ou negligência violar *ilicitamente* a vida, o corpo, a saúde, a liberdade, a propriedade (...) fica obrigado a indemnizar ..."[460]. Foi, porém, mais longe. Ao contrário do artigo 1382.º do Código Napoleão, que estabeleceu uma cláusula geral de responsabilidade civil, o *BGB* fixou três pequenas cláusulas[461]: a do § 823, I, acima citada e que tutela, na interpretação dominante, os direitos absolutos[462], a do § 823, II, que, sempre com autónoma exigência da culpa, manda indemnizar nos casos de danos causados com violação de normas destinadas a proteger outrem – as normas de proteção – e a do § 826, que comina o dever de indemnizar, no caso de danos causados a outrem, contra os bons costumes, mas desde que tal tenha ocorrido com dolo.

Se bem se atentar, a chave do êxito da contraposição de Jhering reside na existência das três pequenas cláusulas de imputação delitual. Uma cominação geral, de tipo napoleónico, correria sempre o risco de, pela

---

Merkel, *Die Kollision rechtsmässiger Interessen und die Schadenersatzpflicht bei rechtsmässigen Handlugen/Im Hinblick auf den Entwurf eines bürgerlichen Gesetzbuches für das deutsche Reich im zweiter Lesung* (1895), 102 ss..

[460] Assim, e para citar, apenas, comentários subsequentes: Hugo Neumann, *Handausgabe des Bürgerlichen Gesetzbuchs für das Deutsche Reich*, 1.º vol., 5.ª ed. (1909), 600, Julius Von Staudinger/F. Keidel, *Handausgabe des Bürgerlichen Gesetzbuchs* (1912), 369 e 370, Otto Fischer/Eugen Ebert, *Bürgerliches Gesetzbuchs/Handausgabe* (1927), 620 ss., Paul Oertmann, *Bürgerliches Gesetzbuch – II – Recht der Schuldverhältnisse*, 5.ª ed. (1929), 1392 e 1394, Otto Loening/James Nasch/Ernst Strassmann, *Bürgerliches Gesetzbuch* (1931), 568 e 572 e Otto Fischer/Wilhelm Henle/Heinrich Titze, *Bürgerliches Gesetzbuchs/Handausgabe*, 14.ª ed. (1932), 444 e 446. No tocante a investigações monográficas, cf. Ernst Zitelmann, *Ausschluss der Widerrechtlichkeit*, AcP 91 (1906), 1-130 (7).

[461] Logo na época, Ludwig Kuhlenbeck, *Das Bürgerliche Gesetzbuch für das Deutsche Reich*, I (1903), 670, comentou que se tratava de uma solução de meio termo, entre o Direito romano e o Código Civil francês.

[462] Na determinação interna da previsão de ilicitude do § 823, I, ainda hoje, é básico o estudo de Michael Fraenkel, *Tatbestand und Zurechnung bei § 823 Abs 1 BGB* (1979), 126 ss..

generalização, aproximar os conceitos. Ao manter, autónoma, a necessidade de pesquisa da ilicitude, a lei alemã conservou viva a dupla instância de controlo sobre as imputações delituais. O esquema era fechado com a exigência de culpa para a imputação do incumprimento das obrigações – §§ 276 e 285, ambos do *BGB*.

IV. A existência, bem delimitada, de dois modelos de responsabilidade civil nos Direitos do continente constitui um dado da maior importância, que tem escapado à Ciência privada e, por vezes, aos próprios comparatistas. Nos quase dois séculos de vigência do Código Napoleão, a contemplação e a aplicação da *faute* deixaram marcas muito vincadas, nos mais diversos institutos[463].

Em termos sintéticos, poderemos dizer que a presença de danos devidos a *faute* de determinado agente é, praticamente, intuitiva. A experiência comum e as valorações sociais que dela decorrem, permitem, na grande maioria dos casos, um consenso quanto à eficácia danosa de determinada *faute*.

Nessas condições, todo o sistema da responsabilidade civil tende a funcionar em termos compreensivos – por oposição a analíticos – muito latos e pouco justificados. O bom senso da jurisprudência e o respeito por grandes linhas de precedentes tornou viável o sistema. Com efeito, a referência a uma *faute* dispensa a indicação concreta de qualquer norma jurídica, especificamente violada. Assim, o sistema jurídico alarga-se, na base da responsabilidade civil, em termos fáceis, sem necessidade de recomposições a nível de fontes. Institutos diferenciados são facilmente enquadráveis, no espaço napoleónico, através da responsabilidade civil, baseada em *faute*.

No espaço jurídico alemão, os juristas são levados a trabalhar com múltiplas categorias de deveres, cuja violação poderá acarretar a responsabilidade[464]. Assim temos, como exemplos, deveres resultantes da boa-fé, da confiança, deveres do tráfego ou deveres redutíveis à cláusula dos

---

[463] Philippe Le Tourneau/Loïc Cadiet, *Droit de la responsabilité* (1996), n. 3060 ss. (642 ss.), com diversos elementos. Congratulando-se com o que considera o papel insubstituível da *faute*, Marianne Lecene-Marénaud, *Le rôle de la faute dans les quasi contrats*, RTDCiv 93 (1994), 515-541 (516), enquanto o uso indiferenciado da *faute* se mantém na jurisprudência. Outros elementos podem ser confrontados em *Tratado* II/3, 335 ss..

[464] Ernst Von Caemmerer, *Die absoluten Rechte in § 823 Abs I BGB*, Karlsruher Forum, VersR 1961 BH, 19-27 (19), afirma que o principal problema, da responsabilidade civil, é a construção de normas de conduta. Trata-se, de resto, dum problema ainda mais

bons costumes. Toda essa paciente tarefa de elaboração fica dispensada, no mundo da *faute*: esta pode ser sempre descoberta, com referência direta ao artigo 1382.º, sem necessidade de outros fundamentos jurídico-positivos, para obrigar a indemnizar.

V. As asserções anteriores podem ser facilmente documentadas com recurso a três institutos, estudados separadamente e sem quaisquer preocupações de alcançar resultados de nível sistemático: a *culpa in contrahendo*[465], a responsabilidade do banqueiro[466] e a própria responsabilidade dos administradores[467].

A responsabilidade pré-contratual assenta, no espaço alemão, na violação de obrigações de segurança, de informação e de lealdade, derivadas da boa-fé. Trata-se, assim, de uma responsabilidade obrigacional, moldada no incumprimento dos contratos e que se desenvolveu para permitir superar os óbices restritivos do Direito delitual alemão. Pelo contrário, a *faute* pré-contratual tem a ver com o artigo 1382.º e assume natureza delitual ou aquiliana, a qual se mantém apesar de, nos mais recentes desenvolvimentos, já se identificarem deveres preliminares de informação e de esclarecimento[468]. Em termos práticos, a *culpa in contrahendo* apenas consegue, no espaço napoleónico, um desenvolvimento escasso: a aplicação, no período pré-contratual, das regras aquilianas, mesmo facilitadas pela adaptável *faute*, não permite, mercê das regras da prova, grandes concretizações.

A responsabilidade do banqueiro surge, como locução descritiva, para abarcar um conjunto de situações nas quais uma instituição bancária seja

---

vincado, na hipótese da responsabilidade por omissão; cf. o clássico Ludwig Traeger, *Das Problem der Unterlassungsdelikte im Straf- und Zivilrecht* (1913), 66.

[465] *Da boa fé*, 564 ss.; já então se havia recusado a tradução de *faute* por culpa, antes se adotando o vernáculo "falta".

[466] Menezes Cordeiro, *Concessão de crédito e responsabilidade bancária*, BMJ 357 (1986), 5-66 (25 e *passim*) = *Banca, bolsa e crédito/Estudo de Direito comercial e de Direito da economia* (1990), 9-61; cita-se pelo primeiro local.

[467] *Responsabilidade dos administradores*, 127 ss..

[468] Assim, Le Tourneau/Cadiet, *Droit de la responsabilité* cit., 74-75. Acrescente-se que o Direito português consagra, no artigo 227.º/1 do Código Civil e com base na boa-fé, a *culpa in contrahendo*, a qual, quando violada, dá lugar a clara responsabilidade obrigacional; apenas a desatenção de alguma doutrina nacional, perante a evolução histórica do instituto, o Direito comparado e os seus objetivos concretos, tem permitido qualificações "delituais" para a *culpa in contrahendo*; no sentido da boa doutrina, que vinha, aliás, na tradição de Vaz Serra e Mota Pinto, STJ 4-jul.-1991 (Ricardo da Velha), BMJ 409 (1991), 743-750 (748).

chamada a responder, por danos causados ao seu cliente. A natureza descritiva em causa logo inculca que, num espaço jurídico analítico, de tipo alemão, ela não se possa concretizar sem que, em cada caso considerado, se reconduza o sucedido, à violação concreta de normas jurídicas. Noutros termos: não há responsabilidade do banqueiro sem que se mostre violada uma regra aplicável, seja ela específica, seja genérica. No primeiro caso – p. ex., *culpa in contrahendo* – teremos responsabilidade obrigacional e, no segundo, delitual. Essa precisa indicação de regras violadas acaba por ser dispensada, na lógica napoleónica. Aí, bastará dizer-se que houve *faute* do banqueiro: tal *faute*, pela sua imprecisão e pelos juízos de reprovação que, de imediato, associa, deixará pairar a ideia da violação de regras sem que, jamais, se aponte qualquer uma, para além do inevitável artigo 1382.º do *Code Napoléon*. Desta feita, o sistema napoleónico conduz a uma maior concretização da responsabilidade do banqueiro: torna-se, na prática e em situações danosas, difícil apontar as regras violadas pelo banqueiro, numa situação facilmente resolvida, pela *faute*.

A responsabilidade dos administradores confirma quanto se diz. À luz da Ciência napoleónica, o recurso à *faute* dispensa a elaboração de catálogos de deveres dos administradores. Pelo contrário, o legislador e a jurisprudência de além-Reno vêm, há décadas, elaborando e completando tais catálogos. Desta feita, consegue-se uma maior responsabilização, por via analítica.

Outros institutos poderiam ser usados. Como balanço geral, fica-nos, do lado francês, um Direito civil globalmente apontado para a imputação delitual, virado para a *faute*, contra um Direito civil de tipo alemão, sensível a vínculos de tipo contratual e inclinado para a boa-fé. Noutros termos ainda que simplificados, encontramos, nestas vestes, os velhos dilemas do Direito, das sociedades humanas e das próprias pessoas: intuição ou dedução, sentimento ou raciocínio, elegância ou precisão e compreensividade ou analitismo.

Quanto ao Direito português: antecipamos, desde já, que houve uma receção complexa de *ambos* os sistemas. Veremos em que termos e com que consequências.

§ 14.º O SISTEMA PORTUGUÊS DE RESPONSABILIDADE CIVIL

60. Pré-codificação e Código de Seabra

I. O movimento doutrinário poderoso que tornaria possível o Código de Seabra, de 1867[469], não deixou muitos elementos sobre a responsabilidade civil.

Na origem, encontramos o relativo silêncio das *Ordenações*, sobre o tema em estudo. Na prática, elas contêm dois troços relevantes quanto à responsabilidade ambos, aliás, pertencentes ao domínio contratual. No Liv. 4, tit. II, Pr., relativo a "compras e vendas, feitas por sinal dado ao vendedor simplesmente ou em começo de pagamento", diz-se:

> (...) será elle obrigado de lhe entregar a coisa vendida, se for em seu poder; e se em seu poder não fôr, pagar-lhe-ha todo o interesse, que lhe pertencer, assi por respeito do ganho, como por respeito da perda[470].

Por seu turno, no Liv. 4, tit. LIII, § 2, referente ao "commodato", dispunham as *Ordenações*:

> E porque este contracto se faz regularmente em proveito do que recebe a cousa emprestada, e não do que a empresta, fica obrigado aquelle, a que se empresta, guarda-la com toda a diligencia, como se fora sua. E não sómente se lhe imputará o dolo e culpa grande, mas ainda qualquer culpa leve e levíssima[471].

---

[469] Quanto à pré-codificação portuguesa (1772-1867), remete-se para Menezes Cordeiro, *Teoria Geral do Direito civil/Relatório* (1988), 101 ss., e bibliografia aí referida. Posteriormente, cumpre referir Mário Reis Marques, *O Liberalismo e a Codificação do Direito civil em Portugal*, BFD, Supl. XXIX (1986), 1-256.
[470] *Ord. Fil.*, Liv. 4, tit. II, Pr. = ed. Gulbenkian cit., 779-780.
[471] *Ord. Fil.*, Liv. 4, tit. LIII, § 2 = ed. Gulbenkian cit., 847.

Compreende-se a circunspeção das *Ordenações*. Toda a matéria delitual constava do *Corpus Iuris Civilis* e do Direito comum, vigentes em Portugal.

II. A carência da responsabilidade civil prossegue, depois, nos *Compendios* de Pascoal de Melo (1738-1798). Nas suas *Instituições de Direito Civil*, seria de esperar encontrar a matéria no *Livro IV – Das Obrigações e Acções*. Mas não: aí, Melo, citando Gaio, começa, de facto, por retratar as diversas fontes das obrigações: contrato, quase-contrato, delito, quase-delito e várias espécies de causas; mas logo acrescenta que apenas irá explicar as obrigações provenientes de um contrato, isto é, de um facto lícito[472]. Encontramos uma referência aos delitos nas *Instituições de Direito Criminal Português*; aí Melo, citando Grócio, vem definir delito como:

(...) facto ilícito espontaneamente cometido contra a sanção das leis, prejudicial à sociedade ou aos indivíduos, pelo qual se incorre na obrigação de, se possível, reparar o dano, e sofrer uma pena[473]; de seguida, Melo considera que o facto ilícito pode ser cometido por mau dolo ou por culpa; no primeiro caso, haveria delito e, no segundo, quase delito[474]. Verifica-se um apuro de linguagem que poderia, a ter sido aproveitado, iniciar uma evolução dogmática muito interessante.

III. Também Borges Carneiro (1774-1833), nome importante da civilística portuguesa da pré-codificação – além de ser autor material da Constituição de 1822 – pouco adiantaria, quanto à responsabilidade civil: a sua obra básica – *Direito civil de Portugal* – previsto para versar as pessoas, as

---

[472] Pascoal José de Melo Freire, *Instituições de Direito Civil Português/tanto público como particular*, BMJ 161 (1966), 89-200, 162 (1967), 31-139, 163 (1967), 5-123, 164 (1967), 17-147, 165 (1967), 39-156, 166 (1967), 45-180, 168 (1967), 27-165, 170 (1967), 89-134 e 171 (1967), 69-168, na tradução de Miguel Pinto de Meneses. Quanto ao ponto citado – *Instituições de Direito Civil* cit., Liv. IV, Tit. I, § III –, cf. BMJ 168 (1967), 37. E de facto, Melo dá os quase contratos e os pagamentos – Tit. IV e V – BMJ 168, 87 ss. – e passa às ações – Tit. VI, BMJ 168, 109 ss. – saltando os delitos. Esta escassez de elementos de que, mais tarde, se lamentaria Coelho da Rocha, é ainda confirmada pelos praxistas; cf. Silvestre Gomes de Moraes, *Tractatus de executionibus instrumentarium in sex libri divisus*, vol. I (1729) e vol. II (1730), 251 ss., com escassíssimos elementos.

[473] Pascoal José de Melo Freire, *Instituições de Direito Criminal Português/Livro único*, BMJ 155 (1966), 43-202 e 156 (1966), 69-108, também em excelente tradução de Pinto de Meneses. Quanto ao ponto citado – *Instituições de Direito Criminal*, Tit. I, § II –, cf. BMJ 155, 55.

[474] Pascoal de Melo, *Instituições de Direito Criminal* cit., Tit. I, § III = BMJ 155, 56.

§ 14.º O sistema português de responsabilidade civil

coisas e as obrigações e ações, apenas conseguiria, e com recurso a um livro póstumo, chegar às coisas[475].

A carência de fontes levaria Ferreira Borges, no Código Comercial de 1833, a versar as *perdas e damnos por inexecução de contracto mercantil*[476], preenchida, aliás, com matéria civil. Não se refere, no competente articulado, nem a culpa nem qualquer noção equivalente. Não admira: Borges inspirou-se, aí, nos artigos 1146.º e seguintes do Código Napoleão, omissos na matéria; recorde-se que a *faute* surge no artigo 1382.º do *Code*.

IV. Na literatura jurídica da pré-codificação, temos de aguardar Correia Telles (1780-1849), para constatar referências nacionais aos pressupostos da responsabilidade civil. No *Digesto Portuguez*, cumpre citar[477]:

457. Em regra aquelle que de proposito, ou por culpa grave offende a outro em sua pessoa ou bens, deve pagar-lhe damnos e interesses.

458. Se a culpa foi leve, deve pagar-lhe somente a perda immediata, que resultou da offensa.

Quanto à responsabilidade contratual[478], diz Correia Telles[479]:

196. A perda e interesse, que um devedor deve indemnisar, é sómente o que é consequencia immediata da inexecução da obrigação.

Se bem se atentar, Telles surge claramente influenciado pelo Código Civil francês. Na raiz, a culpa concentra, no delito, os diversos pressupostos da responsabilidade civil. Trata-se, pois, da *faute*, na tradição de Domat, citado aliás, no *Digesto*. Na responsabilidade obrigacional, a culpa

---

[475] Manuel Borges Carneiro, *Direito civil de Portugal/contendo tres livros*/I. *Das pessoas*: II. *Das cousas*: III. *Das obrigações e acções*, 1.º vol. (1826), 2.º vol. (1827), 3.º vol. (1828) e 4.º vol. (1840, póstumo, ao cuidado de E. Costa).

[476] Código Comercial de 1833, Par. I, Liv. II, Tit. IV, artigos 929 ss. = *Codigo Commercial Portuguez*, ed. Imprensa da Universidade (1856), 173 ss..

[477] José Homem Corrêa Telles, *Digesto Portuguez ou tratado dos direitos e obrigações civis accomodado ás leis e costumes da nação portuguesa para servir de subsidio ao "novo codigo civil"*, em três volumes; há um quarto, intitulado *Manual de Processo Cicil/ Supplemento do Digesto Portuguez*; há edições de 1835, 1840 e 1845 e reimpressões de 1853, 1860 e 1909. Foi usada esta última; cf., aí, I, 60.

[478] O *Digesto Portuguez* não usa a expressão "responsabilidade".

[479] Corrêa Telles, *Digesto Portuguez*, 9.ª ed. cit., § 1, 29.

não é referida, como princípio, surgindo apenas mais tarde. Também aqui se perfila a sombra do *Code*.

Decisivo nesta linha tendente à receção da *faute*, traduzida como culpa, seria Coelho da Rocha (1793-1850). Nome-chave da pré-codificação civil portuguesa, Coelho da Rocha foi, ainda, eficaz num primeiro movimento de receção da sistematização germânica do Direito civil, através de Mackeldey[480].

No tocante às perdas e interesses[481], Coelho da Rocha afirma – no campo obrigacional – que a respetiva obrigação pode advir de acaso, de dolo, de culpa e de mora[482]. O dolo é definido como "... o animo deliberado de não cumprir aquillo a que se está obrigado", enquanto a culpa surge como "... a omissão indeliberada da diligencia devida"[483]. Finalmente, no tocante aos delitos e à respetiva indemnização, Coelho da Rocha considera[484]:

> A indemnização deve-se sempre que o damno provém de facto, ou omissão em que interveio dolo, ou culpa do agente, algumas vezes ainda mesmo a levissima.

Temos um sistema monista e compreensivo, do tipo da *faute*. A mera referência à culpa – ou ao dolo – esgota o universo dos pressupostos e, designadamente: a culpa e a ilicitude. A responsabilidade civil portuguesa inclinava-se, pois, para o estilo napoleónico.

---

[480] Com indicações, Menezes Cordeiro, *Teoria Geral/Relatório* cit., 111; quanto à singularidade do êxito de Mackeldey, vide Ranieri, *Le traduzioni e le annotazioni de opere giuridiche straniere*, em *La formazione storiche del diritto moderno*, 3 (1978), 1487-1504 (1495, nota 21). A obra de referência, de Manuel António Coelho da Rocha é, sabidamente: *Instituições de Direito Civil Portuguez*, 1.ª ed. (1844), 2.ª ed. (1848) e, depois, reimpressões póstumas: 3.ª (1852), 6.ª (1866), 7.ª (1907) e 8.ª (1917); cita-se por esta última, embora o texto se reporte, naturalmente, a 1848.

[481] A expressão tradicional era, entre nós, *perdas e damnos*; Coelho da Rocha, citando os romanos – *damnum et id quot interest* – e os franceses, propõe, porém, a expressão napoleónica perdas e interesses. Cf. *Instituições* cit., 1, § 122 (73).

[482] Coelho da Rocha, *Instituições* cit., 1, § 123 (73).

[483] Coelho da Rocha, *Instituições* cit., 1, §§ 125 e 126 (74), respetivamente.

[484] Coelho da Rocha, *Instituições* cit., 1, § 133 (78). De notar que Rocha afirma ter seguido o *ALR* – a que chama "Código da Prússia" – muito minucioso quanto à graduação da culpa.

V. Com os indicados antecedentes, o Código Civil de 1867, do Visconde de Seabra[485], preparado, aliás, antes do *Schuldmoment*, não deixaria de se inclinar para uma orientação unitária, no tocante à responsabilidade civil.

Em geral, o Código de Seabra inscreve-se, por certo, nas famílias jurídicas de estirpe napoleónica. Tal filiação, que chegou a incluir a tradução literal de artigos, não impediu contudo o Visconde de Seabra de efetuar desenvolvimentos próprios e, sobretudo: de instilar, na matéria, um *quantum* superior de racionalismo.

Provavelmente embaraçado com a tradução de *faute*, Seabra diria, simplesmente, no artigo 2361.º, a abrir as disposições preliminares (Tit. I) do Livro – o I da Parte IV – dedicado à responsabilidade civil:

> Todo aquelle, que viola ou offende os direitos de outrem, constitue-se na obrigação de indemnizar o lesado, por todos os prejuízos que lhe cause.

Desaparece a referência à culpa; o papel da *faute* parece desempenhado pela ilicitude.

A responsabilidade contratual e obrigacional era remetida, pelo artigo 2393.º, do Código de Seabra, para os seus artigos 702.º e seguintes. Nesse seguimento, dispunha o artigo 705.º:

> O contrahente, que falte ao cumprimento do contracto, torna-se responsavel pelos prejuizos que causa no outro contrahente, salvo tendo sido impedido por facto do mesmo contrahente, por força maior, ou por caso fortuito, para o qual de nenhum modo haja contribuido.

De novo se nota a natureza compreensiva da "ilicitude": falta ao cumprimento. A culpa não ocorre. É certo que o Código de Seabra referia a culpa em diversos locais[486]. Porém, na fixação dos princípios, os pressupostos da responsabilidade civil eram unitários, ao sabor napoleónico.

---

[485] Quanto à preparação e aprovação deste Código, cf. os elementos coligidos em Menezes Cordeiro, *Teoria Geral/Relatório* cit., 117-119, notas.

[486] Um manuseio exímio dessas referências, de modo a compor um sistema moderno de responsabilidade civil, pode ser confrontado em Manuel Duarte Gomes da Silva, *O dever de prestar e do dever de indemnizar*, I (1944), 168 ss..

De resto, os comentadores que se seguiram à publicação do Código nada acrescentaram que pudesse questionar essa orientação[487].

61. Guilherme Moreira e a receção do modelo alemão

I. Guilherme Alves Moreira (1861-1922) foi o grande responsável pela introdução, em Portugal, da Ciência jurídica derivada do pandectismo[488]. Para além disso, ele foi o responsável pela modernização de diversos institutos entre os quais se inclui, justamente, a responsabilidade civil. A novidade pode exprimir-se em termos simples: na base de autores italianos, com relevo para Giorgi e Chironi, Guilherme Moreira, ainda que sem autonomizar o sistema alternativo assente na *faute*, veio preconizar a solução de Jhering: um esquema de responsabilidade civil baseado na distinção entre a ilicitude e a culpa.

Guilherme Moreira, aliás tal como Coelho da Rocha, incluía logo, na Parte Geral, matéria de responsabilidade civil. Assim, encontramos na pré-edição das *Instituições*, de 1902-1903, a propósito de noções gerais sobre factos ilícitos, a ideia de que, para haver responsabilidade, deveria haver, além do ilícito, a culpa[489]. Analisando depois os factos ilícitos em si, Guilherme Moreira foca, de novo, a culpa como elemento autónomo, mau grado as insuficiências do Código[490].

Na edição oficial das *Instituições*, de 1907, a matéria surge em termos definitivos. Guilherme Moreira vem traçar um quadro dos pressupostos da responsabilidade civil que, de modo muito claro, incluem a ilicitude, a

---

[487] Assim, José Dias Ferreira, *Codigo Civil Portuguez Annotado*, 2.ª ed., II (1895), 44 (o artigo 705.º, que remete para o 677.º) e IV (1905), 282 ss. (o artigo 2361.º).

[488] Sobre esse movimento, com elementos, Menezes Cordeiro, *Teoria Geral/Relatório* cit., 131 ss.. Cf. ainda Paulo Mota Pinto, *Declaração tácita e comportamento concludente no negócio jurídico* (1995), 10 ss., Carlos Ferreira de Almeida, *Texto e enunciado na teoria do negócio jurídico*, 1 (1990), 22, nota 74.

[489] Guilherme Moreira, *Instituições do Direito Civil Português*, pré-edição (1902-1903), 1, § 37, 195 e 196.

[490] Guilherme Moreira, *Instituições*, pré-edição cit., 2, § 118, 690 ss. (693).

§ 14.º O sistema português de responsabilidade civil 175

culpa e o dano[491]. Nessa ocasião, foi utilizada uma bibliografia mais ampla, na qual não faltaria o próprio Jhering[492].

O ensino de Moreira teve frutos imediatos. Logo em 1904-1905, o então aluno do 3.º ano (8.ª cadeira), José Gabriel Pinto Coelho, elaborou uma dissertação sobre a culpa e a responsabilidade civil. Aí, na base de Chironi e, naturalmente, do ensino de Moreira, fixou-se uma orientação analítica, de tipo germânico[493].

Diz-se, designadamente[494]:

> Só quando á lesão injuriosa, ao facto illicito (elemento objectivo), se vem juntar aquelle estado de alma do auctor desse facto em relação á lesão contida no seu acto ou que deste derive (elemento subjectivo) é que o facto se pode dizer culposo.

Mercê do ensino de Guilherme Moreira, o modelo culpa/ilicitude conheceu uma expansão geral. É certo que José Tavares, aliás com uma argumentação formalmente irrespondível, veio sustentar que o Código Civil de Seabra firmara um sistema objetivo de responsabilidade civil, assente no risco: apenas quando a lei o determinasse, haveria que exigir culpa, para a imputação[495]. Porém, se bem se atentar, a divergência de José Tavares tem a ver com o regime e não com o modelo de responsabilidade. Este Autor tinha, muito clara, a contraposição entre a culpa e a ilicitude, nunca pretendendo reconduzi-las a uma instância unitária de controlo de imputações. Pelo contrário: ao reconhecer a dispensabilidade, como regra, da culpa, José Tavares levou longe a construção de Jhering.

A orientação nova, devida a Guilherme Moreira, recebeu, nos anos subsequentes, os sufrágios de, praticamente, todos os obrigacionistas: além

---

[491] Guilherme Moreira, *Instituições do Direito Civil Português*, 1 – *Parte geral* (1907), § 45 (585 ss.).

[492] Mais precisamente na trad. fr.: *De la faute en droit privé*, nos *Etudes complementaires de l'Esprit de Droit romain* (1880-1903), de O. de Meulenaere (1880).

[493] José Gabriel Pinto Coelho, *A responsabilidade civil baseada no conceito de culpa* (1906); trata-se de uma *Dissertação para a 8.ª cadeira da Faculdade de Direito*, dedicada a Guilherme Moreira.

[494] J. G. Pinto Coelho, *A responsabilidade civil* cit., 3.

[495] José Tavares, *Os princípios fundamentais do Direito civil*, 1, 2.ª ed. (1929), 529 ss. (534-535). Uma construção similar, com argumentos excelentes, foi, ainda, propugnada por Cunha Gonçalves, *Tratado de Direito Civil*, 12 (1937), 357 ss.. Defendendo a responsabilidade subjetiva, Jaime de Gouveia, *Responsabilidade subjectiva ou responsabilidade objectiva*, O Direito 67 (1935), 3-6.

de José Tavares, com a particularidade acima citada, e, naturalmente, de José Gabriel Pinto Coelho, acima referido[496], cumpre citar Vaz Serra[497], Jaime de Gouveia[498], Paulo Cunha[499], Cabral de Moncada[500], Manuel Gomes da Silva[501], Manuel de Andrade[502], Pereira Coelho[503], Inocêncio Galvão Telles[504], Pires de Lima[505] e outros[506].

III. A receção do modelo da responsabilidade civil baseado na contraposição entre culpa e ilicitude, foi, antes de mais, uma receção linguística. Na verdade, não havia quaisquer problemas, no plano da aplicação, que obrigassem ao abandono da antiga culpa-*faute*. Por certo que a superioridade técnica dos sistemas analíticos jogou um papel decisivo. Mas tal característica, só por si, é insuficiente para tornar efetiva uma receção. De facto, seja qual for a orientação prosseguida quanto à noção de culpa, a sua contraposição, perante a ilicitude, só sobrevive se ela traduzir algo de substancialmente diverso.

---

[496] Cumpre, ainda, referir que se assistiria, depois, a uma penetração direta da doutrina alemã, designadamente através de Vaz Serra, na fase dos preparatórios do Código Civil e de Pereira Coelho. Pioneiro foi, em especial, Ferrer Correia, através da tradução de Hans Albrecht Fischer, *A reparação dos danos no Direito civil* (1938).

[497] Adriano Vaz Serra, *Direito Civil Português/Das Obrigações*, por Mário Augusto da Cunha (1935), 381 ss..

[498] Jaime Augusto Cardoso de Gouveia, *Da responsabilidade contratual* (1932), 31 ss., 36 ss., 41 ss. e 64 ss..

[499] Paulo Cunha, *Direito das obrigações*, tomo II – *O objecto*, por Margarida Pimentel Saraiva/Orlando Garcia-Blanco Courrége (1938-39), 246 e *passim*.

[500] Luís Cabral de Moncada, *Lições de Direito Civil*, 2, 3.ª ed. (1959; a 1.ª, data de 1934), 462 ss..

[501] Manuel Duarte Gomes da Silva, *O dever de prestar e o dever de indemnizar*, 1 (1944), 99 ss. (168 ss.).

[502] Manuel A. Domingos de Andrade, *Teoria Geral das Obrigações*, com a colaboração de Rui de Alarcão, 3.ª ed. (1966, reimpr. póstuma de *Lições* anteriores), 337 ss..

[503] Francisco Manuel Pereira Coelho, *O nexo de causalidade na responsabilidade civil* (1950, separata do BFD/Supl. IX), 60 ss. e *Obrigações*, aditamentos à *Teoria Geral das Obrigações*, de Manuel de Andrade, por Abílio Neto/Miguel J. A. Pupo Correia (1963-64), 392 ss..

[504] Inocêncio Galvão Telles, *Manual de Direito das Obrigações*, 1, 2.ª ed. (1965), n.º 204 (187) e *passim*; a 1.ª ed. é de 1957.

[505] Pires de Lima/Antunes Varela, *Noções fundamentais de Direito civil* (1944-45), 259.

[506] *Vide*, p. ex., Luís Lopes Navarro, *A responsabilidade civil do Estado*, BMJ 4 (1948), 27-43 (31), com indicações.

Procedendo a uma recolha da nossa jurisprudência[507], somos levados a conclusões interessantes. Assim e de um modo geral, a jurisprudência do Supremo acompanhou bem a viragem para o modelo de Jhering, protagonizada pelas Universidades, através de Guilherme Moreira e dos seus seguidores.

Porém, quando se contempla a materialidade das decisões, salta à vista a tendência para a indiferenciação dos pressupostos, os quais tendem a concentrar-se na culpa. O fenómeno poderia ser minorado com considerações pragmáticas: afinal, aos Tribunais cabe decidir e não teorizar; ora, sendo sabido que a presença de culpa postula a da ilicitude, bastaria referir a primeira para implicar a segunda, deste modo se evitando desenvolvimentos inúteis. Por vezes, assim poderá ser. Mas nem sempre: basta pensar que implicando, ambas as noções, factos diversos, realidades diferentes e normas próprias, as implicações de uma, na outra, nunca podem ser fatais. Contudo, a leitura dos acórdãos inculca algo de muito mais profundo e sério: os juristas portugueses, aquando da aplicação, não lograram – ou não sentiram essa necessidade – distinguir a subtileza da "verdadeira" culpa: o juízo de imputação, baseado no universo – de resto ontologicamente incindível dos factos e das normas aplicáveis – é, intrinsecamente, unitário. Não há duas instâncias de controlo do ordenamento sobre a imputação, expressas pelas tradicionais "ilicitude" e "culpa"; apenas surge uma, que se exprime como culpa. Na realidade, é a *faute* ou, se se preferir, a culpa, bem nacional, anterior a Guilherme Moreira. Só lentamente este estado de coisas se vem modificando.

62. O Código Vaz Serra

I. Chegamos ao Código Civil de 1966; trata-se de um diploma que, mercê de múltiplas circunstâncias, consignou entre nós o modelo da codificação alemã[508] e isso muito para além de outras codificações tardias, como a suíça (1907), a italiana (1942) ou a holandesa (1992). Curiosamente e, sobretudo na área de Direito das obrigações, o Código Civil assentou mais em estudos de Direito comparado ou, mais simplesmente, de Direito estrangeiro do que, propriamente, numa elaboração jurídico-científica autónoma.

---

[507] *Da responsabilidade civil*, 459-462.
[508] Menezes Cordeiro, *Introdução* ao *Código Civil e Legislação Complementar*, ed. Aequitas/Editorial Notícias (1991), 5-23.

No domínio da responsabilidade civil, o Código Civil deve a sua feição aos estudos preparatórios de Vaz Serra e às correções feitas aos anteprojetos pelo então ministro Antunes Varela. Vaz Serra estudou, isoladamente, os diversos temas da responsabilidade civil, deixando-nos inúmeros estudos, do maior interesse[509]. Vamos agora reter o essencial.

Estudando *ex professo* a culpa do devedor ou do agente, Vaz Serra acaba por isolá-la como pressuposto único da responsabilidade[510].
Assim:

Artigo 1.º
(Culpa)

1. Salvo determinação em contrário, o devedor só incorre em responsabilidade quando causa, com culpa, danos ao credor.

Quanto à prova, temos:

Artigo 6.º
(Encargo da prova quanto à culpa)

1. O devedor responde pelo não-cumprimento da obrigação, definitivo ou provisório, ou pelo cumprimento defeituoso dela, a não ser que prove falta de culpa da sua parte.

No tocante à responsabilidade aquiliana, Vaz Serra isola previamente os seus pressupostos: a) ação; b) antijuridicidade; c) culpa; d) dano e e) nexo causal[511]. E de facto, no articulado que propõe, culpa e ilicitude surgem separadas:

Artigo 1.º
(Regras gerais)

1. Aquele que, com dolo ou culpa, viola antijuridicamente os direitos de outrem constitui-se na obrigação de indemnizar ao lesado os danos resultantes dessa violação.

---

[509] *Vide* uma enumeração em *Da responsabilidade civil*, 464 ss..
[510] Vaz Serra, *Culpa do devedor ou do agente*, BMJ 68 (1957), 13-151 (140 e 144).
[511] Vaz Serra, *Requisitos da responsabilidade civil* cit., incluídos na separata *Responsabilidade civil* (1960), 3.

§ 14.º O sistema português de responsabilidade civil

Vaz Serra não tinha dúvidas em reconduzir as responsabilidades obrigacional ou contratual e a aquiliana, à culpa, exigida em ambos os casos[512]. Porém, por razões de diversa ordem, não especificou, na imputação obrigacional, a exigência da ilicitude: apenas referiu a culpa.

Esta particularidade passaria aos diversos anteprojetos[513], acabando no projeto definitivo e, depois, no Código Civil de 1966.

Não são muito claras as razões que explicam os textos de Vaz Serra. No domínio da responsabilidade, ele usou, sobretudo, o texto do Código alemão e os manuais de Heck[514] e de Enneccerus/Nipperdey[515] este último, aliás, na tradução castelhana[516]. Ora o Código alemão, depois de fazer a proclamação geral do § 276, segundo o qual o devedor responde por dolo ou negligência, passa a referir a impossibilidade – § 280/I – e a mora § 284/I – sem as especificar novamente. A doutrina alemã – designadamente os dois autores citados –, procedem da mesma forma. Finalmente, existe até aos nossos dias, uma corrente significativa que, na Alemanha, dispensa a culpa, quanto à responsabilidade obrigacional.

Estes acasos e a falta de eficácia das revisões ministeriais – mais do que qualquer opção científica de salvaguardar a tradição jurídica nacional – explicarão o resultado a que se chegou. Paradoxalmente, pensamos que esse resultado, além de cientificamente estimulante, é meritório, em termos de bondade das soluções.

II. O artigo 483.º/1 do Código Civil vigente, consagra o modelo de Jhering. A imputação delitual, nele prevista, funciona quando alguém, com dolo ou mera culpa, violar ilicitamente determinadas posições e mais especificamente: um direito subjetivo ou uma norma de proteção. Há um alar-

---

[512] Vaz Serra, *Responsabilidade contratual e responsabilidade extracontratual* cit., incluindo na separata *Responsabilidade civil* (1959), 113.

[513] Vaz Serra, *Direito das Obrigações*, BMJ 98 (1960), 13-316 (46-47). As várias versões subsequentes podem ser confrontadas em Rodrigues Bastos, *Das obrigações em geral*, VI (1973), 54 ss..

[514] Philipp Heck, *Grundriss des Schuldrechts* (1929, reimpr. 1974), especialmente § 26 (76 ss.).

[515] Ludwig Enneccerus/Hans Carl Nipperdey, *Allgemeiner Teil des Bürgerlichen Rechts*, 15.ª ed. (1960), §§ 208 ss. (I, 1270 ss.).

[516] *Derecho Civil (Parte General)*, trad. cast. Blas Pérez González/José Alguer (1944), §§ 195 ss. (I, 2, 420 ss.); esta obra vem apresentada como tradução da 39.ª ed. alemã – deverá ser da 13.ª; patenteia notáveis diferenças em relação à 15.ª ed., a última publicada.

gamento manifesto, em relação ao somatório das duas partes do § 823 do *BGB*, uma vez que o "direito" vem referenciado sem quaisquer especificações. Mas para além desta caminhada, em relação ao artigo 1382.º do *Code Civil*, o sistema alemão de responsabilicade parece claro.

Já no tocante à responsabilidade obrigacional, a situação é diversa, o artigo 798.º prescreve a responsabilidade do devedor que falte culposamente ao cumprimento da obrigação. Não refere a ilicitude: é evidente que se pode faltar *licitamente* ao cumprimento da obrigação: para além das causas de justificação, ficam, operacionais, múltiplos concursos de normas que o permitem. O artigo 799.º/1 do Código Civil, decisivo, dispõe:

> Incumbe ao devedor provar que a falta de cumprimento ou o cumprimento defeituoso não procede de culpa sua.

O devedor que queira exonerar-se da "presunção de culpa" não irá aduzir causas de excusa: estas, aliás, têm sempre de ser provadas por quem as invoque. Normalmente, o devedor irá provar a licitude da sua conduta ou a ausência de nexo de causalidade. A conclusão é inevitável: a *culpa* dos artigos 798.º e 799.º, do Código Civil, não é a culpa (*Schuld*) do artigo 483.º/1 do mesmo diploma ou do § 823, I, do *BGB*; é, antes, a *faute*, do artigo 1382.º do Código Civil francês ou a culpa da pré-codificação. Esta orientação confirma-se pela análise dos artigos subsequentes, relativos à responsabilidade obrigacional.

A presença, no Código Civil, do termo culpa com o sentido de *faute* – ou, se se quiser, de uma "culpa" muito ampla que abranja os diversos pressupostos da responsabilidade civil, deve ser pesquisada caso a caso: ela também ocorre no domínio aquiliano, com exemplo no artigo 487.º e, em geral, nos preceitos que referem "presunções de culpa".

III. Vaz Serra e, em geral, toda a doutrina obrigacionista que teve a ver com as obrigações em geral, não atentara na autonomia do sistema francês, baseado na *faute*: esta, seria, simplesmente, a culpa, sendo os autores franceses citados, a propósito de meras teorias, sobre a culpa. Por outro lado, a linguagem jurídica comum e a prática viva do Direito, atestadas pela jurisprudência, referia, com fluência, a culpa/*faute* ou culpa muito ampla, de modo a abranger, designadamente, a ilicitude. A responsabilidade civil, mercê das vicissitudes verificadas nos preparatórios, saiu, no Código Civil de 1966, de forma fragmentária. Pois bem: tudo isso explicará a conclusão que se impõe e que é da maior importância: o atual Direito de responsabilidade civil português corresponde a um sistema híbrido: a responsabilidade obrigacional segue o modelo napoleónico, assente na *faute*, enquanto a responsabilidade delitual segue o germânico, apoiado na contraposição entre a culpa e a ilicitude.

IV. Esta constatação tem consequências vastíssimas, que apenas aos poucos será possível ir verificando. Desde logo, ela inverte totalmente o movimento, antes em curso e tendente a abolir as diferenças entre os dois tipos de responsabilidade[517]. De seguida, ela vai conferir o maior relevo à determinação do tipo de responsabilidade em causa, em cada situação. Além disso, ela vai reabilitar os deveres de proteção, no domínio obrigacional: tais deveres não justificam a aplicação de um regime muito mais complexo, dada a presunção de *faute* envolvida.

Em suma: haverá que reescrever boa parte da teoria portuguesa de responsabilidade.

63. Vantagens e defesa do sistema português

I. Chegados a este ponto, cumpre valorar o sistema português no seu todo. Recordamos que, mercê da evolução histórica e dos dados comparatísticos, esse sistema caracteriza-se pelo seguinte:

– no domínio contratual, encontramos uma estrutura unitária da responsabilidade civil, assente num pressuposto único: a *culpa*; esta, à imagem da *faute* francesa, traduz um misto de culpa e ilicitude;
– no domínio aquiliano, a estrutura da responsabilidade civil é dualista; exige dois pressupostos distintos: a culpa e a ilicitude, ao estilo alemão.

II. Pergunta-se se estamos perante um incidente de codificação, motivado pelo uso excessivo do Direito comparado ou se, pelo contrário, se logrou chegar a uma solução consistente, com vantagens para a diferenciação do Direito. Propendemos, claramente, para esta segunda hipótese.

No campo contratual – ou, mais latamente: obrigacional – lidamos com vínculos específicos: o direito de uma pessoa equivale ao dever de

---

[517] *Direito das Obrigações* cit., 2, 273 ss.; reviu-se formalmente a posição adotada nessa obra e em escritos posteriores.

outra. Por isso, a mera ausência de cumprimento tem a maior gravidade: presume-se, por parte do inadimplente, quer a ilicitude, quer a culpa, sendo tudo isso transmitido pela ideia de *culpa* alargada ou *faute*.

No campo aquiliano, lidamos antes com situações genéricas, que podem ser imperfeitamente apreendidas pelos agentes, dentro do campo jurídico. A existência de deveres genéricos tolhe a liberdade. A essa luz, havendo danos, compreende-se que o lesado deva, separadamente, fazer a prova da ilicitude e da culpa.

III. O atual Direito português revela-se como o mais diferenciador. Distingue situações diversas, imputando-lhes um regime distinto. E além disso, traduz um máximo de conciliação entre o dever de respeitar os vínculos preestabelecidos e a liberdade de movimentação no espaço jurídico[518].

Todas estas particularidades devem ser tidas em conta na *culpa in agendo*.

---

[518] Quanto às críticas movidas ao entendimento, por nós propugnado, desde 1996, do modelo português e às razões pelas quais pensamos poder rejeitá-las *vide* o *Tratado* II/3, 379-381.

§ 15.º A ADMISSIBILIDADE DA *CULPA IN AGENDO*

64. A orientação contrária

I. Prosseguindo na linha concretizadora da investigação, vamos agora considerar a responsabilidade pela ação, também dita *culpa in agendo*. Historicamente, surgiram dúvidas quanto à admissibilidade desse tipo de responsabilidade.

Com efeito, poder-se-ia asseverar que, dado o monopólio estadual da justiça, cada um seria inteiramente livre de se dirigir aos tribunais do Estado para, aí, defender o que muito bem entendesse. A não ter razão: seria condenado nas custas, eventualmente agravadas segundo as leis de processo: nada mais. Esta orientação, fortemente redutora, tem vindo a ser abandonada, na literatura mais recente.

Vamos seguir a evolução do tema no experiente Direito alemão: uma área já usada, neste estudo, a propósito do dever de verdade[519].

II. A autonomização do pensamento processual, operada na viragem do século XIX para o século XX, criou um ambiente pouco favorável a qualquer responsabilidade civil por atos processuais. A ordem processual constituiria um campo autónomo, com regras próprias e nas quais as regras civis não teriam um papel: a não ser, obviamente, na decisão final.

Em James Goldschmidt, já acima referido, encontramos afirmações deste tipo:

> Assim como a sentença não é lícita ou ilícita, mas sim certa ou errada, assim será com a conduta das partes (...). Assim sucede no processo, tal como ocorre na guerra e na política[520].

---

[519] *Supra*, 79 ss..
[520] James Goldschmidt, *Der Prozess als Rechtslage/Eine Kritik des Prozessualen Denkens* (1925), 292.

E

    Não há nenhum "delito processual" nem nenhuma "pena processual" porque não há qualquer ilicitude processual; e não pode haver qualquer ilicitude processual, porque não há deveres processuais para as partes[521].

Entre nós e curiosamente, Paulo Cunha, por estas alturas, defendia, como foi referido, uma lata capacidade de atuação das partes em processo. Tratar-se-ia de uma luta em que a astúcia teria o seu lugar: donde a limitação das sanções ao dolo[522], uma possibilidade que os radicais alemães nem admitiriam.

A orientação de Goldschmidt manteve-se, no pós-guerra. Niese vem afirmar, em 1950, peremptoriamente:

    As categorias valorativas da adequação jurídica e da ilicitude não são aplicáveis no espaço jurídico processual[523].

De seguida, Niese subscreve as conclusões formuladas 25 anos antes, por Goldschmidt.

III. Neste ambiente doutrinário, a jurisprudência alemã manteve uma orientação restritiva. Assim:

BGH 7-mar.-1956: uma ação não pode, por si, ser fonte de responsabilidade; nem mesmo por atentar dolosamente contra os bons costumes (§ 826 do BGB)[524].
BGH 3-out.-1961: discutia-se um caso em que alguém, para obter o pagamento de uma pretensa dívida, ameaçou sucessivamente o devedor com o requerimento de falência; a dívida acabou por ser paga; mesmo assim, o (ex-)credor requereu a falência, a qual veio a improceder; o devedor teve toda a casta de danos; o BGH, decidindo contra as instâncias, veio rejeitar um pedido de responsabilidade; declarou que o autor não tinha deveres de cuidado, aquando da propositura da ação, uma vez que a proteção do devedor demandado estava sempre asse-

---

[521] James Goldschmidt, *Der Prozess als Rechtslage* cit., 354.
[522] Paulo Cunha, *Simulação processual* cit., 21-24; cf. Alberto dos Reis, *Má fé no litígio*, RLJ 85 (1953), 329-332 (332).
[523] Werner Niese, *Doppelfunktionelle Prozesshandlungen/Ein Beitrag zen allgemeinen Prozessrechtslehre* (1950), 75.
[524] BGH 7-mar.-1956, BGHZ 20 (1956), 169-173 (172).

§ 15.º A admissibilidade da culpa in agendo   185

gurada pelo próprio processo[525]; esta decisão, claramente injusta, está na origem do estudo de Klaus Hopt, abaixo citado e que levaria a uma reponderação global do problema.

BGH 13-mar.-1979: perante uma ação, presume-se a existência de legalidade no ato de a intentar; de outro modo, poder-se-ia prejudicar o acesso à justiça[526].

BGH 23-mar.-1985: não há responsabilidade (apenas) pela subsequente determinação da improcedência de uma execução; a proteção do devedor cabe ao próprio processo, citando BGH 3-out.-1961[527].

IV. A jurisprudência foi demasiado longe. A doutrina da época demarcou-se de tais excessos. Sublinhou, designadamente:

– que a ideia de que a proteção do devedor resultaria do próprio processo era inadequada[528];
– que a ideia de inexistência de ilicitude no processo era inaceitável; esta ocorreria sempre que se atentasse contra normas jurídicas[529]; nas palavras de Zeiss:

> Uma proibição de condução processual maliciosa, dolosa, contrária à boa-fé, abusiva ou chicaneira é Direito vigente[530].

65. O reconhecimento da aplicabilidade da responsabilidade aquiliana

I. O aperfeiçoamento do Direito não poderia contemporizar com uma ilha de irresponsabilidade no processo civil: ela remava contra a História e contra o Direito comparado.

Na viragem, foi importante o nome de Klaus Hopt. Este Autor, em importante monografia, parte de BGH 3-out.-1961, discordando[531]. Pro-

---

[525] BGH 3-out.-1961, BGHZ 36 (1962), 18-24 (21) = NJW 1961, 2254-2256 (2255/I) = JZ 1962, 94-95 (94/I), anot. Fritz Bauer, *idem*, 95-96, discordante quanto à ideia de proteção pelo processo (95/I e II).
[526] BGH 13-mar.-1979, BGHZ 74 (1980), 9-20 (15).
[527] BGH 23-mar.-1985, NJW 1985, 1959-1962 (1961).
[528] Fritz Bauer, *Anmerkung zu BGHZ 36, 18*, JZ 1962, 95-96 (95/I e II).
[529] Walter Zeiss, *Schadensersatzpflichten aus prozessualen Verhalten*, NJW 1967, 703-709 (704/I).
[530] Zeiss, *Schadensersatzpflichten* cit., 707/II.
[531] Klaus Hopt, no já citado *Schadensersatz aus unberechtigter Verfahrenseinleitung/ Eine rechtsvergleichende Untersuchung zum Schutz gegen unberechtigte Inanspruchnahme staatlicher Verfahren* (1968), 1 e 2.

186   *A responsabilidade pela ação ou* culpa in agendo

põe-se elucidar o tema recorrendo ao Direito comparado: de resto, uma via que já havia sido sondada por Zeiss, que sublinhara o Direito francês, acentuando o artigo 1382.º do Código Napoleão e a equiparação da negligência grosseira ao dolo[532]. Hopt examina o círculo anglo-americano, sublinhando figuras como a *malicious prossecution*, os *wrongful civil proceedings*, o *abuse of process* e a *unjustifiable litigation*: tudo figuras suscetíveis de envolver responsabilidade e que desde o *common law* eram reconduzidas aos *torts*[533]. Passando ao Direito francês, Hopt releva a figura do *abus de droit d'ester en justice* o qual, pela técnica francesa, acaba por ser reconduzido à responsabilidade aquiliana e à *faute*[534].

Quanto ao Direito alemão: o facto de se intentar uma ação em juízo nunca poderia ser considerada uma causa de justificação para qualquer facto ilícito que a mesma encobrisse ou traduzisse[535]. As consequências de uma ação ilícita, culposa e danosa devem ser procuradas nas regras sobre a responsabilidade aquiliana[536].

O esforço de Hopt obteve reconhecimento no imediato[537], vindo a influenciar a produção subsequente.

II. A doutrina posterior veio assentar na efetiva responsabilidade pelo exercício do direito de ação e por condutas no processo. Blomeyer vem estudar a responsabilidade de terceiros no processo: do procurador e do juiz[538] e de testemunhas e de peritos[539]. Konzen investiga a boa-fé no processo[540]

---

[532] Zeiss, *Schadensersatzpflichten* cit., 708/II.
[533] Klaus Hopt, *Schadensersatz aus unberechtigter Verfahrenseinleitung* cit., 9 ss. e 27 ss..
[534] *Idem*, 77 ss..
[535] *Idem*, 134 ss.; cf. 308, a conclusão.
[536] *Idem*, 217 ss. e 228 ss..
[537] Assim: Hermann Weitnauer, *Schadensersatz aus unberechtigter Verfahrenseinleitung*, AcP 170 (1970), 437-450 (450) que, apesar de algumas críticas, retém a saída aquiliana; na mesma linha, Josef Esser, rec. a Klaus Hopt, *Schadensersatz* cit., ZZP 83 (1970), 348-392.
[538] Jürgen Blomeyer, *Schadensersatzansprüche des im Prozess Unterlegenen wegen Fahlerhaltens Dritter* (1972), 7 ss..
[539] *Idem*, 117 ss..
[540] Horst Konzen, *Rechtsverhältnisse zwischen Prozessparteien/Studien zur Wechselwirkung von Zivil- und Prozessrecht bei der Bewertung und den Rechtsfolgen prozesserheblichen Parteiverhaltens* (1976), 79 ss. e 270 ss..

§ 15.º *A admissibilidade da* culpa in agendo 187

e os deveres de conduta das partes[541], aceitando a aplicação das regras de responsabilidade delitual, verificados os pressupostos[542]. Häsemeyer parte da constatação óbvia de que, na falta de regras especiais, se cai na cláusula geral do § 823 do BGB[543]; pondera a ilicitude[544] e o tema da responsabilidade de terceiros[545]. Schreiber considera a responsabilidade dos peritos[546], das testemunhas[547] e da contraparte[548]. Gaul conclui pela aplicabilidade, à responsabilidade do executante das regras gerais do Direito civil[549], numa opção que Gaul, considerados os deveres processuais[550], aceita, ainda que com restrições[551]. Prange retoma o tema, especialmente no que toca ao dever de verdade[552]; segue por via delitual, embora aponte falhas na lei vigente[553]. Lindemann, por fim, a propósito da responsabilidade do credor pela injustificada dedução de um processo, propende para a aplicação do Direito delitual geral[554].

III. Outros aspetos sectoriais vêm obtendo interessantes contributos. Assim, Stürner refere a proteção do devedor[555], enquanto Walter sublinha que, no tocante à tutela da honra, durante o processo, há que tratá-la

---

[541] *Idem*, 273 ss..
[542] *Idem*, 316 ss..
[543] Ludwig Häsemeyer, *Schadenshaftung im Zivilrechtsstreit* (1979), 5 e 39.
[544] *Idem*, 66 ss..
[545] *Idem*, 157 ss..
[546] Klaus Schreiber, *Die zivilrechtliche Haftung von Prozessbeteiligten*, ZZP 105 (1992), 129-144 (131 ss.).
[547] *Idem*, 140.
[548] *Idem*, 143.
[549] Hans Friedhelm Gaul, *Die Haftung aus dem Vollstreckungszugriff*, ZZP 110 (1997), 3-31 (30).
[550] Klaus-Jürgen Götz, *Zivilrechtliche Ersatzansprüche bei schädigender Rechtsverfolgung* (1989), 121 ss..
[551] *Idem*, 173 ss..
[552] Kerstin Prange, *Materiell-rechtliche Sanktionen bei Verletzung der prozessualen Wahrheitspflicht durch Zeugen und Partein* (1995), 25 ss., ponderando pretensões contratuais (44 ss.) e pretensões delituais (52 ss.).
[553] *Idem*, 60 ss. e 131.
[554] Carsten Lindemann, *Die Haftung des Gläubigers für die ungerechtfertige Einleitung eines gerichtlichen Verfahrens* (2002), 136 ss..
[555] Rolf Stürner, *Prinzipien der Einzelwangsvollstreckung*, ZZP 99 (1986), 291-332 (320 ss.).

do interior; terminado este, recorre-se aos princípios gerais, desde que se manifestem os seus pressupostos de aplicação[556].

66. Um problema de responsabilidade

I. No domínio da *culpa in agendo*, existe uma evidente relação de tensão entre a proteção da integridade das pessoas e dos seus direitos e a liberdade de atuação processual[557]. Tal tensão não permite, todavia, concluir pela supressão de algum dos dois termos em presença. Como muitas vezes sucede em Direito, há que harmonizar os parâmetros desavindos.

II. As muitas centenas de aturadas páginas que a esforçada literatura alemã dedicou ao tema – e de que acima demos um leve apanhado – permite situar o núcleo do problema na responsabilidade civil.

Na verdade, o Direito alemão da responsabilidade – particularmente a aquiliana – tem múltiplos constrangimentos ditados pela História e de que acima procurámos dar conta. Não há uma cláusula geral de responsabilidade, mas antes três "pequenas cláusulas", nas quais haverá que encaixar a responsabilidade por práticas processuais. Recordemos ainda que, a partir de Jhering, é sempre preciso estabelecer a ilicitude do ato responsabilizante.

III. Desde Hopt que é tido por assente o facto de uma ação judicial não ser, *ipso iure*, uma causa de justificação de ilícitos. Todavia, as normas processuais têm objetivos limitados, pelo que a sua violação não permite, só por si, a imputação de danos surgidos noutras paragens. A dificuldade (tipicamente alemã) reside em reconduzir as eventuais condutas danosas às cláusulas de responsabilidade aquiliana, sendo que as normas processuais envolvidas, mercê da limitação do seu escopo são, em regra, insuficientes para permitir o ressarcimento.

Os próprios autores alemães têm superado a dificuldade, através da recondução dos danos – quanto possível – aos quadros da responsabilidade aquiliana. São unânimes em apontar os constrangimentos, dando os (bons)

---

[556] Gerhard Walter, *Ehrenschutz gegenüber Parteivorbringen im Zivilprozess*, JZ 1986, 614-619 (619/II).
[557] Götz, *Zivilrechtliche Ersatzansprüche bei schädigender Rechtsverfolgung* cit., 24 ss..

exemplos do Direito inglês e do Direito francês, onde eles não ocorrem. Muito menos eles se verificam no Direito português; aí, mercê da sublinhada evolução histórica, dispomos de um sistema alargado e flexível de responsabilidade, que permite enquadrar toda a apontada problemática.

§ 16.º A *CULPA IN AGENDO* NO DIREITO PORTUGUÊS

67. A consagração da figura

I. Como adiantámos, o sistema português da responsabilidade civil permite, com facilidade, enquadrar o tema da *culpa in agendo*.

A questão pode ser abordada logo em termos radicais. O direito de ação judicial está reconhecido na Constituição e no Código de Processo Civil, como vimos. Pergunta-se: alguém poderá ser responsabilizado, para além do que se disse sobre a litigância de má-fé e sobre o abuso do direito de ação, por exercer o seu direito de ação judicial? A resposta é obviamente positiva. Apenas uma conceção absolutizada e, como tal, francamente irrealista, do direito de ação judicial poderia permitir a estranha subjacência de uma conclusão inversa. Não encontramos, no Direito português da responsabilidade civil, nenhum dispositivo limitador que nos leve a pensar diversamente.

II. Qualquer direito subjetivo pode ser exercido de modo ilícito: por implicar a violação direta, necessária, eventual ou negligente de outras normas. Por exemplo: o proprietário de uma arma de fogo pratica um ato ilícito se usar o seu direito disparando sobre uma pessoa. Seria quimérico procurar, aqui, uma saída pelo abuso do direito de propriedade e isso pela mais simples das razões: aplica-se, a semelhante hipótese, o regime dos atos ilícitos e não o do abuso do direito.

III. No Direito português da responsabilidade civil, nada encontramos que possa sufragar a ideia (de resto: já abandonada na sua terra de origem: a Alemanha) de que a presença de uma ação judicial possa implicar, a favor de quem a tenha instaurado, uma causa de justificação. Por certo que, num cenário judicial, podem surgir circunstâncias que ilidam a responsabilidade: podem-se mostrar cumpridos os deveres que ao caso caibam ou pode, até, haver uma causa de excusa. Quem, todavia e ainda que

por meios judiciários, com dolo ou mera culpa, viole ilicitamente o direito alheio ou uma norma de proteção, é responsável. O mesmo pode suceder por via da violação de obrigações.
Vamos ver em que termos.

68. A ação como incumprimento ou como ato ilícito

I. O exercício do direito de ação pode, logo por si, implicar uma violação contratual. Assim sucederá quando ele traduza a inobservância de um *pactum de non petendi* ou de uma convenção arbitral. A *culpa in agendo* resultará, então, do incumprimento de um contrato, o qual, nos termos gerais e sendo válido, deve ser cumprido até às últimas consequências. Seguir-se-á a responsabilidade contratual, nos termos dos artigos 798.º e seguintes.

II. O exercício do direito de ação pode ainda traduzir a violação dos mais diversos direitos subjetivos, caindo sob o artigo 483.º/1, Por exemplo:
– do direito ao bom nome e reputação: uma ação caluniosa;
– do direito ao património e à iniciativa económica: um pedido de insolvência sem que se verifiquem os pressupostos legais, mas que conduza à total paragem da entidade requerida;
– do direito de propriedade: qualquer invocação que o contradiga, impedindo o seu pleno desfrute.

Também é configurável, pela ação judicial, a violação de normas de proteção.

III. O regime dos ilícitos perpetrados através de ações judiciais seguirá o prescrito para o incumprimento das obrigações – artigos 798.º e seguintes – ou para a responsabilidade aquiliana – artigos 483.º e seguintes – consoante a concreta figura em causa.
Adiantamos que há qualquer consumpção com a litigância de má-fé – instituto processual espartilhado em margens estritas, como vimos – nem com o abuso do direito, ligado à boa-fé.
Estamos, desta feita, em plena responsabilidade civil, cabendo determinar, neste âmbito, as fórmulas da sua concretização.

IV. Nas duas hipóteses apresentadas – obrigacional e aquiliana – a parte responsável responde por dolo ou por negligência, devendo indemnizar todos os danos: prejuízos emergentes e lucros cessantes. Perante uma pessoa coletiva: esta responde, nos termos gerais, pelos ilícitos perpetrados pelos titulares dos seus órgãos.

Tratando-se da violação de uma obrigação, há "presunção de culpa". Fora desse contexto, compete ao interessado alegar e demonstrar todos os factos constitutivos da responsabilidade.

V. Finalmente: a responsabilidade pela ação efetiva-se, em regra, através de uma ação própria. Até por razões processuais, não é viável enxertar, numa ação em curso, uma nova matéria: ela poderá implicar sujeitos diferentes e distintos pedidos e causas de pedir.

§ 17.º CONCRETIZAÇÕES DA *CULPA IN AGENDO*

69. Previsões específicas

I. Como vimos, à *culpa in agendo* aplicam-se as regras gerais da responsabilidade civil. Mas além disso, há que contar, nas leis processuais, com algumas previsões específicas de responsabilidade: através de remissão ora para a litigância de má-fé, ora para tipos particulares de responsabilidade, ora para a responsabilidade em geral. Assim:

- artigo 123.º/3 (ex-130.º/3): deduzido o incidente de suspeição, será o mesmo decidido pelo presidente da Relação; sendo julgado improcedente, deve o mesmo apreciar se o recusante procedeu de má-fé[558];
- artigo 166.º/3 e 4 (ex-170.º/3 e 4): havendo confiança do processo e não sendo o mesmo restituído dentro do prazo, o MP procederá pelo crime de desobediência, sendo dado conhecimento do facto à respetiva ordem profissional;
- artigo 228.º/1 (ex-236.º/1): a citação de pessoa singular contém a advertência, dirigida ao terceiro que a receba, de que a não entrega ao citando, logo que possível, o fez incorrer em responsabilidade, em termos equiparados aos de litigância de má-fé;
- artigo 374.º/1 (ex-390.º/1): no procedimento cautelar comum, quando a providência seja considerada injustificada ou vier a caducar por facto imputável ao requerente, responde este pelos danos

---

[558] O que sucede – p. ex., STJ 22-fev.-2002 (Ferreira de Almeida), 02B211 – "se os recusantes se basearam em simples conjeturas e alusões impregnadas de manifesta vacuidade, generalidade e imprecisão, sem a mínima preocupação da devida e indispensável substanciação fáctico-objetiva".

culposamente causados ao requerido, quando não tenha agido com a prudência normal[559];
– artigo 387.º (ex-402.º/1): o requerente dos alimentos provisórios só responde pelos danos causados com a improcedência ou a caducidade da providência se tiver atuado de má-fé, devendo a indemnização ser fixada equitativamente e sem prejuízo do disposto no artigo 2007.º/2, do Código Civil;
– artigo 508.º/4 (ex-629.º/4): a testemunha faltosa e sem justificação é condenada em multa, podendo ser conduzida sob custódia;
– artigo 670.º (ex-720.º/1): perante demoras abusivas operadas no âmbito dos recursos, o relator tomará determinadas providências; o novo 670.º/1 suprimiu a ressalva do regime da litigância de má-fé, antes constante do revogado 720.º/1[560];
– artigo 767.º/2 (ex-850.º/2): o executado ou a pessoa que ocultar alguma coisa com o fim de a subtrair à penhora fica sujeito às sanções correspondentes à litigância de má-fé, sem prejuízo da responsabilidade criminal em que possa incorrer.

II. A generalidade das previsões específicas acima levantadas explica-se pela lógica funcional das leis de processo. Na sua ausência, os princípios gerais permitiriam chegar a soluções delas próximas.

Importa sublinhar que, de um modo geral, elas não constituem quaisquer exceções, nem habilitam ao raciocínio *a contrario sensu*.

III. O caso do procedimento cautelar injustificado ou que venha a caducar: a responsabilidade do requerente sempre se imporia, uma vez que o direito de ação invocado se veio, afinal, a revelar insubsistente. A partir daí, só não haverá responsabilidade se faltarem ou a ilicitude (inobservância dos deveres de cuidado que ao caso caibam) ou a culpa (imputação censurável, ao agente, dessa eventualidade) ou o dano e a causalidade. O Código de Processo Civil apenas entendeu oportuno chamar a atenção para o dispositivo geral aplicável: valem os pressupostos dos artigos 483.º/1 e 563.º do Código Civil[561].

---

[559] *Vide* STJ 17-jun.-2010 (Fonseca Ramos), Proc. 806/03, onde não se considerou demonstrado que não houvesse "prudência normal".
[560] *Vide* STA 24-mai.-2005 (João Belchior), AcD 530 (2006), 272 (o sumário).
[561] STJ 16-out.-2003 (Salvador da Costa), 03B3039.

§ 17.º Concretizações da culpa in agendo

IV. As remissões para a litigância de má-fé não excluem o apelo à responsabilidade civil, em tudo o que não seja assegurado pelo primeiro dos referidos institutos. Tomemos o caso da suspeição: no competente requerimento, podem ser produzidas afirmações gravíssimas, que atentem profundamente contra a honorabilidade e o bom nome de magistrados e de terceiros. Tais afirmações, para mais sendo falsas, são proferidas em autos públicos. Tem de haver solução, solução essa que só muito imperfeitamente poderia ser prosseguida pela condenação em litigância de má-fé. As pessoas envolvidas lançarão, querendo, mãos da responsabilidade civil, de modo a serem integralmente ressarcidas por danos morais e por danos patrimoniais. A circunspecta e rígida condenação por litigância de má-fé é totalmente insuficiente para assegurar a prossecução dos fins do ordenamento. Basta ver que podem estar em causa lesados que nem sejam partes no processo.

70. O agravamento de custas; limitações

I. O Decreto-Lei n.º 34/2008, de 26 de fevereiro, introduziu diversas alterações. Entre outros aspetos, pretendeu sancionar as "litigâncias em massa", os recursos e requerimentos manifestamente infundados e, em geral, outras práticas inadequadas. Tal o alcance, entre outros, dos artigos 447.º-A e 447.º-B, então aditados ao diploma processual civil fundamental.

II. A reforma de 2013 acolheu os preceitos sobre custas, nos novos artigos 527.º e seguintes, aprofundando regras que advinham do Decreto-Lei n.º 34/2008. Assim e pelo prisma do agravamento, direto ou por remissão para o Regulamento das Custas Processuais, relevamos:

– sociedades comerciais que tenham dado entrada, em qualquer tribunal, no ano anterior, 200 ou mais ações, procedimentos ou execuções (530.º/6);
– ações e procedimentos cautelares que contenham articulados ou alegações prolixas, que digam respeito a questões de elevada especialização jurídica, especialidade técnica ou importem a análise combinada de questões jurídicas de âmbito muito diverso ou que impliquem a audição de um número elevado de testemunhas, a análise de meios de prova complexos ou a realização de várias diligências de produção de prova morosas [530.º/7, *a*), *b*) e *c*)];

– ações, oposições, requerimentos, recursos, reclamações ou incidentes manifestamente improcedentes e a parte não tenha agido com a prudência ou diligência devida (531.º).

III. As duas primeiras hipóteses são puramente objetivas. Escapam ao controlo do "agravado" com as custas, pelo que devem ser concretizadas com cautela, sob pena de dificultarem o acesso à justiça. Já quanto à terceira hipótese, parece estarmos perante um esquema próximo da litigância de má-fé, só que, desta feita, virado para a punição de mera negligência. Pensamos, também, que deve ser manuseado com cuidado, afigurando-se-nos que não pode dispensar o contraditório.

IV. O agravamento de custas pode constituir um modo indireto eficaz de lutar contra o encarniçamento processual e contra a desmesura das práticas utilizadas. Mas é pouco humanista, no sentido de sensível às valorações do caso concreto. Por isso, ele não dispensa, de modo algum, os três institutos em jogo: a litigância de má-fé, o abuso do direito de ação e a *culpa in petendo*.

71. Previsões genéricas; incumprimento e violação de direitos ou de normas de proteção

I. A ilicitude no processo pode advir do incumprimento de obrigações específicas ou, em termos aquilianos, de violação de direitos ou de normas de proteção.

Há incumprimento sempre que o exercício do direito de ação judicial envolva a inobservância de uma obrigação previamente assumida. Como adiantámos, isso poderá advir da violação de uma convenção de arbitragem ou de um *pactum de non petendi*, na medida em que tais pactos sejam admissíveis.

O direito de ação é irrenunciável: de outra forma, estaria aberta a porta à livre constituição de obrigações naturais o que, perante o artigo 809.º do Código Civil, não é viável, no Direito português. Todavia, ele pode ser restringido em certos moldes. Quando o seja, por contrato: a violação das obrigações resultantes, pelo intempestivo mover de uma ação judicial, conduz à aplicação dos artigos 798.º e seguintes, do Código Civil. Em causa estará, naturalmente, a regra básica *pacta sunt servanda*, patente no artigo 406.º/1, do Código Civil.

II. A propositura de uma ação – ou, mais genericamente, a prática de qualquer ato judicial – pode envolver a violação dos diversos direitos subjetivos subsumíveis no artigo 483.º/1, do Código Civil[562]. Neste ponto, não há quaisquer limites, tudo dependendo do concreto caso registado.

Vamos exemplificar com a hipótese radical do direito à vida: uma pessoa, conhecedora do extremo estado de fraqueza, de sensibilidade e de debilidade cardíaca de outra, decide matá-la; para tanto, move-lhe uma brutal ação em juízo; citada, a vítima morre. Comprovado quanto se diz, há homicídio doloso perpetrado por via original, mas concretamente eficaz: a ação judicial.

Nestes casos, a ocorrência de dolo torna mais fácil o apuramento do direito subjetivo efetivamente violado. Mas a negligência é possível, deslocando-se o problema para o nexo de causalidade.

III. Pode ainda acontecer que uma ação judicial não contunda, de modo direto, com qualquer direito subjetivo mas traduza a violação de normas destinadas a defender interesses alheios: a segunda previsão do artigo 483.º/1, habitualmente conhecida como violação de normas de proteção[563].
Também aqui se verifica a previsão de ilicitude.

IV. Ocorre, em todas estas hipóteses, a questão seguinte: uma vez que o agente se move no âmbito do seu direito de ação judicial, não se poderá dizer que a conduta está justificada?
A resposta é negativa, como várias vezes temos adiantado. Para efeitos de explicação, há que destrinçar:
– a improcedência por falta de requisitos para a própria ação;
– a improcedência por razões de processo ou fundo;
– a procedência, mas com consequências ilícitas.

Sendo intentada uma ação com falta de requisitos – por exemplo: é requerida uma insolvência de uma entidade perfeitamente solvente – verifica-se que, afinal, não havia nenhum concreto direito de ação. A atitude do agente é ilícita, podendo, quando muito, discutir-se a questão da culpa.

---

[562] Quanto a este tipo de ilicitude: *Tratado* II/3, 445 ss..
[563] *Tratado* II/3, 448 ss..

Improcedendo a ação intentada, por razões de processo ou de fundo, conclui-se que o direito prefigurado pelo direito de ação, afinal, não existia. Isso não obsta a que o autor tivesse, de facto, o direito à discussão judicial. Esse direito não é infinito: haverá que conjugá-lo, à luz das regras sobre colisão de direitos – artigo 335.º, do Código Civil[564] – com o direito de fundo da outra parte. Apenas na parcela em que o regime da colisão seja favorável ao autor, a atuação deste, ao propor a ação, se poderá considerar justificada.

Procedendo a ação, temos já dois "direitos" a levar ao ativo do autor: o direito de ação e o próprio direito de fundo, que fez vencimento. A colisão de direitos opera entre estas duas figuras, por um lado e a posição da contraparte, por outro. Embora em margem muito mais curta, nem toda a atuação coberta pelos direitos em jogo fica justificada: causando-se danos, de novo há que recorrer ao regime da colisão.

V. Tudo visto, cabe reter o essencial: a atuação levada a cabo ao abrigo de um direito e que cause danos a outrem, atingindo os direitos do lesado ou normas destinadas a proteger interesses alheios, não fica, automaticamente, justificada: depende da ponderação dos direitos em presença.

Essa mesma lógica aplica-se ao direito de ação judicial.

E ressalvada fica ainda a hipótese de, por falta de requisitos mínimos, o direito de ação invocado ser meramente aparente. Aí, a licitude fica apurada, quedando discutir o tema da culpa.

72. Concretização

I. As hipóteses de concretização de *culpa in agendo* centram-se nos casos em que a atuação processual ilícita sancionada tenha efeitos que transcendam os autos onde o problema se ponha. Particularmente – embora não exclusivamente – visados serão os casos de danos em bola de neve, cuja determinação seja inviável nos quadros estreitos da litigância de má-fé.

Nessas hipóteses, apenas uma ação indemnizatória *ad hoc*, com todos os meios de prova disponíveis e com as devidas garantias de defesa, permitirá um cabal ressarcimento.

---

[564] *Tratado* I/4, 379 ss..

II. Não existe, como tem sido dito e no moderno Direito processual civil, nenhuma regra de tipicidade das ações. Designadamente para fins ressarcitórios, caberá a cada interessado eleger os meios processuais que, *in concreto*, se lhe afigurem mais favoráveis.

Apenas com finalidades ilustrativas, vamos distinguir, no campo aquiliano, as seguintes hipóteses de *culpa in agendo*:

– *culpa* por danos patrimoniais prolongados;
– *culpa* por danos morais;
– *culpa* por atuações processuais complexas.

III. A *culpa in agendo* por danos patrimoniais prolongados vem referida no artigo 374 (ex-390.º), a propósito da responsabilidade do requerente nos casos de providência cautelar considerada injustificada ou que venha a caducar. As situações daí decorrentes são tantas e tão variadas que apenas uma ação própria permitirá apurar as responsabilidades: contratos por cumprir, bens por administrar, lucros por receber, maiores despesas, negócios perdidos, subsídios falhados, perda de clientela e danos morais, como exemplos.

Também como vimos, nenhuma razão existe para limitar esta medida às providências cautelares. No fundo, jogam-se todas as situações nas quais as iniciativas processuais do agente tenham efetivas consequências no património do lesado. Caso infelizmente frequente é o de um agente que, por má vontade ou para pressionar o lesado, intente uma ação sem fundamento relativa a um imóvel e proceda ao seu registo. Com isso, pode impedir a comercialização do imóvel, causando danos em cadeia. Há que poder responder: seja através de procedimentos cautelares que obstem ao registo, seja (eventualmente: um cúmulo) com adequada ação de responsabilidade civil. Um outro campo significativo, ao qual regressaremos, é o do requerimento indevido da insolvência do visado.

IV. Teremos *culpa in agendo* por danos morais sempre que as iniciativas processuais do agente contundam com direitos de personalidade ou com regras de ordem pública de tutela pessoal.

Trata-se de um ponto importante: o século XX terá sido a época da tutela da boa-fé e dos contratos; o século XXI deverá anunciar-se como a época dos direitos de personalidade e de proteção das pessoas. Este aspeto não deve ser absolutizado.

É evidente que qualquer ação judicial representa sempre, para quem a sofra, uma fonte de incómodo e, mesmo, de angústia. Sancionar esse aspeto era dificultar o acesso aos tribunais. Todavia, há ações inúteis e, quanto às úteis: há muitas formas de litigar. A ação que, sem qualquer necessidade processual, se transforme num estendal de injúrias, de difamações, de desconsiderações ou de insinuações representa, em termos normais, muito mais do que o risco comum que qualquer pessoa corre, a todo o tempo, de ser demandada. Nessa altura, mal estaríamos se o Direito não tivesse meios para exercer o seu papel preventivo e compensatório.

Vamos mais longe. Pela feição que vem tomando alguma (demasiada!) da nossa litigância, e perante a passividade dos tribunais e da própria Ordem dos Advogados, apenas uma reação jurídica condigna dos visados permitirá repor a justiça no processo.

V. Finalmente, ocorre a *culpa in agendo* por atuações processuais complexas. A ideia é a seguinte: pode suceder que uma ação – procedente ou improcedente – seja, em si e por si, correta; uma segunda ação, que envolva as mesmas pessoas, poderá sê-lo, igualmente; todavia: as duas, em conjunto, podem implicar a violação de direitos subjetivos ou de normas de proteção. Havendo culpa e danos, surge a responsabilidade. Registamos casos deste tipo com dezenas de ações intrincadas. De novo há que permitir, aos lesados, uma ponderação judicial do conjunto destas atuações.

VI. No campo obrigacional, temos vindo a referir ações que traduzam a quebra de pactos *de non petendi* e de convenções arbitrais. Pode impor-se uma ação própria, de condenação em indemnização, para apreciar as consequências daí resultantes.

Hipótese já verificada, no nosso foro, é a do incumprimento de transações judiciais, consubstanciado, por exemplo, por um recurso intentado da sentença que tenha homologado o acordo concluído, em tribunal, pelas próprias partes. A inexecução de uma transação – com o bloqueio de bens, quebra de expectativas legítimas, maiores despesas, perda de clientela e danos morais, por exemplo –, só em ação própria pode ser ponderada.

73. *Culpa in agendo* e litigância de má-fé

I. Podemos aqui retomar, agora já com um maior conhecimento de causa, o tema da *culpa in agendo* e da litigância de má-fé: não se poderá dizer que o meio processualmente adequado para reagir a danos ilícitos causados com ações judiciais seja, apenas, o do pedido de condenação em multa e em indemnização, por litigância de má-fé?

A resposta é negativa:
– por razões práticas;
– por razões dogmáticas;
– por razões valorativas.

II. As razões práticas – ou, se se quiser: técnico-jurídicas – têm a ver com a circunspeção dos meios possibilitados pelo requerimento de má-fé. Assim, escapam a este:
– as atuações danosas ilícitas, meramente negligentes;
– as atuações ilícitas cuja danosidade se prolongue no tempo, de modo a ser insindicável no mero incidente da má-fé;
– as atuações ilícitas cuja complexidade genética e cujas consequências difíceis de abordar apenas sejam compagináveis, em termos de razoável administração da justiça e de efetivação do contraditório, em ação própria;
– as atuações ilícitas que envolvam a conjugação com terceiras pessoas: estas, não sendo partes no processo considerado, logo escapariam à litigância de má-fé;
– as atuações cuja ilicitude provenha não do processo em si, mas da conjugação de diversas ações judiciais;
– as atuações que traduzam o incumprimento de contratos: a litigância de má-fé não permite, por si, apreciar as consequências de um tal incumprimento, o qual pode envolver, por exemplo, cláusulas penais.

III. As razões dogmáticas – portanto: de construção e de conceção, na resolução dos problemas – recordam-nos que o instituto da litigância de má-fé tem: origem pública, finalidades sancionatórias e repressivas, funcionamento oficioso e um perfil muito estrito e pouco diferenciado. A *culpa in agendo*, fazendo uso de todo o manancial da responsabilidade civil, permite ir bem mais longe, seja ressarcindo danos ilícitos que escapariam às malhas da litigância de má-fé, seja permitindo debater causas com uma profundidade inalcançável pelos esquemas da referida litigância.

IV. As razões valorativas permitem responder à seguinte questão: o facto de a lei prever uma litigância de má-fé com um perfil limitado não significará, precisamente, que *apenas* existe proteção dos lesados no (estreito) limite desse instituto processual?

A resposta deve ser francamente negativa. O instituto da responsabilidade civil é uma decorrência dos princípios da propriedade privada e da livre iniciativa económica, com consagração constitucional, no tocante a danos patrimoniais e dos diversos direitos fundamentais, quanto aos morais. Qualquer limitação legal à responsabilidade civil conduz a que fiquem danos por ressarcir e, logo, direitos constitucionalmente garantidos, por tutelar. O sistema português de responsabilidade civil, na sequência da rica evolução histórica que o antecedeu, tem um âmbito que lhe permite corresponder cabalmente aos valores constitucionais subjacentes.

A litigância de má-fé, quando tomada como limitadora da responsabilidade comum, seria inconstitucional. De facto, ela deixaria sem proteção jurídica, entre outros, os direitos fundamentais referidos no artigo 26.º/1, que incluem o bom nome e a reputação e os direitos patrimoniais privados ínsitos no artigo 62.º/1, ambos da Constituição. O problema resolve-se admitindo, ao lado dela, o livre funcionamento da responsabilidade civil, no preciso âmbito resultante dos requisitos comuns.

CAPÍTULO V

LITIGÂNCIA DE MÁ-FÉ, ABUSO DO DIREITO DE AÇÃO E *CULPA IN AGENDO*

§ 18.º QUADRO GERAL

74. Generalidades; pressupostos

I. Com os elementos obtidos, aproximamo-nos do ponto em que é possível fixar um quadro geral dos três institutos aqui em estudo: a litigância de má-fé, o abuso do direito de ação e a *culpa in agendo*. Esse quadro, além da delimitação dos regimes em presença, permitirá um conhecimento mais claro dos normativos ora em jogo.

II. No tocante aos pressupostos, temos o seguinte quadro sintético:

instituto	litigância de má-fé	abuso do direito de ação	*culpa in agendo*
base legal	542.º a 545.º do CPC	334.º do CC	798.º e ss. e 483.º e ss. do CC
facto ilícito	litigar de má-fé – 542.º/2, CPC	atuação contra o sistema (boa fé): confiança e materialidade subjacente	incumprimento de obrigação ou violação de direito ou de norma de proteção
culpa	dolo ou negligência grave	objetivo	dolo ou mera culpa
danos	desnecessários	investimento de confiança e outros	danos comuns, morais ou patrimoniais

instituto	litigância de má-fé	abuso do direito de ação	*culpa in agendo*
causalidade	prejudicado	imputação da confiança e outras	adequada, com relevo do escopo da norma violada
indemnização	eventual e limitada a certos danos	eventual e limitada ao núcleo tutelado	toda a necessária, em termos compensatórios e ressarcitórios

75. Particularidades do regime

Resulta já do confronto dos pressupostos que os regimes aplicáveis às três hipóteses são diferentes. Salientemos, ainda, as contraposições seguintes:

instituto	litigância de má-fé	abuso do direito de ação	*culpa in agendo*
escopo predominante	punitivo; público	privado	ressarcitório; privado
tipo de previsão	descrições típicas	conceito indeterminado	fórmulas genéricas
funcionamento	oficioso	oficioso, mas dentro do pedido	depende de pedido
indemnização	eventual e prefixada – 543.º do CPC	eventual; havendo-a: regras gerais	sempre; regras gerais
responsável	representante (no caso do menor) 544.º do CPC	representado: 165.º do CC e 6.º/5 do CSC	representado: 165.º do CC e 6.º/5 do CSC
mandatário	eventual conhecimento à ordem profissional	regime geral	regime geral

76. Consequências

I. O confronto entre os distintos pressupostos e as particularidades dos respetivos regimes permite retirar diversas consequências, no plano do papel e no da articulação dos três institutos.

Como ponto de partida, devemos manter sempre presente o facto de os três institutos terem vindo a surgir, ao longo da História, em momentos distintos, ao abrigo de preocupações próprias e lançando mão de instrumentação jurídico-científica muito diversa. Em síntese:
– a litigância de má-fé adveio de leis públicas, de tipo processual, sedimentadas na tradição nacional do século XIX e ancoradas no Código de Processo Civil de 1939;
– o abuso do direito de ação, de tipo civil, derivou de complexa evolução doutrinária, assente em constelações de grupos de casos, sendo acolhido, simbolicamente, no artigo 334.º do Código Civil;
– a *culpa in agendo*, de tipo civil, proveio do Direito romano (Lei das XII Tábuas e *lex aquilia*), tendo sofrido uma evolução milenária, enquanto modalidade de responsabilidade civil.

Não houve, no seu aparecimento e na sua concatenação, qualquer plano de conjunto. Todavia, as preocupações científicas do Direito dos nossos tempos permitem uma articulação harmoniosa das três figuras em estudo.

II. Isto dito, parece claro que os três institutos são úteis. A litigância de má-fé permite ao juiz, quando necessário, proceder a uma "polícia" imediata do processo. Atitudes aberrantes, malquerenças óbvias, erros grosseiros ou entorpecimento da justiça encontram remédios imediatos e adequados, conquanto que necessariamente limitados.

O abuso do direito de ação faculta aos interessados e, em certa margem, ao próprio tribunal, sancionar as condutas que, embora legitimadas pelo exercício de direitos, se apresentem, todavia, como disfuncionais, isto é, contrárias aos valores fundamentais do sistema. Tais valores, por tradição, são figurados pela locução "boa-fé", concretizando-se através dos princípios mediantes da tutela da confiança e da primazia da materialidade subjacente.

Finalmente, a *culpa in agendo* permite aos lesados por ações judiciais, sejam eles partes ou terceiros, o ressarcimento de todos os danos patrimoniais, ilícita e culposamente causados, bem como, nas circunstâncias equivalentes, a compensação pelos diversos danos morais.

III. No que toca à iniciativa: perante um evento que integre qualquer um dos três institutos, pode o particular interessado invocar aquele que mais lhe aprouver. Pode, ainda, lançar mão de diversos institutos, operando os mais vastos apenas nas áreas não cobertas pelos mais especializados. Ninguém pode ser indemnizado várias vezes pelo mesmo dano. Pode, sim, ser ressarcido até certo tipo de dano, por exemplo, nos termos da litigância de má-fé e, para além desse tipo, pela *culpa in agendo*.

IV. No momento histórico que preside a estas linhas, a parcimónia dos tribunais no manuseio da litigância de má-fé, a facilidade com que se pode entorpecer o andamento da justiça, a acutilância desnecessária de muitos litigantes e as necessidades de tutela das pessoas levam a incentivar a *culpa in agendo*.

É fundamental ter em conta que a interpretação e a aplicação da lei devem operar em concreto, perante os problemas reais que se suscitem na sociedade visada. No País e neste momento, é vital dotar os tribunais de todos os meios que permitam sair do atoleiro em que a Justiça foi mergulhada. A defesa, porventura assente numa conceção regionalista das disciplinas jurídicas, de uma autossuficiência da litigância de má-fé equivale a pretender perpetuar uma situação que todos reconhecem insustentável.

CAPÍTULO VI

A RESPONSABILIDADE DO REQUERENTE DA INSOLVÊNCIA

§ 19.º INTERESSE DO TEMA E SUA EVOLUÇÃO

77. O problema

I. Com o fito de complementar o quadro obtido através do estudo anterior e visando testar a operacionalidade das conclusões dogmáticas alcançadas, vamos considerar a responsabilidade do requerente da insolvência.

O tema é relevante: a vários títulos. Na verdade, o requerimento de uma insolvência pode ter as mais graves consequências junto do requerido. Desde logo, fica envolvido o seu bom nome na praça: o saber-se que alguém foi requerido como insolvente é arrasador para os negócios. De seguida, são possíveis graves danos morais. Finalmente e em qualquer caso:

– citado para uma insolvência, o devedor tem o ónus de se opor (30.º);
– cabe ainda ao devedor o ónus da prova da sua solvência (30.º/4);
– mesmo antes de citado, há lugar para serem tomadas medidas cautelares (31.º/4);
– pode ser nomeado um administrador provisório (32.º, todos do CIRE).

Tudo isto representa um manancial de danos. Um requerimento de insolvência insubsistente pode, mesmo quando rejeitado, provocar danos em bola de neve de montantes muito elevados.

II. A insolvência, uma vez requerida e mau grado a oposição do devedor, pode prosseguir, chegando-se a uma sentença que a declare, com as vastas consequências elencadas no artigo 36.º do CIRE. À sentença é possível reagir com embargos (40.º) ou por via de recurso (42.º, ambos do CIRE): com efeito suspensivo, mas sem impedir a imediata venda de alguns bens (40.º/3 e 42.º/3). De todo o modo, é evidente que a sentença de declaração de insolvência, mesmo a não subsistir, tem efeitos devastadores, no devedor. Toda a sua atividade produtiva poderá ser paralisada: mal parece necessário exemplificar as possíveis consequências.

III. Pergunta-se se os graves danos provenientes do simples requerimento da insolvência ou da sua declaração, quando um e outra se venham a revelar inconsistentes, não têm solução.

À partida, poderíamos considerar que as diversas pessoas – singulares ou coletivas – correm o risco de, a todo o tempo, serem "vítimas" de requerimentos improcedentes de insolvência ou, quiçá mesmo, de sentenças de insolvência insubsistentes. Seria, porém, totalmente incompreensível, perante qualquer ordem jurídica civilizada, que tendo o processo sido desencadeado por malquerença, por despeito, por leviandade ou por razões fúteis, nenhuma compensação houvesse para o lesado.

IV. Analiticamente, o problema põe-se nos seguintes termos: o requerente da falência deve deduzir uma petição na qual exponha os factos que integram os pressupostos da declaração requerida (23.º/1). Se indicar factos falsos ou insubsistentes, o pedido não deixará de ser apreciado liminarmente em termos positivos (27.º/1), seguindo-se a tramitação subsequente. E tudo prosseguirá, de modo inexorável, até que se apurem os equívocos.

Podem-se alegar, conscientemente, os tais factos falsos? E negligentemente?

O atual Direito deve poder responder a estas questões. De resto: elas não são novas, pelo que principiaremos pela evolução histórica do tema.

78. Do Código Ferreira Borges (1833) ao Código de Processo Comercial de 1905

I. O Direito de falência – hoje: da insolvência – teve um percurso agitado, na nossa Terra[565]. Iremos considerar o tema da responsabilidade do requerente da falência a partir da nossa primeira codificação comercial[566].

---

[565] Remetemos para o nosso *Introdução ao Direito da insolvência*, O Direito 2005, 465-525 e para o *Direito comercial*, 3.ª ed. (2012), 457 ss.. O tema é ainda retomado *infra*, n.º 82.

[566] *Direito comercial*, 95 ss..

O artigo 1166.º do Código Ferreira Borges – portanto: o Código Comercial de 1833 – inserido no livro denominado *Das quebras, rehabilitação do fallido, e moratorias*, título XI, *Das quebras*, secção II, *Das medidas provisorias nas quebras*, veio dispor[567]:

> Revogada a sentença de declaração da quebra, tudo será posto no antigo estado. E o comerciante, contra quem teve logar o procedimento, poderá intentar a sua acção d'indemnização de perdas e damnos, se no procedimento interveiu dolo, falsidade, ou injustiça manifesta, contra o auctor da injuria.

Temos, aqui, uma previsão muito lata que se caracterizava por prever, em tema de responsabilidade do requerente da falência:

– uma ação autónoma;
– com recurso às regras gerais da responsabilidade civil: "indemnização de perdas e damnos".

Na época, culpa e ilicitude estavam, ainda, por autonomizar. O legislador recorria, contudo, a uma fórmula suficientemente ampla, para abranger, em termos atualistas, quer o dolo, quer a negligência. Teria de haver sempre ilicitude culposa; digamos que, embora lata, a responsabilidade não era objetiva.

II. O Código Veiga Beirão – o Código Comercial de 1888 – manteve um nível específico de proteção para o requerido em autos de falência. Fê-lo a propósito do requerimento da declaração de quebra sem audiência do falido. Dispunha o artigo 699.º, § 2.º[568]:

> Os credores que requererem a declaração de quebra sem audiencia do falido respondem para com ele por perdas e danos, sendo convencidos da falta de fundamento para a quebra, salva sempre a acção criminal, se a ela houver lugar.

---

[567] *Codigo Commercial Portuguez seguido dos appendices*, ed. Imprensa da Universidade (1856), 221.
[568] Luiz da Cunha Gonçalves, *Comentário ao Código Comercial Português* 3 (1918), 495.

Parecia claro: não se exigia uma específica prova de dolo ou de má-fé, valendo apenas a "falta de fundamento". Todavia, a responsabilidade aí prevista restringia-se à hipótese em que a quebra era requerida sem prévia audiência do falido[569].

No tocante à falência comum, com audiência do requerido: a questão cairia nas regras gerais da responsabilidade civil, na opinião de Cunha Gonçalves, em termos que abaixo melhor consideraremos[570].

Carecido de estudos académicos, o tema das falências era, nessa época e na prática, (mal)tratado pelos tribunais. Dá-nos conta Almeida Saldanha (1897) do facto de, na maior parte das comarcas, se dispensar a audiência do devedor, para efeitos de falência, não obstante isso não ter sido requerido nem fundamentado. Ora, diz ele, essa prática, seria ilegal e absurda, "... tanto mais que os credores apenas respondem por perdas e danos quando requererem a declaração de quebra *sem audiência do falido*, nos termos do artigo 698.º, e do § 2.º do artigo 699.º"[571].

Perante este estado dos problemas, não admira que o tema da responsabilidade do requerente não tivesse sido aprofundado. Essa falta de estudo explicará a subsequente evolução errática.

III. O Código de Processo Comercial de 24-jan.-1895[572] não abrangeu as falências, que se mantiveram no Código Comercial. Seguiu-se-lhe a Lei de 13-mai.-1896, que autorizou o Governo a estatuir sobre "... o processo a seguir nos casos de fallencia ...". E assim foi aprovado, em 26-jul.-1899, o *Codigo de fallencias*[573]. Dispunha o artigo 5.º deste diploma[574]:

(...)
§ 2.º Denegada a declaração de fallencia ou revogada a sentença que a declarou, o credor que a houver requerido com dôlo ou má fé responde para com o arguido por perdas e damnos, salva sempre a acção criminal que tiver logar.

---

[569] Vide *Responsabilidade civil do requerente de falência*, RT 56 (1938), 306-308 (307/I).
[570] Luiz da Cunha Gonçalves, *Comentário* cit., 3, 494.
[571] Eduardo d'Almeida Saldanha, *Das fallencias* I (1897), 111; o itálico provém do original transcrito.
[572] COLP Anno 1895 (1896), 80-94 (João Franco).
[573] COLP Anno 1899 (1900), 199-217 (Alpoim Cabral).
[574] *Idem*, 205/II.

§ 3.º Tendo sido requerida a declaração de fallencia por mais de um credor, esta responsabilidade é solidaria.

Como se vê, o artigo 5.º, § 2.º, do *Codigo de fallencias* de 1899 adotou uma fórmula mais lata do que a do Código Veiga Beirão: reportava uma responsabilidade geral do requerente, independentemente de ele ter pedido a não-audiência do requerido. Tem interesse transcrever um troço de Barbosa de Magalhães, como modo de ilustrar a forma por que, na época, o preceito era entendido. Diz ele[575]:

> A accusação de fallido é tão grave para a vida do commerciante, que não póde deixar de ser grande a responsabilidade de quem a faz. Basta muitas vezes ella para determinar o descredito, e portanto a ruina de quem estava ainda em muito soffriveis condições financeiras.
> Precisa por isso a lei de ser rigorosa contra os que com dolo ou má fé arrastam ao tribunal um commerciante honrado, lançando sobre elle desconfianças injustas, que, embora desfeitas, perturbam irreparavelmente o movimento dos seus negocios, e abalam para sempre o seu bom nome. Não se julgaram bastantes, para tornar effectiva esta responsabilidade, os principios geraes de processo civil e commercial, segundo os quaes, sempre que o tribunal entende que a parte vencida litigou de má fé, lhe impõe na sentença a multa de 10 por cento do valor em que decair, nunca superior a 1:000$000 réis, e a condemna a pagar, á outra parte uma indemnisação, que não poderá exceder o dobro das custas do processo.
> Aqui nem sempre ha propriamente parte vencida, porque o tribunal póde logo denegar a declaração da fallencia sem mesmo ouvir o arguido; não ha ainda sufficientes elementos para apreciar a sinceridade do requerente; e o valor da indemnisação não podia reduzir-se áquella insignificancia. Portanto, é em acção por fóra que, na maior parte dos casos, essa materia terá de ser discutida e a indemnisação liquidada. Nada obsta, porém, a que na propria sentença proferida sobre o pedido de declaração da fallencia, ou sobre embargos a ella opostos, haja a condemnação de má fé, se houver sido pedida, e os seus fundamentos allegados e provados, embora fique para a execução liquidar o quantitativo da indemnisação devida. Qualquer d'estas condemnações não prejudica a acção criminal, que terá logar quando se verifiquem tambem os elementos essencialmente constitutivos do crime de participação ou denunciação calumniosa.

---

[575] J. M. Barbosa de Magalhães, *Codigo de fallencias annotado* (1901), 46-47.

Verifica-se, pois, embora sempre com uma linguagem algo imprecisa, mercê das deficiências então presentes na dogmática da responsabilidade civil, a doutrina distinguia entre a responsabilidade civil geral (*culpa in agendo*) que se imporia perante o requerente culposo da falência e a litigância de má-fé, própria das regras de processo.

IV. O próprio Decreto de 26-jul.-1899, que aprovou o *Codigo de fallencias*, determinou que[576]:

> O governo fará uma nova publicação official do codigo de processo commercial, na qual deverá inserir-se este codigo de fallencias.

O Governo desempenhou-se aprovando, em 14-dez.-1905, o (novo) *Codigo de processo commercial*[577]. Este, nos seus artigos 181.º e seguintes, acolheu o *Codigo de fallencias* de 1899. A responsabilidade do requerente da falência que fosse desatendido surgia no artigo 187.º, §§ 2 e 3[578], do Código de Processo Comercial de 1905, equivalente aos acima transcritos §§ 2 e 3 do artigo 5.º do Código de Falências de 1899[579].

Perante essa redação, perguntava-se se, para haver responsabilidade do requerente de falência era mesmo necessário "dolo ou má-fé" ou se se poderia, para além deles, lançar mão do dispositivo geral do artigo 2361.º do Código de Seabra. Cunha Gonçalves respondia pela positiva[580]. Eis o seu texto básico:

> Mas, sendo o crédito mercantil tão fragil como o vidro, é evidente que não pode o bom nome dum comerciante ficar á mercê de qualquer credor mal intencionado. O simples requerimento de falencia, produzindo na praça um grave alarme, pode causar ao comerciante enormes prejuizos, emquanto se não prove ser infundada a acusação, chegando esta prova ao conhecimento do público. Porisso, o crèdor que requerer a falencia com dolo ou má-fé responderá para com o argùido por perdas e danos, além de ficar sujeito á acção criminal por difamação ou denúncia caluniosa; e, se fôrem dois ou mais

---

[576] *Idem*, 205/I.
[577] COLP 1905 (1906), 623-648 (Artur Montenegro).
[578] *Idem*, 635/I.
[579] J. M. Barbosa de Magalhães, *Codigo de Processo Comercial Anotado*, 2, 3.ª ed. (1912), 188, mantendo as anotações por ele feitas sobre o artigo 5.º, § 2, do Código de falências e acima transcritas.
[580] Luiz da Cunha Gonçalves, *Comentário* cit., 494.

§ 19.º Interesse do tema e sua evolução

os requerentes, será solidária essa responsabilidade (Cód. de Proc. Com., art. 187.º §§ 2.º e 3.º), salvo se algum dêles provar que estava em boa-fé. E' claro que a indemnização terá de ser pedida pelo argùído em processo distinto, por acção ordinaria ; mas a má-fé ou o dolo pode ser declarado na propria sentença que denegar a falencia, ou revogar a declaração desta por efeito dos embargos do falido. E note-se que, hoje, o falido tem este direito mesmo que tenha sido ouvido antes da sentença declaratoria da falencia, ao contrario do disposto no § 2.º do art. 699.º dêste código.

Mas, para que o requerente fique sujeito a pagar perdas e danos, será forçoso que tenha procedido com *dolo ou má-fé*? Entendo que não. O facto de a citada disposição se referir expressamente a estas circunstancias não significa que seja inaplicavel a êste caso a regra geral do art. 2561.º do Cód. Civil. A indemnização será devida sempre que o crèdor tivér procedido *temerária, leviana e imprudentemente*, embora sem a *intenção de prejudicar*, que é a característica do dolo. Todavia, é claro que não haverá tal leviandade e imprudencia quando se tenham dado numerosas circunstancias, que levariam a pessôa mais avisada e prudente a supôr que o devedor cessára pagamentos ou estava insolvente, taes como protestos de letras, pedidos de moratórias contratos simulados, etc. Nêste caso, a denegação ou revogação da falencia não produzirá responsabilidade alguma para o requerente.

A *Revista dos Tribunais* considerava esta solução "muito discutível": quando a lei de processo exigisse requisitos especiais para que o requerente de um ato seja responsabilizado, não seria possível invocar as regras gerais da responsabilidade civil[581]. Evidentemente: o problema que a excelente *Revista dos Tribunais* não logrou transcender foi o de que, na verdade, litigância de má-fé e responsabilidade civil são realidades distintas.

IV. A evolução, no século XIX, da responsabilidade do requerente de falência deu-se, com clareza, no sentido da *culpa in petendo*. A litigância de má-fé tinha o seu campo próprio, bastante restrito e delimitado. A gravidade dos valores aqui em presença explicava a necessidade do recurso à responsabilidade civil.

---

[581] *Responsabilidade civil do requerente da falência* cit., 306/II e 307/I. Parece ser essa a opção de STJ 31-mai.-1938 (Magalhães Barros), GRLx 52 (1938), 221-222 (222/I), que mandou averiguar o "dolo ou má-fé".

79. Do Código de Falências de 1935 ao Código de Processo Civil de 1961

I. Na conturbada história do Direito falimentar português, seguiu-se o Código de Falências aprovado pelo Decreto-lei n.º 25:981, de 26-out.--1935[582]. Este Código veio omitir qualquer menção à responsabilidade do requerente da falência. Perante esse silêncio, haveria duas hipóteses:

– ou se remetia para os princípios gerais;
– ou se admitia uma total irresponsabilidade.

Esta última hipótese pareceria bizarra[583]. Quedava a primeira e, ainda aí, com duas sub-hipóteses:

– ou se aplicavam as regras gerais de responsabilidade civil;
– ou se recorre ao regime processual de litigância de má-fé.

A *Revista dos Tribunais*, com dúvidas, pareceu apoiar esta última hipótese[584]. Evidentemente: a alternativa era falsa uma vez que ambos os institutos – com pressupostos distintos, finalidades diversas, e regimes autónomos – podem funcionar em simultâneo.

II. Não é possível reconstituir, historicamente, o porquê da supressão, no Código de Falências de 1935, da referência à concreta responsabilidade do requerente desatendido.

A preparação[585] e a subsequente promulgação do Código de Falências de 1935[586] provocaram um surto de interesse doutrinário sobre o tema.

---

[582] DG I Série, n.º 248, de 26-out.-1935, 1556-1585 = COLP, 1935, 2.º semestre (1945), 467-496; o Decreto-lei n.º 25:981 compreende um interessante preâmbulo doutrinário (DG n.º 248 cit., 1556-1565).

[583] Todavia, ela está algo subjacente à GRLx 52 (1938), 222/1, a qual, em anot. ao referido STJ 31-mai.-1938 vem dizer que a solução aí encontrada – a responsabilidade por "dolo ou má-fé" – seria mais difícil à luz do Código de falência de 1935, dado o seu silêncio.

[584] *Responsabilidade civil do requerente da falência* cit., 308/II.

[585] Com referência ao então projeto, cf. Palma Carlos, *Declaração de falência por apresentação de comerciante* (1935), 191 pp..

[586] Assim: Artur Pavão da Silva Leal, *Das falências e concordatas/Estudo prático seguido de um formulário* (1936), 19 ss., com o Código de falências, acompanhado por anotações e Barbosa de Magalhães, *Algumas considerações sobre o novo Código de Falência*, GRLx 51 (1937-38), 97-99.

Todavia, pouco se passou da natural fase exegética subsequente a uma codificação[587]. Os Autores, mesmo quando andaram próximos do problema da responsabilidade do requerente da falência, não o aprofundaram[588].

Pois bem: num cenário marcado pela instabilidade legislativa, é sabido que os silêncios da lei comprometem o desenvolvimento doutrinário. A responsabilidade do requerente iria entrar numa certa letargia – e isso mau grado a clara aplicabilidade dos princípios gerais.

III. O Código de Falências de 1935 teve vida curta: foi absorvido pelo Código de Processo Civil, promulgado pelo Decreto-lei n.º 29:637, de 28 de maio de 1939[589].

Este diploma retomou a tradição portuguesa de contemplar, de modo expresso, a hipótese do indevido requerimento de falência. No seu artigo 1152.º[590], dispunha-se[591]:

> Denegada a declaração de falência ou revogada a sentença que a declarou, verificar-se-á sempre se o requerente procedeu de má fé para o efeito de, em caso afirmativo, ser condenado em multa e indemnização nos termos dos artigos 465.º e seguintes, salva a acção criminal a que houver lugar.

A quebra com a tradição da *culpa in agendo* era manifesta. O artigo 1152.º mais não fazia do que, a propósito da responsabilidade do requerente, remeter para a litigância de má-fé. Evidentemente: ao lado desta, haveria sempre que aplicar os princípios gerais da responsabilidade civil, tal como reclamava Cunha Gonçalves[592].

Pouco animada pela doutrina, a jurisprudência não revelou, neste domínio, grande pujança.

---

[587] Referimos, ainda, a publicação de Huberto Pelágio, *Código Comercial e Código de Falências*, 2.ª ed. atualizada e anotada (1939), 257-369.

[588] Assim, Silva Leal, *Das falências e concordatas* cit., 165, a propósito dos embargos à falência, limita-se a dizer:
Os embargos à falência, quando recebidos por despacho do juiz, leva (sic) a uma certa presunção de justiça a favor do falido.

[589] DG I Série, n.º 123, de 28-mai.-1939, 419-548; registem-se, como curiosidades, que era então Ministro da Justiça Manuel Rodrigues Júnior e que esse diploma foi publicado num Domingo: provavelmente para não falhar a data de 28-mai..

[590] Sem epígrafe: o Código de Processo Civil de 1939 – ao contrário do de 1961 – não epigrafou os seus artigos.

[591] DG n.º 123, de 28-mai.-1939, 513/I.

[592] *Supra*, 212.

Quanto ao escasso interesse da doutrina sobre o próprio tema das falências, cumpre documentar o que segue. José Alberto dos Reis (1875-1959) – o maior processualista do século XX – que se notabilizou pelos seus *Comentário ao Código de Processo Civil*[593] e *Código de Processo Civil Anotado*[594], acabaria por dar escassos desenvolvimentos ao instituto da falência. Este seria explanado no 2.º vol. dos *Processos especiais*: obra póstuma, publicada em 1956[595] e onde, como assume o próprio Autor, a falência foi passada "... muito mais ao de leve do que tem acontecido em relação aos outros processos"[596].

Num País com escassa dimensão universitária, uma contingência deste tipo pode ser decisiva nas quebras de investigação e de desenvolvimento doutrinário.

IV. Seguiu-se o Código de Processo Civil, aprovado pelo Decreto-Lei n.º 44 129, de 28 de dezembro de 1961. Este diploma, no seu artigo 1188.º, epigrafado "apreciação oficiosa da má-fé do requerente", veio dispor nos seguintes e precisos termos[597]:

> Denegada a declaração de falência ou revogada a sentença que a tenha declarado, verificar-se-á sempre se o requerente procedeu de má fé para o efeito de, em caso afirmativo, ser condenado em multa e indemnização nos termos dos artigos 456.º e seguintes, salva a acção criminal a que houver lugar.

O legislador veio, como se vê e pura e simplesmente, manter a remissão de 1939 – quiçá: inútil – para a litigância de má-fé. A novidade cifrou-se na esclarecedora epígrafe. Parece óbvio que, estando, para mais, a falência consignada em pleno Código de Processo Civil, o instituto da litigância de má-fé sempre teria aplicação. E quanto à *culpa in agendo*?

---

[593] José Alberto dos Reis, *Comentário ao Código de Processo Civil*, 3 volumes (1944-1946); há edições posteriores.

[594] José Alberto dos Reis, *Código de Processo Civil Anotado*, 6 volumes (1944-1948); há edições e reimpressões posteriores; quanto à elaboração desta obra e da referida na nota anterior cf. o prefácio de Manuel de Andrade ao 2.º vol. dos *Processos especiais*, referido na nota seguinte.

[595] José Alberto dos Reis, *Processos especiais*, 2 (1956, reimp. 1982), 543 pp..

[596] José Alberto dos Reis, *Processos especiais* cit., 2, 311-312 (312).

[597] DG I Série, n.º 299, de 28-dez.-1961, 1926/I.

V. A literatura nacional sobre o tema foi escassa[598]. De todo o modo, a que surgiu, era clara. Dizia Pedro de Sousa Macedo[599]:

> Na doutrina, a tendência é para alargar a responsabilidade civil do requerente de falência em casos de culpa, pelo menos de culpa grave. A temeridade e a ligeireza do requerente pode provocar prejuízos extensos na empresa, pela perda do crédito ou pela suspensão das suas atividades, o que justifica um tratamento especial da responsabilidade processual. Basta a notícia de que se requereu a falência para provocar a retração do crédito, sem que a decisão judicial possa sanar a desconfiança surgida.

Pedro de Sousa Macedo exprime o sentir do sistema. Todavia, mantém-se a confusão entre o instituto da litigância de má-fé e a *culpa in agendo*. Não se trata de institutos complementares nem, muito menos, antagónicos: antes diferentes.

80. O Código dos Processos Especiais de Recuperação de Empresa e de Falência (1993)

I. O transcrito artigo 1188.º do Código de Processo Civil de 1961 foi sobrevivendo às diversas alterações subsequentes, sem merecer especial atenção[600].

O Decreto-Lei n.º 177/86, de 2 de julho, filiado nas tentativas de enquadrar socialmente a falência, criou o processo especial de recuperação da empresa e da proteção dos credores. Nada se dispôs quanto à responsabilidade de quaisquer intervenientes. Paralelamente, manteve-se em vigor o referido artigo 1188.º[601].

---

[598] No plano universitário, referimos as (tardias) lições de João de Castro Mendes/ Joaquim de Jesus Santos, *Direito processual civil (Processo de falência)* (1982, polic., 119 pp.): simples sumários que, a p. 112, mencionam os embargos à falência sem nada dizer sobre a eventual responsabilidade do requerente da própria falência.

[599] Pedro de Sousa Macedo, *Manual de Direito das falências*, 1 (1964), 398.

[600] Fernando Luso Soares/Duarte Romeira Mesquita/Wanda Ferraz de Brito, *Código de Processo Civil Anotado*, 5.ª ed. (1987), 770: como anotação, apenas se diz, aí, que corresponde ao artigo 1152.º do Código de 1939.

[601] Vide António Mota Salgado, *Falência e insolvência/Guia prático*, 2.ª ed. (1987), 84.

II. O Decreto-Lei n.º 132/93, de 23 de abril, aprovou o Código dos Processos Especiais de Recuperação de Empresa e de Falência. No seu artigo 9.º, ele revogou os preceitos do Código de Processo Civil relativos à falência, entre os quais o referido artigo 1188.º[602]. E em sua substituição, nada previu. Apenas o seu artigo 131.º, sob a epígrafe "revogação da declaração de falência", veio dispor:

> Se vier a ser revogada a sentença que declarou a falência, serão as custas do processo suportadas pelo requerente, mas a revogação não afeta os efeitos dos atos legalmente praticados pelos órgãos de falência.

III. É óbvio (!) que, sendo revogada a sentença, apenas o requerente suportaria as custas. O CPEF é particularmente inútil, neste ponto. Porque nada disse quanto à responsabilidade do requerente? A doutrina, perante o vazio daí resultante, não desenvolve[603]. Curiosamente: em 1993, veio repetir-se o sucedido com o silêncio, em 1935, do Código de Falências então promulgado. Mas diferentemente do sucedido nesta última ocasião, não surgiram doutrinadores a explicar o alcance do silêncio.

Pela nossa parte, não temos dúvidas: têm aplicação, em simultâneo:

– o disposto sobre litigância de má-fé, por via dos artigos 456.º e seguintes, do Código de Processo Civil;
– as regras sobre a responsabilidade aquiliana, por força do artigo 483.º/1, do Código Civil.

---

[602] DR I Série A, n.º 95, de 23-abr.-1993, 976-2009 (1982/I).
[603] Luís A. Carvalho Fernandes/João Labareda, *Código dos Processos Especiais de Recuperação da Empresa e de Falência Anotado*, 3.ª ed. (1999), 366.

§ 20.º O NOVO DIREITO DA INSOLVÊNCIA

81. Aspetos gerais; Direito romano e Direito comparado

I. O Código dos Processos Especiais de Recuperação de Empresa e de Falência, de 1993, após algumas alterações[604], veio a ser revogado pelo artigo 10.º do Decreto-Lei n.º 53/2004, de 18 de março. Este diploma aprovou o Código da Insolvência e Recuperação de Empresas o qual, no período de *vacatio*, foi alterado e republicado pelo Decreto-Lei n.º 200/2004, de 18 de agosto. O CIRE entrou em vigor em 15-set.-2004 – artigo 3.º deste último diploma.

Cabe ponderar, à luz do CIRE de 2004, o problema da eventual responsabilidade do requerente. Esse tema não pode ser desinserido do seu contexto: hoje necessariamente diferente dos que em 1833, em 1935 ou em 1993, marcaram a aprovação dos diversos códigos. A necessidade de integração sistemática, subjacente à necessidade de contextualização do tema, acrescida da novidade que, na altura, representou o CIRE de 2004 levam-nos a um pequeno excurso. Iremos ponderar a evolução geral do Direito falimentar português e, depois, os aspetos atinentes à nova situação legislativa.

II. As origens ocidentais da falência remontam ao Direito romano e, neste, à Lei das XII Tábuas[605]:

> Cabe recordar alguns aspetos do sistema romano da execução por dívidas e da sua evolução.

---

[604] Mais precisamente, as introduzidas pelos Decretos-Leis: n.º 157/97, de 24 de julho, n.º 315/98, de 20 de outubro, n.º 323/2001, de 17 de dezembro e n.º 38/2003, de 8 de março.

[605] *Vide* Endemann, *Die Entwicklung des Konkursverfahrens in der gemeinrechtlichen Lehre bis zu der Deutschen Konkursordnung*, ZZP 12 (1888), 24-96.

Numa fase inicial, tudo seria entregue à justiça privada. Um primeiro progresso adveio da Lei das XII Tábuas, que procurou pôr cobro ao desforço pessoal, regulando as consequências do incumprimento: a prisão do devedor e, no limite, a sua morte *trans tiberim, partes secanto*[606], tendo, como alternativa, a escravatura.

Ainda no Direito romano, a já referida *Lex Poetelia Papiria de nexis*, de 326 a. C., reagindo a graves questões sociais entretanto suscitadas[607], veio proibir o *se nexum dare* e evitar a morte e a escravatura do devedor.

Depois, admitiu-se que, quando o devedor tivesse meios para pagar, a ordem do magistrado se dirigisse à apreensão desses meios e não à prisão do devedor: pela *missio in possessionem* os bens eram retirados e vendidos, com isso se ressarcindo o credor.

A *Lex Julia* veio admitir que o próprio devedor tomasse a iniciativa de entregar os seus bens aos credores – *cessio bonorum* – evitando a intromissão infamante do tribunal.

III. Seja pela *missio in possessionem*, seja pela *cessio bonorum*, a execução do devedor inadimplente assumia uma feição patrimonial. Com determinados formalismos[608]. No termo, operava a venda do património do insolvente: a *bonorum venditio*.

O adquirente – o *bonorum emptor* – comprava em bloco o património falimentar e ficava obrigado a pagar todos os débitos do falido, na proporção do preço por ele oferecido na hasta pública[609]. Pela compra, o *bonorum emptor* ficava sub-rogado nos direitos e obrigações que o falido tivesse contra terceiros. Dispunha de duas vias para atuar esses direitos, ou para ser convencido nas obrigações correspondentes, na base de duas *actiones utiles*: a *serviana*, pela qual o *bonorum emptor* era equiparado a

---

[606] *Supra*, n.º 57, a propósito das origens da responsabilidade civil.

[607] As peripécias que terão levado à aprovação desta lei podem ser seguidas em Titus Livius, *Ab urbe condita* 2.23 = Foster, *Livy in fourteen volumes*, ed. bilingue (1967), 1.º vol., 291-293 e *passim*; cf. Jean Imbert, *"Fides" et "nexum"*, St. Arangio-Ruiz (1953), 339-363 (342, 343 e 355) e Sebastião Cruz, *Da "solutio"/terminologia, conceito e características, e análise de vários institutos afins*, I – *Épocas arcaica e clássica* (1962), 37, nota 58.

[608] Em especial, Giovanni Elio Longo, *Esecuzione forzata (diritto romano)*, NssDI VI (1960), 713-722 (717 ss.), com indicações.

[609] De acordo com os exemplos das fontes, o preço costumava ficar abaixo do valor real do património, o qual já era insuficiente, em regra, para pagar as dívidas; daí que os credores do falido recebessem, apenas, uma pequena percentagem dos seus créditos.

um herdeiro, e a *rutiliana*, que operava uma transposição de nomes, na fórmula respetiva[610].

Apesar destes avanços, não se encontra, no Direito romano, um típico processo judicial que vise a repartição de um património sobreendividado pelos credores, de acordo com os seus direitos preexistentes[611] e isso, para mais, quando o património em jogo pertença a um comerciante. Os glosadores pouco mais avançaram, nesse sentido, do que a *missio in bona* romana[612].

IV. O problema dos *mercatores cessantes et fugitivi* veio a ser, num primeiro tempo, enfrentado com medidas draconianas[613]. Apenas a profissionalização do comércio levou à ideia de que a quebra era sempre uma eventualidade comercial de encarar, cabendo enquadrá-la com um novo regime inteligente, capaz de minorar os danos para os credores, para o comércio em geral e para o próprio falido. Deve ainda esclarecer-se que a falência surgiu como um instituto tipicamente comercial. Tal a sua origem e tal a sua evolução, até que, nos nossos dias, ela veio a aproximar-se do Direito comum.

A falência, com os antecedentes apontados, resulta de institutos criados nas cidades italianas da baixa Idade Média[614].

As medidas iniciais relativas às falências eram fragmentárias; visavam pôr termo a aspetos abusivos mais marcados, surgindo um tanto ao sabor de condicionalismos pontuais. Houve um certo contributo peninsular para o tema das falências, sendo de referir a obra de Salgado de Samoza

---

[610] Giovanni Elio Longo, *Esecuzione forzata (diritto romano)* cit., 719/II.

[611] Trata-se da definição clássica de falência no Direito comum; *vide* Hieronimus Bayer, *Theorie des Concurs-Prozesses nach gemeinem Rechte*, 4.ª ed. (1850), 3-4; a 1.ª ed. desta obra data de 1836.

[612] Endemann, *Die Entwicklung des Konkursverfahrens* cit., 34.

[613] Endemann, *Die Entwicklung des Konkursverfahrens* cit., 36.

[614] Bayer, *Theorie des Concurs-Prozesses*, 4.ª ed. cit., 8 ss., J. Kohler, *Lehrbuch des Konkursrechtes* (1891), 11 ss., Lothar Seuffert, *Deutsches Konkurprozessrecht* (1899), 7 ss., Umberto Santarelli, *Fallimento (storia del)*, DDP/SCom, V (1990), 366-372 (367) e C. Accorella/U. Gualazzini, *Fallimento (storia)*, ED XVI (1967), 220-232 (221). Entre nós, Pedro de Sousa Macedo, *Manual de Direito das Falências*, 1 (1964), 21 ss..

(1653)[615], clássico na matéria[616]. Samoza esclareceu, em especial, o tema dos diversos tipos de falência.

V. Uma primeira tentativa de codificar as falências surgiu em França, através da Ordenança de 1673. Apenas o Código de Comércio de 1807, de Napoleão, procedeu a uma regulamentação mais cabal da matéria. Fê-lo, porém, em termos muito severos para o comerciante falido[617], de tal modo que os próprios credores acabavam prejudicados: os comerciantes em dificuldades retardavam ao máximo a sua apresentação, o que conduzia, depois, a situações irrecuperáveis. O Livro III do *Code de Commerce* foi remodelado pela Lei de 28 de maio de 1838, longamente em vigor. Mais tarde, tentar-se-iam encontrar esquemas alternativos à falência. Com efeito, toda esta tradição latina esteve marcada pela infâmia do comerciante e por medidas tendentes a defender os credores.

VI. Uma tradição diversa é constituída pela experiência alemã, desde o início vocacionada para comerciantes e não-comerciantes[618]. O diploma pioneiro foi o Código das Falências prussiano, de 8-mai.-1855, que serviu de base ao Código das Falências alemão de 10-fev.-1877, preparado por Carl Hagens. O Código em causa, conhecido pela sigla KO (*Konkursordnung*), vigorou a partir de 1-out.-1879, atravessando as mais variadas situações sócio-económicas[619]. A KO foi substituída pela *Insolvenzordnung* (*InsO*) que entrou em vigor em 1-jan.-1999[620].

O sistema falimentar alemão não é especificamente dirigido a comerciantes, antes abrangendo a antiga "insolvência civil" latina. Por outro

---

[615] Francisco Salgado Samoza, *Labyrinthus creditorum concurrentium ad litem per debitorem communem inter illos causatam*.

[616] Endemann, *Die Entwicklung des Konkursverfahrens* cit., 40 ss. e J. Kohler, *Lehrbuch des Konkursrechtes* cit., 24 ss..

[617] Jean Escarra, *Cours de Droit Commercial* (1952), 1038; a severidade teve a ver em especulações surgidas em torno dos fornecimentos aos exércitos franceses.

[618] Bayer, *Theorie des Concurs-Prozesses*, 4.ª ed. cit., 58 ss., Endemann, *Die Entwikklung des Konkursverfahrens* cit., 48 ss., J. Kohler, *Lehrbuch des Konkursrechtes* cit., 32 ss. e Lothar Seuffert, *Deutsches Konkurprozessrecht* cit., 10 ss..

[619] Fritz Baur/Rolf Stürner/Adolf Schönke, *Zwangsvollstreckungs- Konkurs- und Vergleichsrecht*, 11.ª ed. (1983), 380 ss..

[620] Reinhard Bork, introdução à *Insolvenzordnung*, 9.ª ed. cit., X-XXI.

lado, salvo determinados abusos, ele não está marcado pela nota infamante que, desde a Idade Média, atinge a falência latina[621].

VII. Francamente diverso é o sistema anglo-saxónico do *bankruptcy*[622]. Baseada na *equity*, o *bankruptcy* pretende, antes de mais, recuperar o devedor infeliz. Não é infamante e acaba por ser benéfica para os credores, visto permitir, em termos latos, a manutenção das faculdades produtivas do património concursal.

82. A experiência portuguesa

I. O Direito português das Ordenações não instituía um verdadeiro sistema falimentar[623]. Apenas nas Ordenações Filipinas surgiam algumas regras. Designadamente, mandava-se os "... mercadores ..." que "... quebram de seus tratos ..." e levem bens,

> (...) serão havidos por públicos ladrões, roubadores, e castigados com as mesmas penas que por nossas Ordenações e Direito Civil, os ladrões publicos, se castigão, e percam a nobreza, e liberdades que tiverem para não haverem pena vil. [624]

No entanto, já então se admitia a "falência" não fraudulenta:

> E os que cairem em pobreza sem culpa sua, por receberem grandes perdas no mar, ou na terra em seus tratos, e comercios licitos, não constando de algum dolo, ou malicia, não incorrerão em pena algum crime. [625]

---

[621] Quanto ao regime da KO cite-se, ainda, Otmmar Jauernig, *Zwangsvollstrekkungs- und Konkursrecht*, 18.ª ed. (1987), 161 ss..

[622] Francesco de Franchis, *Fallimento in diritto angloamericano*, DDP/SCom V (1990), 434-443. Quanto à evolução histórica marcada, também, pela suavização, *vide* Roy Goode, *Commercial Law*, 2.ª ed. (1995), 845 ss..

[623] Sobre toda esta matéria Pedro de Sousa Macedo, *Manual de Direito das Falências* cit., 33 ss.. *Vide*, ainda, Vasco Lobo Xavier, *Falência*, Pólis, 2.º vol. (1984), 1363-1367 (1363-1364).

[624] *Ord. Fil.*, Liv. V, tit. LXVI – "Dos mercadores que quebram. E dos que se levantam com fazenda alheia", também *apud* Sousa Macedo cit., 37.

[625] *Idem*, n.º 8.

II. A matéria foi reformada pelo Marquês de Pombal[626]. Seria, no entanto, necessário aguardar as reformas liberais para assistir a verdadeiras codificações sobre o tema.

Assim, o Código Comercial de 1833 (Ferreira Borges) compreendia uma rubrica intitulada *Das quebras, rehabilitação do fallido e moratórias*[627]. O artigo 1121.º dispunha:

> Diz-se negociante quebrado aquelle, que por vício da fortuna ou seu, ou parte da fortuna e parte seu, se ache inhabil para satisfazer os seus pagamentos, e abandona o commercio.

III. A disciplina das falências foi retomada pelo Código Comercial de Veiga Beirão (1888) surgindo, aí, como Livro IV – artigos 692.º a 749.º – que tanto se ocupava das questões substantivas como das processuais. A partir de então, essa matéria conheceria várias vicissitudes[628], acima adiantadas no tocante ao ponto específico da responsabilidade do requerente da falência. Vamos recordá-las pelo prisma geral:

– a Lei de 13 de maio de 1896, que aprovou o Código de Processo Comercial, autorizou o Governo a legislar sobre o processo das falências: este desempenhou-se, elaborando um Código das Falências, aprovado por Decreto de 26 de julho de 1899[629]; foi revogado, então, o Livro IV do Código de Veiga Beirão;

– o próprio Decreto de 26 de julho de 1899, que encarregava o Governo de rever o Código de Processo Comercial determinava "... uma nova publicação oficial do Código de Processo Comercial, na qual deverá inserir-se este Código de Falências" – artigo 3.º; assim se fez: o Decreto de 14 de dezembro de 1905 aprovou um novo Código de Processo Comercial, que englobou o anterior Código das Falências;

---

[626] Alvará de 13-nov.-1756; cf. Sousa Macedo, ob. cit., 39-40.
[627] Na ed. da Imprensa da Universidade de Coimbra, 1856, a p. 212.
[628] *Vide* a resenha de Alberto dos Reis/Amaral Cabral, *Código Comercial Português*, 2.ª ed. (1946), 378.
[629] O respetivo relatório é assinado por Borges Cabral e pode ser confrontado em Barbosa de Magalhães, *Código de Processo Comercial Anotado*, 3.ª ed., 1 (1912), 17-31. Colhem-se, aí, interessantes elementos sobre a temática comercial da época.

– o Decreto n.º 25.981, de 26 de outubro de 1935, veio aprovar um novo Código das Falências (Manuel Rodrigues); a disciplina ganhou, pois, outra vez autonomia;
– o Decreto-Lei n.º 29.637, de 28 de maio de 1939 (preambular), que aprovou o novo Código de Processo Civil, revogou, no seu artigo 3.º o direito processual civil e comercial anterior, referindo expressamente o Código das Falências[630].

Assistiu-se, pois, a uma curiosa caminhada que levaria as falências do Código Comercial ao Código de Processo Civil, onde se mantiveram nas subsequentes reformas – Decreto-Lei n.º 44.129, de 28 de dezembro de 1961, que, na forma, aprovou um novo Código, Decreto-Lei n.º 47.690, de 11 de março de 1967 e Decreto-Lei n.º 242/85, de 9 de julho, para além de outras reformas menores.

Esta evolução, a facultar conclusões genéricas, implicaria, no mínimo, a seguinte: a disciplina das falências tem sido sensível à necessidade de se integrar nos restantes vetores de ordem jurídica.

IV. Mais recentemente, a História pareceu repetir-se. Após prolongados trabalhos preparatórios, foi aprovada a Lei n.º 16/92, de 6 de agosto, que autorizou o Governo a legislar em áreas que têm a ver com temáticas falimentares.

No uso dessa autorização legislativa, o Governo adotou o Decreto-Lei n.º 132/93, de 23 de abril, o qual aprovou o Código dos Processos Especiais de Recuperação da Empresa e da Falência. Nos termos preambulares, o novo diploma procurou operar uma destrinça nítida entre empresas viáveis e inviáveis, de modo a recuperar as primeiras. Curiosamente, este então novo diploma foi sentido, pelos agentes económicos, como mais duro para com os devedores do que o anterior[631].

---

[630] Quanto a esse preceito, Alberto dos Reis, *Comentário ao Código de Processo Civil*, 1 (1944), 2.

[631] Quanto à tradicional problemática político-social subjacente à falência e que tem provocado uma oscilação entre as medidas preventivas e as repressivas, cf. Umberto Navarrini, *Trattato di diritto fallimentare*, 1 (1939), 8 ss.. Um breve apanhado relativo ao CPEF de 1993 consta da introdução de António Mota Salgado à citada edição da Aequitas/ Diário de Notícias.

83. As reformas dos finais do século XX

I. O Direito das falências conheceu, nos finais do século XX, reformas importantes[632]. Nesse ciclo inscrevem-se quer o revogado CPEF, quer o atual CIRE. Tanto basta para, do fenómeno, dar notícia.

Uma primeira e significativa reforma continental foi levada a cabo pelo Direito francês. A Lei n.º 85-98, de 25-jun.-1985 aprovou um novo regime denominado "recuperação e liquidação judiciárias das empresas"[633]. Vejamos os seus antecedentes.

A matéria das falências sempre surgiu, em França, marcada por acentuada instabilidade[634]. O Código de Comércio de 1807 era caracterizado por uma grande severidade em relação ao comerciante falido: num prazo de três dias após a cessação de pagamentos, o comerciante era obrigado a entregar o seu balanço, sendo nulos todos os atos subsequentes; na preocupação de tutelar os credores, o processo era, depois, lento e pesado, com grandes custos; havia numerosas hipóteses de prisão, o que levava à fuga do comerciante, privando os síndicos de informações basilares. O esquema não provou, vindo a ser substituído pela Lei de 28-mai.-1838; no fundamental, este diploma acelerava o processo, diminuindo os custos. Nova reforma sobreveio em 4-mar.-1889, sempre no sentido da suavização: o falido de boa-fé conservava a gestão do património, sendo assistido por um "liquidador". Este quadro manteve-se até que, em 30-out.-1935, nova reforma modificou diversos preceitos: acelerava-se o processo e consignavam-se especiais privilégios para os trabalhadores.

O Decreto de 20-mai.-1955 substituiu todo o livro III do Código de Comércio, já muito retalhado; ele veio aprofundar a distinção entre as falências de boa e de má-fé. Este diploma foi considerado demasiado técnico-jurídico, em detrimento das realidades económicas.

---

[632] Gerhard Hohloch, *Sanierung durch "Sanierungsverfahren"? Ein rechtsvergleichender Beitrag zur Insolvenzrechtsreform*, ZGR 1982, 145-198 e Hans Arnold, *Insolvenzrechtsreform in Westeuropa*, ZIP 1985, 321-333; na origem deste movimento reformador estão as crises petrolíferas e a necessidade, sentida pelos Estados, de procurar proteger as empresas recuperáveis e os níveis de emprego.

[633] Hoje rege a Lei n.º 2005-845, de 26 de julho de 2005 e o Decreto n.º 2005-1677, de 28 de dezembro de 2005, de feição mais liberal.

[634] Quanto à evolução inserida no texto, Michel Jeantin, *Droit commercial/Instruments de paiement et de crédit/Entreprises en difficulté*, 4.ª ed. (1995), 331 ss..

II. Surgiu, depois deste ponto, uma nova filosofia: o Direito das falências não deve dirigir-se para o comerciante, variando consoante os juízos que este mereça: trata-se, antes, de salvar a empresa e os valores que ela envolve. Procura-se pois (é a ideia francesa) separar o homem e a empresa. Nesse sentido surgiu a Lei de 13-jul.-1967, complementada pela Ordenança de 23-set.-1967: deram um primeiro, ainda que limitado passo, nesse sentido. Novas reformas sobrevieram em 15-out.-1981 e 9-abr.-1982. Tendeu-se, assim, para um direito das "empresas em dificuldade", em detrimento do velho Direito das falências.

A reforma francesa de 1985 veio completar esta evolução[635], tendo em conta o *Bankruptcy Reform Act* de 1978. No fundamental, ela fixou objetivos legais, designadamente antepondo a recuperação de empresa. Esta deve ser conservada quanto possível, salvaguardando-se a sua atividade e o emprego. Os direitos dos credores surgem apenas em segunda linha. Nova reforma acode em 10-jun.-1994. No fundamental, ela moralizou os planos de recuperação da empresa e simplificar o processo.

III. Na Alemanha, um tipo de pensamento mais pragmático levou a uma evolução diversa. Com efeito, foi aprovada, em 5-out.-1994, a *Insolvenzordnung*. Cuidadosamente preparada[636], a *Insolvenzordnung* ou *InsO* teve, no essencial, os objetivos seguintes[637]:

– fortalecer a autonomia dos credores;
– tornar mais fácil e rápida a abertura do processo[638];
– reduzir os privilégios;
– aumentar a justiça na repartição dos valores[639];

---

[635] Seguimos Michel Jeantin, *Droit commercial* cit., 345 ss.. *Vide*, ainda, Roberto Marinoni, *Il redressement judiciaire des entreprises nel diritto falimentare francese* (1989).

[636] A literatura relativa à reforma pode ser confrontada em Manfred Balz/Hans-Georg Landfermann, *Die neuen Insolvenzgesetze* (1995), XXIX ss.; neste campo também Ludwig Häsemeyer, *Insolvenzrecht*, 3.ª ed. (2003), 68 ss.. Existe uma 4.ª ed., de 2007.

[637] Hans Haarmeyer/Wolfgang Wutzke/Karsten Förster, *Handbuch zur Insolvenzordnung*, 2.ª ed. (1998), 10 e Wolfgang Breuer, *Insolvenzrecht/Eine Einführung*, 2.ª ed. (2003), 2 ss..

[638] Walter Zimmermann, *Insolvenzrecht*, 3.ª ed. (1999), 5 ss. e Stefan Smid, *Grundzüge des neuen Insolvenzrechts*, 3.ª ed. (1999), 62 ss.. Ainda quanto à abertura do processo e às consequências daí derivadas, cumpre referir, na obra maciça organizada por Peter Gottwald, *Insolvenzrechts-Handbuch* (1990), respetivamente, Wilhelm Uhlenbruck, 107 ss. e Dieter Eickmann, 277 ss..

[639] Haarmeyer/Wutzke/Förster, *Handbuch* cit., 591 ss..

– fortalecer a ação pauliana[640];
– alargar os fundamentos;
– incluir as garantias dos credores no processo;
– facilitar a recuperação;
– tratar convenientemente a insolvência do consumidor[641].

Após uma *vacatio* de quatro anos, a InsO entrou em vigor[642]. Os especialistas dirigem-lhe algumas críticas: um diploma complexo, menos permeável a valores empresariais do que seria de esperar e pouco praticável no tocante à insolvência do consumidor[643]. Ela veio a ser aplicada em período de crise[644], acompanhando um número crescente de insolvências[645]. Estas, todavia, não lhe poderão ser imputadas.

IV. O distanciamento possível permite considerar que o modelo alemão tem vindo a ganhar terreno[646]. A matéria da falência afasta-se do Direito comercial, acabando por constituir uma disciplina autónoma. A sua referência à empresa e, na sequência, a operadores não empresários, vai distanciando-a do âmbito mercantil, integrando-a no processo executivo[647] e, substancialmente, no Direito privado. É ainda importante sublinhar a

---

[640] Stefan Smidt, *Grundzüge des neuen Insolvenzrechts*, 3.ª ed. cit., 236 ss. e Zimmermann, *Insolvenzrecht*, 3.ª ed. cit., 139 ss..

[641] Othmar Jauernig, *Zwangsvollstreckungs- und Insolvenzrecht*, 21.ª ed. (1999), 290 ss..

[642] Refiram-se, além do monumental *Münchener Kommentar zur Insolvenzordnung*, 3.ª ed., a partir de 2013, em três volumes maciços – 1 (2013), XLIV + 2172 pp.; 2 (2013), 1944 pp.; 3 (2014), 2200 pp.; os dois primeiros com rec. de Ulrich Foerste, NZI 2007, 713; Peter Leonhardt/Stefan Smid/Mark Zeuner, *Insolvenzordnung/Kommentar*, 3.ª ed. (2010), 2160 pp.; Wilhelm Uhlenbruck/Heribert Hirte/Heinz Vallender, *Insolvenzordnung/Kommentar*, 13.ª ed. (2010), em 3296 páginas densas, com a colaboração de 13 Autores e nova edição anunciada para 2014; Gerhard Kruft (org.), *Insolvenzordnung*, 6.ª ed. (2011), XXXI + 2457 pp.; Eberhard Braun (org.), *Insolvenzordnung*, 5.ª ed. (2012), LIX + 1595 pp.; Marie Luise Graf-Schlicker, *InsO/Kommentar*, 3.ª ed. (2012), 1631 pp..

[643] Haarmeyer/Wutzke/Förster, *Handbuch* cit., 11.

[644] Heinz Vallender, *5 Jahre Insolvenzordnung*, NZI 2004, 17-18.

[645] A evolução dos números pode ser confrontada em Ulrich Foerste, *Insolvenzrecht*, 2.ª ed. (2004), 2.

[646] Dissemo-lo, já, no nosso *Manual de Direito comercial* 1 (2001), 345.

[647] Jauernig, *Zwangsvollstreckungs- und Insolvenzrecht*, 21.ª ed. cit., 173 ss.; quanto ao processo executivo, o manual mais divulgado é: Leo Rosenberg/Hans Friedhelm Gaul/Eberhard Schilken, *Zwangsvollstreckungsrecht*, 6.ª ed. (1999).

contínua suavização da insolvência, quando reportada a pessoas singulares, perfeitamente documentada nos dois últimos séculos; afinal, a pessoa humana continua a ser a destinatária última de todo o Direito[648].

V. O domínio do "modelo alemão", mais liberal, ficaria confirmado pelas reformas francesas de 26-jul.-2005 e de 18-dez.-2008[649]. A ideia de uma recuperação *à outrance* é abandonada. Conferem-se mais poderes aos credores, assumindo-se que, de outra maneira, o espaço francês seria pouco atraente para os investidores e o capital internacional. Estamos, pois, perante um movimento global do Ocidente.

84. Insolvência e Direito da insolvência

I. Na tradição portuguesa, a situação do mercador incapaz de assegurar os seus pagamentos era dita *quebra*[650]: uma expressão que se mantinha no Código Comercial de Ferreira Borges, de 1833[651], lado a lado com a falência. E já aí – artigo 1122.º – a insolvência era reservada para o não-comerciante.

Falência provém do latim *fallens* (*fallentis*), de *fallo* (*fefelli, falsum*): enganar, trair ou dissimular. Tem o seu quê de pejorativo.

Ainda no Direito tradicional, a falência era um instituto de comerciantes, enquanto a insolvência respeitava a não-comerciantes: tal o esquema do Código de Processo Civil de 1939 – artigo 1135.º e seguintes e 1313.º e seguintes, respetivamente. Recordamos que a falência era a situação qualitativa do comerciante incapaz de honrar os seus compromissos, enquanto a insolvência traduzia a situação quantitativa do não-comerciante cujo passivo superasse o ativo.

O Código de Processos Especiais de Recuperação da Empresa e de Falência, adotado pelo Decreto-Lei n.º 132/93, de 23 de abril, veio quebrar essa tradição. A insuficiência patrimonial, concretizada na falta dos pagamentos, passou a dizer-se "insolvência"; a situação jurídica daí decor-

---

[648] Jean-Luc Vallens, *Droit de la faillite et droits de l'homme*, RDComm 50 (1997), 567-590.

[649] *Vide*, com indicações, André Jacquemont, *Droit des entreprises en difficulté*, 6.ª ed. (2009), n.º 25 ss. (12 ss.).

[650] Ord. Fil., Liv. V, tit. LXVI = ed. Gulbenkian, IV e V, 1214.

[651] Livro III, 3.ª parte: *Das quebras, rehabilitação do fallido, e moratorias*.

rente, passando por decisões judiciais com regras complexas, passou a ser a "falência".

Com o novo Código de 2004, tudo mudou, desaparecendo essa última noção. Apenas ficou a insolvência que equivale:

- à situação do devedor que se encontre impossibilitado de cumprir as suas obrigações vencidas – artigo 3.º/1[652];
- à situação subsequente à "sentença de insolvência" – artigo 36.º.

II. A ideia de insolvência foi retirada da *Insolvenzordnung* alemã, de 5-out.-1994 e que constituiu a grande fonte inspiradora do legislador nacional de 2004. Por seu turno, o *Insolvenzrecht* veio absorver os anteriores[653]:

- *Konkursrecht* ou Direito da falência, que rege a liquidação universal do património do devedor e providencia o pagamento rateado dos credores;
- *Vergleichrecht* ou Direito da recuperação, que abrange as regras que poderão permitir, ao devedor, a prorrogação da sua atividade, minorando os aspetos atinentes ao incumprimento.

Além disso, operou a unificação entre o Direito da República Federal alemã (Ocidental), centrado na velha *Konkursordnung*, de 1877 e o da ex-República Democrática Alemã, reformado pela *Gesamtvollstreckungsordnung*, de 1990[654]

III. Insolvência é a negação de solvência, de *solvo* (*solvi*, *solutum*): desatar, explicar, pagar. Traduzirá, assim, a situação daquele que não paga. Apresenta, perante a falência, duas vantagens:

- semanticamente, ela surge valorativamente mais neutra do que a tradicional "falência";

---

[652] Daqui em diante, os preceitos sem indicação de fonte pertencem ao Código de Insolvência e de Recuperação de Empresas (CIRE), aprovado pelo Decreto-Lei n.º 53/2004, de 18 de março, por último alterado pela Lei n.º 66-B/2012, de 31 de dezembro.
[653] Ludwig Häsemeyer, *Insolvenzrecht*, 3.ª ed. cit., 5.
[654] *Vide* a introdução de Reinhard Bork, *Insolvenzordnung*, da Beck, 13.ª ed. (2010), X.

– conceitualmente, ela abrange quer a dimensão da liquidação universal do património, quer as medidas de recuperação que venham a ser adotadas[655].

IV. Direito da insolvência será o sector jurídico-normativo relativo a essa mesma realidade. Como qualquer disciplina, o Direito da insolvência pode ser tomado em dupla aceção:

– na de um conjunto sistematizado de normas e de princípios;
– na de uma disciplina jurídico-científica.

Ambos os termos coincidiriam no núcleo "insolvência".
O Direito da insolvência versa, em geral:

– a situação do devedor impossibilitado de cumprir as suas obrigações pecuniárias;
– os esquemas de preservação e de agressão patrimoniais;
– o reconhecimento e a graduação das dívidas;
– a execução patrimonial e o pagamento aos credores;
– eventuais esquemas de manutenção da capacidade produtiva do devedor;
– a própria situação do devedor insolvente.

Tem, como se imagina, um importante nível processual. Mas corresponde, antes de mais, a um significativo campo substantivo: define, num momento crítico, diversos direitos e deveres das pessoas envolvidas.

V. O Direito da insolvência é, em bloco, considerado Direito privado. Ele é dominado por vetores de autodeterminação e de autorresponsabilidade, colocando frente a frente pessoas iguais em direitos. As suas estruturas são privadas e isso independentemente dos planos processuais; estes apenas visam a concretização da materialidade em jogo[656]. A natureza privada do Direito da insolvência pode ser seguida ao longo de todo o CIRE. Ela corresponde a múltiplas equações conceituais e culturais[657]:

---

[655] Não se justifica, pois, o alongamento do título do atual CIRE: bastaria dizer "Código da Insolvência" para, de modo automático, ficar incluída a "recuperação de empresas".
[656] Com indicações: Häsemeyer, *Insolvenzrecht*, 3.ª ed. cit., 9-10.
[657] *Tratado de Direito civil* I, 4.ª ed., 88 ss..

permanentemente, o Direito da insolvência faz apelo a categorias civis, em especial de Direito das obrigações.

No âmbito do Direito privado, o Direito da insolvência é um ramo próprio do Direito da responsabilidade patrimonial. Recordamos os princípios clássicos dessa responsabilidade:

– pelo cumprimento da obrigação respondem todos os bens do devedor suscetíveis de penhora – 601.º;
– não sendo a obrigação voluntariamente cumprida, tem o credor o direito de exigir judicialmente o seu cumprimento e de executar o património do devedor – 817.º, ambos do Código Civil.

O Direito da insolvência é o lógico desenvolvimento destes postulados. A sua natureza privada deve aproximá-lo dos vetores gerais do Código Civil.

85. O Código da Insolvência de 2004: medidas inovatórias

I. O Código da Insolvência é estruturalmente novo. A continuidade em relação ao Direito anterior é assegurada pela Ciência do Direito. Se procurarmos enumerar as grandes linhas inovatórias, encontramos[658]:

– a primazia da satisfação dos credores;
– a ampliação da autonomia privada dos credores;
– a simplificação do processo.

Estas linhas vêm, depois, entrecruzar-se em todo o Código, dando azo às mais diversas e inovatórias soluções.

Num moderno Direito da insolvência, existe um conjunto de questões económicas e políticas que cumpre ter presentes. Como auxiliar, podemos contar com a análise económica do Direito da insolvência[659]. Deverão ser ponderados os interesses dos credores, a concorrência e a concentração das empresas e o mercado de trabalho. Mas também opções como a dupla emprego/desenvolvimento e, naturalmente, a tutela das pessoas, devem ser

---

[658] Em geral: Catarina Serra, *O regime português da insolvência*, 5.ª ed., *Revista e atualizada à luz da Lei n.º 16/2012, de 20 de abril e do DL n.º 178/2012, de 3 de agosto* (2012), 209 pp., 19 ss. e Luís Menezes Leitão, *Direito da insolvência*, 4.ª ed. (2012), 73 ss..

[659] Hasemeyer, *Insolvenzrecht*, 3.ª ed. cit., 77 ss., com indicações.

tidas em boa conta. Sobre tudo isto vão, depois, assentar os "custos da transação": tanto maiores quanto mais complexo, mais demorado e mais inseguro for o processo de insolvência. Fica bem claro que estes "custos da transação" podem comprometer todos os outros objetivos do processo falimentar. Pede-se um processo eficaz, que respeite a verdade material[660], mas que conduza a um epílogo rápido. Quanto mais depressa for possível entregar a falência aos credores, mais cedo ficará o Estado – particularmente na sua vertente jurisdicional – exonerado de uma responsabilidade que, de todo, não lhe incumbe.

II. Como verificámos aquando das reformas vintistas[661] das leis da falência, a problemática sócio-económica ligada aos temas concursais levou os legisladores a privilegiar soluções que permitissem a recuperação das empresas. E a esse propósito, vimos como a ideia foi acolhida, entre nós, através do Decreto-Lei n.º 177/86, de 2 de julho e, depois, pelo Código dos Processos Especiais de Recuperação de Empresa e da Falência, de 1993. A prática do sistema mostrou ser mau caminho. As empresas em dificuldades não se recuperam, pela natureza das coisas, só por si. A obrigatoriedade de percorrer o calvário da recuperação para, depois, encarar a fase concursal, traduzia-se, em regra, num sorvedouro de dinheiro, com especiais danos para os credores e os próprios valores subjacentes à empresa.

Podemos apontar três causas para essa situação:

– a empresa recuperável deve ser retomada pelos novos donos sem passivo; ora a sua assunção no quadro da "recuperação" tendia a implicar a manutenção de passivos anteriores;
– o processo de recuperação era lento; durante muitos meses, a empresa via aumentar o seu défice, de tal modo que a recuperação se ia desvanescendo;
– as dificuldades de recuperação afastavam, do processo, os empresários mais dinâmicos e capazes; foi-se criando uma categoria de agentes que tiravam partido da situação sem, necessariamente, pretenderem relançar empresas.

---

[660] Neil Andrews, *The Pursuit of Truth in Modern English Civil Proceedings*, ZZPInt 8 (2003), 69-96.
[661] I. é: do século XX; há que divulgar a locução.

No fundo, havia um remar contra o mercado, só possível em cenários nos quais o Estado admitisse injetar importâncias maciças, para tornear as dificuldades. Como contraponto, apenas uma vantagem: o arrastamento das situações levava os trabalhadores a, progressivamente, procurar novos empregos, permitindo, aos poucos, convencer as pessoas de inevitabilidade do encerramento da empresa.

A primazia do interesse dos credores – *vide* artigo 46.º/1 – pretende afastar o óbice da recuperação: esta deixa de ser o fim último do processo; surge em certa altura, como mera eventualidade, totalmente dependente da vontade dos credores. Mas esta primazia não funcionaria, apenas, em detrimento da empresa: ela exige, também, o sacrifício de terceiros que tenham contratado com a entidade insolvente. Donde o princípio geral do artigo 102.º/1, referente a negócios ainda não cumpridos: o seu cumprimento fica suspenso até o administrador da insolvência declarar optar pela execução ou recusar o cumprimento. Temos um mundo de possibilidades, de acordo com os contratos em presença. O CIRE dispõe sobre venda com reserva de propriedade (104.º), venda sem entrega (105.º), contrato-promessa (106.º), operações a prazo (107.º), locação (108.º e 109.º), mandato e gestão (110.º), prestação duradoura de serviço (111.º), procurações (112.º), trabalho (113.º), prestação de serviço (114.º), cessão e penhor de créditos futuros (115.º), contas-correntes (116.º), associação em participação (117.º) e agrupamento complementar de empresas e agrupamento europeu de interesse económico (118.º).

De um modo geral, a preocupação do novo regime é o de permitir, sendo esse o caso, o termo dos contratos envolvidos na falência, sem maiores encargos para os credores. Haverá, caso a caso, que procurar, nos regimes dos contratos expressamente versados no CIRE e nas regras neste previstas, as bases para a aplicação e outros negócios.

Por curiosidade: na ordem alemã, têm ocasionado especial atenção as situações de reserva de propriedade[662], de mútuo[663] ou de garantias pessoais[664], de trabalho[665], de locação[666] e de Direito de autor[667].

---

[662] Natascha Kupka, *Die Behandlung von Vorbehaltskäufers nach der Insolvenzrechtsreform*, InVo 2003, 213-222.

[663] Wolfgang Marotzke, *Darlehen und Insolvenz*, ZInsO 2004, 1273-1283.

[664] Cartas de conforto: Uwe Paul, *Patronatserklärungen in der Insolvenz der Tochtergesellschaft*, ZInsO 2004, 1327-1329.

[665] Wolfgang Marotzke, *Die Freistellung von Arbeitnehmern in der Insolvenz des Arbeitgebers*, InVo 2004, 301-316.

III. A reforma de 2004 não se limitou a reconhecer a primazia da satisfação dos credores, como o objetivo último de todo o processo: ela consigna meios diretos para a prossecução desse encargo e, designadamente: coloca nas mãos dos credores as decisões referentes ao património do devedor e à sua liquidação. A autonomia privada dos credores denota-se nos pontos mais diversos:

- qualquer credor, mesmo condicional, pode requerer a insolvência, nas condições do artigo 20.º[668]; pode, também, requerer medidas cautelares – 31.º;
- os credores podem eleger quem entenderem para o cargo de administrador, em detrimento do administrador provisório indicado pelo juiz – 53.º/1[669]; fixarão, nessa altura, a sua remuneração – 60.º/2[670]; a posição do administrador deve ser funcionalizada[671];
- a assembleia de credores pode prescindir da existência da comissão de credores, substituir os seus membros, aumentar o seu número ou criar a comissão, quando o juiz não a tenha previsto – 67.º/1;
- em toda a lógica da insolvência prevalece a assembleia de credores – 80.º;
- a assembleia de credores delibera sobre a manutenção em atividade do estabelecimento ou estabelecimentos ou sobre o seu encerramento – 156.º/2; ela dá ainda o seu consentimento para atos jurídicos especialmente relevantes – 161.º/1; o n.º 3 desse preceito enumera, a título exemplificativo, os atos de especial relevo, os quais incluem a venda da empresa;

---

[666] Volkhard Frenzel/Nikulaus Schmidt, *Die Mietforderung nach Anzeige der Masseunzulänglichkeit in der Insolvenz des Mieters*, InVo 2004, 169-172, Andreas Ringstmeier, *Abwicklung von Mietverhältnisse in masseunzulänglichen Insolvenzverfahren*, ZInsO 2004, 169-174 e Peter von Wilmowsky, *Der Mieter in Insolvenz: die Kündigungssperre*, ZInsO 2004, 882-888.

[667] Barbara Stickelbrock, *Urheberrechtliche Nutzungsrechte in der Insolvenz*, WM 2004, 549-563.

[668] De notar que o artigo 98.º/1 prevê um "prémio" para o devedor requerente.

[669] Harald Hess/Nicole Ruppe, *Answahl und Einsetzung des Insolvenzverwalters*, NZI 2004, 641-645.

[670] Com alguns elementos: Peter Depré/Günter Mayer, *Die Vergütung des Zwangsverwalters nach dem "dritten Entwurf"*, InVo 2004, 1-3.

[671] Kurt Bruder, *Auskunftsrecht und Auskunftspflicht des Insolvenzverwalters und seiner Mietarbeiter*, ZVI 2004, 332-336.

– a assembleia de credores pode aprovar um plano de insolvência – 192.º e seguintes;
– a assembleia de credores pode pôr termo à administração da massa insolvente pelo devedor – 228.º/1, b).

De todas estas medidas, a mais visível é a da possibilidade de aprovação do plano de insolvência. Trata-se de uma figura inspirada no *Insolvenzplan* alemão – §§ 217 a 279 do InsO[672]. O plano de insolvência vem substituir os quatro esquemas antes previstos no CPEF:

– a concordata: ou redução ou modificação dos créditos (66.º do CPEF);
– a reconstituição empresarial: constituição de uma ou mais sociedades (78.º/1 do CPEF);
– a reestruturação financeira (87.º do CPEF);
– a gestão controlada (97.º do CPEF).

Tais hipóteses eram consideradas demasiado rígidas. A recuperação de empresas na sua base era, ainda, dificultada pelo esquema lento e pesado que poderia levar à sua aprovação. Perante a lei nova, os credores poderão adotar as medidas que entenderem, no quadro do plano de insolvência. O artigo 195.º/2, b), ainda que a título exemplificativo, permite intuir quatro hipóteses de planos de insolvência:

– o plano de liquidação da massa insolvente (*Liquidationsplan*);
– o plano de recuperação (*Sanierungsplan*);
– o plano de transmissão de empresa (*Übertragungsplan*);
– o plano misto.

O conteúdo concreto depende, porém, da vontade das partes.

IV. Todo o processo de insolvência sofreu uma grande simplificação perante o anterior Código. Apenas alguns exemplos:

– desaparece o dualismo recuperação/falência, substituído por um processo único: o da insolvência;

---

[672] Eberhard Braun, *Insolvenzordnung Kommentar*, 2.ª ed. (2004), prenot. §§ 217 a 269 (1035 ss.), Häsemeyer, *Insolvenzrecht*, 3.ª ed. cit., 686 ss., Breuer, *Insolvenzrecht*, 2.ª ed. cit., 173 ss. e Foeste, *Insolvenzrecht*, 2.ª ed. cit., 219 ss..

– todo o processo e os seus apensos têm carácter de urgência, preferindo aos restantes;
– é evitada a duplicação do chamamento dos credores ao processo;
– os registos são urgentes;
– o processo não pode ser suspenso;
– as notificações são mais expeditas;
– há apenas um grau de recurso.

É evidente que a celeridade processual exige uma cultura de ligeireza, por parte dos operadores judiciários, particularmente dos advogados. Mas requer, também, um esforço judicial, particularmente no sentido de ultrapassar a escassez regulativa, através de novas rotinas que permitam prosseguir os fins da insolvência: a rápida satisfação dos credores e, sendo esse o caso, um plano de insolvência que faculte recuperar a empresa.

Nos artigos 249.º e seguintes, o CIRE ocupa-se da insolvência da pessoa singular, desde que:

– não tenha sido titular da exploração de qualquer empresa nos três anos anteriores ao início do processo de insolvência;
– à data do início do processo, não tiver: dívidas laborais; mais de 20 credores; um passivo global superior a 300.000 euros.

Os artigos 235.º e seguintes preveem a exoneração do passivo restante: pode ser concedida, ao insolvente, a exoneração dos créditos sobre a insolvência, que não forem integralmente pagos no processo de insolvência ou nos cinco anos posteriores ao encerramento deste. Encontramos matéria inspirada na *Rechtschuldbefreiung* dos §§ 286 ss. da InsO[673] e no processo de insolvência do consumidor – §§ 304 ss., do mesmo diploma[674]. A ideia básica será:

– a de simplificar o inerente processo;
– a de facilitar a liberação do devedor, como base para uma nova partida.

---

[673] Stefano Buck em Eberhard Braun, *Insolvenzordnung Kommentar*, 2.ª ed. cit., § 286 ss. (1183 ss.) e Häsemeyer, *Insolvenzrecht*, 3.ª ed. cit., 649 ss..

[674] Breuer, *Insolvenzrecht*, 2.ª ed. cit., 158 ss.. Cf. Wilhelm Klaas, *Fünf Jahre Verbraucherinsolvenz*, ZInsO 2004, 577-580 e Kai Henning, *Aktuelles zu Überschuldung und Insolvenzen natürlicher Personen*, ZInsO 2004, 585-594.

O regime acabaria por ser pouco aberto. Veremos as possibilidades futuras de o reforçar. Categoria específica será a dos profissionais liberais[675].

86. A reforma de 2012: a "revitalização"

I. A crise económica de 2009-2014 – já se fala em 2009-2020 – levou, em 2011, à assinatura de um Memorando com representantes da Comissão Europeia, do Banco Central Europeu e do Fundo Monetário Internacional (a "Troika") como condição para obter uma ajuda externa que evitasse uma quebra nos pagamentos do Estado. O Memorando continha, entre muitas outras, a obrigação de rever o Código da Insolvência, de modo a (re)introduzir esquemas de recuperação. Nessa linha, foi revisto o CIRE: a Lei n.º 16/2012, de 10 de abril, entre outras medidas, inseriu um novo "processo especial de revitalização" (17.º-A a 17.º-I)[676].

II. A "revitalização" de 2012 marca uma nova oscilação no sentido de medidas há muito experimentadas. Desta feita, joga-se ainda na simplificação processual, pelo que se aguardam alguns resultados. Mas numa situação de acesso difícil ao crédito bancário e de juros muito elevados, afigura-se pouco provável um êxito, neste domínio.

III. A introdução de um novo processo, na área da insolvência, implica a possibilidade de novos abusos e de outras hipóteses de *culpa in petendo*. Tudo fica, pois, em aberto.

---

[675] Christian Tetzlaff, *Die Abwicklung von Insolvenzverfahrung bei selbstständigtätigen natürlichen Personen*, ZVI 2004, 2-9 e Christine Neumann, *Praxisprobleme bei der Insolvenz von selbstständigen*, ZVI 2004, 637-638.

[676] Catarina Serra, *O regime português da insolvência* cit., 5.ª ed., 24 ss.; Luís Menezes Leitão, *Direito da insolvência* cit., 4.ª ed., 76-77; o nosso *Perspetivas evolutivas do Direito da insolvência* (2013).

§ 21.º *CULPA IN AGENDO* NO REQUERIMENTO DA INSOLVÊNCIA

87. Parâmetros evolutivos a reter

I. A evolução histórico-dogmática da responsabilidade do requerente da falência ou da insolvência, desde Ferreira Borges (1833) ao Código dos Processos Especiais de Recuperação de Empresa e de Falência, de 1993, acima levantada[677], permite fixar alguns parâmetros úteis. Temos, aqui, 180 anos de evolução, equivalentes a sete gerações de juristas, através de quase dois séculos que viram mudar o Mundo. Pois bem:

– em 1833, o requerido vitorioso poderia intentar, contra o requerente que tivesse agido com injustiça, *acção d'indemnização de perdas e damnos*;
– em 1888, poderia fazê-lo quando, a pedido do requerente, ele não tivesse sido ouvido, independentemente de outros requisitos;
– em 1899, o credor que visse denegada a falência solicitada *com dôlo ou má-fé responde para com o arguido por perdas e damnos*;
– em 1905 mantém-se esse esquema;
– em 1935 nada se diz;
– em 1939 prevê-se a aplicação da litigância de má-fé;
– em 1961 mantém-se esse esquema;
– em 1993 nada se diz.

Não é pensável que, ao longo do tempo, o devedor injustamente incomodado com um pedido de insolvência imerecido, tenha vindo a perder proteção. Assim, a doutrina mais atenta veio reclamando, sob esta progressão formal, o recurso às regras gerais da responsabilidade civil.

---

[677] *Supra*, 209 ss..

II. Durante todo este período, a responsabilidade civil, como instituto geral, foi aperfeiçoando os seus quadros, alargando os objetivos e diferenciando as soluções. Em geral, podemos reter que qualquer dano infligido ilicitamente a outrem, com culpa (dolo ou negligência) deve ser ressarcido. O exercício judicial de uma posição não constitui, por si, qualquer causa de justificação.

III. Mas se assim é, como é possível entender que, ao longo do século XX, o legislador tivesse vindo, progressivamente, restringir as referências à responsabilidade do requerente?

Se bem atentarmos, a falência passou, entre nós, por três fases:

– começou como instituto comercial (1833 a 1905);
– passou a um instituto processual (1905 a 1993);
– impõe-se como instituto *a se*, primeiro com intervenção do Estado (1993) e, depois, como esquema privado (2004).

Na fase comercial, havia uma remissão para a responsabilidade civil comum: para os aspetos processuais, bastaria a regra do Código de Processo Civil (de 1876) sobre a litigância de má-fé.

Na fase processual, o legislador remete para a litigância de má-fé: a aplicação das regras aquilianas filiava-se na sua sede própria: o Código Civil.

Na fase autónoma, não haveria remissões: para aspectos processuais funcionaria a litigância de má-fé fundada nas leis de processo; para os substantivos, aplicar-se-ia a responsabilidade aquiliana.

IV. Temos, aqui, um princípio de explicação, ainda que sob as flutuações de linguagem ditadas pelo acaso. Na falta de uma doutrina consistente, é compreensível a presença de fórmulas erráticas, a burilar pela interpretação integrada.

Particularmente incisiva é a ideia de que podem ser causados danos muito graves quando, no requerimento da falência (ou insolvência) não sejam observados cuidados elementares.

V. Quanto ao Código da Insolvência de 2004: ele coloca a insolvência sob o signo do Direito privado, entregando o essencial da matéria aos próprios credores. Logicamente, tal movimento deveria ser acompanhado por uma responsabilização dos intervenientes, sempre que eles não observassem normas elementares de conduta. De outro modo, o Estado demitir-se-ia das suas funções básicas.

88. O artigo 22.º do CIRE: origem plausível

I. Fixados os parâmetros ontológicos subjacentes à matéria, passamos a considerar o dispositivo do CIRE relativo à responsabilidade do requerente da insolvência. Dispõe o seu artigo 22.º, sob a epígrafe "dedução de pedido infundado":

> A dedução de pedido infundado de declaração de insolvência, ou a devida apresentação por parte do devedor, gera responsabilidade pelos prejuízos causados ao devedor ou aos credores, mas apenas em caso de dolo.

Mas apenas em caso de dolo? Uma interpretação literal e imediata descobrirá, aqui, um caso único, no Direito português, de uma responsabilidade civil assente, apenas, no dolo. A assim ser: a pessoa que, por descuido grosseiro e indesculpável, viesse com um pedido de declaração de insolvência totalmente descabido, que provocasse os maiores danos patrimoniais e morais, não responderia ... por não ter agido com dolo. A solução é tão obtusa que não pode resultar da lei, no seu conjunto. Antes de passar a uma interpretação razoável do preceito, vamos apontar o que supomos ser a sua origem. Ela situa-se no Direito alemão e resultou de uma transposição menos pensada.

II. O Direito alemão, seja na anterior *Konkursordnung*, seja na atual *Insolvenzordnung*, não prevê uma especial responsabilidade do requerente de insolvência injustificada. A omissão está em consonância com a inexistência de qualquer dispositivo especial de litigância de má-fé ou de responsabilidade, como acima foi visto. Cairíamos, deste modo, no sistema geral da responsabilidade civil.

A jurisprudência veio, todavia, a tomar uma posição muito restritiva. No caso liderante do BGH 3-out.-1961, já acima usado a propósito da *culpa in petendo*, entendeu-se que o requerente infundado de insolvência não responderia por negligência[678].

---

[678] BGH 3-out.-1961, BGHZ 36 (1962), 18-24 (20) = NJW 1961, 2254-2256 (2255/I e II) = JZ 196, 94-95 (94/I), anot. Fritz Baur, desfavorável. Ambas as instâncias haviam decidido em sentido contrário.

Essa posição foi mantida em múltiplas decisões subsequentes: BGH 13-mar.-1979[679], BGH 12-mai.-1992[680], BGH 26-jun.-2001[681] e BGH 25-mar.-2003[682]. Com a seguinte argumentação subjacente: uma vez que está em causa o recurso legítimo aos tribunais do Estado, a responsabilidade teria de operar por via do § 826 do BGB: atuação dolosa e contrária aos bons costumes. O "mero" dolo nem seria suficiente[683].

III. A doutrina discorda. Logo na altura, Fritz Baur explica que a atuação negligente não é lícita[684]. Segue-se Walter Zeiss, que considerou a opção do BGH insuportável (*nicht tragbar*)[685]. De igual modo, em recensão a Klaus Hopt[686], esse Autor apoia as críticas por este formuladas à orientação do BGH[687]. Também Loritz, quanto a uma questão paralela, se mostra adverso a tal opção[688].

Michael App sustenta que a responsabilização do requerente injustificado de insolvência deveria seguir os moldes gerais do § 823 do BGB: por dolo e por negligência[689].

Os comentaristas e os tratadistas atuais mantêm o criticismo em relação à opção restritiva da jurisprudência alemã. Aponta-se a responsabilidade pelo § 823 do BGB[690]; a necessidade de alargar a responsabilidade

---

[679] BGH 13-mar.-1979, BGHZ 74 (1980), 9-20 (13).

[680] BGH 12-mai.-1992, BGHZ 118 (1993), 201-209 (206).

[681] BGH 26-jun.-2001, BGHZ 148 (2002), 175-187 (182 ss.) = NJW 2001, 3187-3190 (3189/I).

[682] BGH 25-mar.-2003, BGHZ 154 (2004), 269-275 (273-274) = NJW 2003, 1934-1936 (1935/II).

[683] Ludwig Häsemeyer, *Insolvenzrecht*, 4.ª ed. cit., 141-142; Smid/Leonhart, em Leonhart/Smid/Zeuner, *Insolvenzordnung/Kommentar*, 3.ª ed. cit., § 14, Nr. 48-54 (162-164) [Nr. 48 (162)].

[684] Fritz Baur, anot. BGH 3-out.-1961, JZ 1962, 95-96 (95/I). Vide, também Hermann Weitnauer, anot. BGH 24-out.-1961, JZ 489-491 (490).

[685] Walter Zeiss, *Schadensersatzpflichten aus prozessualen Verhalten*, NJW 1967, 703-709 (704-705).

[686] Klaus Hopt, *Schadensersatz aus unberechtigter Verfahrenseinleitung* cit., 2.

[687] Walter Zeiss, rec. a Klaus Hopt, ob. cit., JZ 1970, 198-199 (198/II).

[688] Karl-Georg Loritz, anot. BGH 15-fev.-1990, JZ 1990, 866-868 (866).

[689] Michael App, *Probleme bei Konkursanträgen aufgrund von Steueransprüchen*, ZIP 1992, 460-463 (462/I).

[690] Ludwig Häsemeyer, *Insolvenzrecht*, 4.ª ed. cit., 141.

à negligência grosseira[691], não se devendo afastar aqui os deveres de cuidado[692]. A hipótese do escopo abusivo é também referida[693].

IV. A orientação deprimida da jurisprudência alemã foi ainda objeto de crítica, por parte de Jan Roth. Este Autor, numa monografia intitulada *oposição de interesses no processo de abertura da insolvência* (2004)[694] chama a atenção para a presença atuante, na esfera do credor e na do devedor, de direitos fundamentais[695]. A ponderação desses direitos é necessária para dirimir os conflitos em causa, pondo-se em crise o simplismo da jurisprudência[696].

Também Shenja Schillgalis aprontou uma monografia com o título sugestivo de *proteção jurídica do devedor perante requerimentos negligentes e injustificados de insolvência*[697]. Apesar de ter merecido uma recensão bastante crítica de Stefan Smid[698], a Autora ocupa-se de um tema de atualidade e critica, com oportunidade, a orientação predominante na jurisprudência[699].

V. Na verdade, a opção do BGH alemão surge inadequada, mesmo na sua área de jurisdição. E todavia: parece ter sido essa a doutrina que o legislador de 2004 decidiu importar para o Direito português.

Devemos, também aqui, ter o sentido das proporções. Explicam os especialistas que, na Alemanha, o requerido é protegido pelo juiz[700]. Os requerimentos de insolvência são resolvidos com rapidez, afastando-se, de imediato ou em poucos dias os que se apresentem injustificados. Ora entre

---

[691] Hermannjosef Schmahl, no *Münchener Kommentar zur Insolvenzordnung*, 1, 2.ª ed. (2007), § 14, Nr. 142 (382).

[692] *Idem*, § 14, Nr. 144 (382).

[693] Karlhaus Fuchs, em Graf-Schliker, *InsO/Kommentar*, 2.ª ed. cit., § 14, Nr. 9 (89).

[694] Jan Roth, *Interessenwiderstreit im Insolvenzeröffnungsverfahren/Eine Untersuchung des Insolvenzeröffnungsverfahrens unter verfahrens- und verfassungsrechtlichen Gesichtspunkten* (2004), 187 pp..

[695] *Idem*, 62 ss., sublinhando (73 ss.) o direito de liberdade pessoal que assiste ao devedor.

[696] *Idem*, 181 (o resumo).

[697] Shenja Schillgalis, *Rechtsschutz des Schuldners bei fahrlässig unberechtigten Insolvenzanträgen/insbesondere bei Anordnung von Sicherungsmassnahmen gemäss § 21 InsO* (2006), 166 pp..

[698] Stefan Smid, DZWIR 2007, 43-44 (43/I, apontando, todavia, a oportunidade).

[699] Shenja Schillgalis, *Rechtsschutz* cit., 47 ss., 111-112.

[700] Ludwig Häsemeyer, *Insolvenzrecht*, 4.ª ed. cit., 138.

nós, um pedido infundado de insolvência pode demorar muitos anos até ser esclarecido e afastado. Entretanto, temos toda a margem do Mundo para que a entidade indevidamente requerida caia, mesmo, em insolvência: e isso por via do requerimento!

Uma solução má, para a Alemanha, é péssima, para nós. A utilização do Direito comparado na feitura das leis não pode operar sem um conhecimento do terreno e sem uma ponderação das consequências a que pode conduzir.

89. Aplicação

I. O artigo 22.º do CIRE tem tido uma solicitação crescente, particularmente na situação de crise, agravada após 2011. Deve dizer-se que algumas instituições de crédito têm vindo a, por sistema, requerer a insolvência de clientes em dificuldades, mesmo quando estejam em jogo dívidas litigiosas. E nesse caso, o Supremo já veio mesmo dizer que tais dívidas permitiam o requerimento da insolvência, uma vez que o risco daí resultante seria contrabalançado pela responsabilidade do requerente, por via do artigo 22.º do CIRE[701]. De facto, assim seria se esse preceito não fosse tão estreito e se, dele, não prevalecesse, em diversas decisões, uma interpretação minimalista. Os dramas patrimoniais e humanos causados por exagerados requerimentos de insolvência deveriam ser tidos em conta, nos tribunais.

II. De um modo geral e apesar de haver um suporte doutrinário confortável, no sentido de uma interpretação alargada do artigo 22.º e de se invocarem argumentos, nesse sentido, que não vemos rebatidos, a jurisprudência tem sido impressionada pela adversativa do preceito: (...) *mas apenas em caso de dolo*. De entre as múltiplas decisões já produzidas, vamos apontar seis: três mais estritas e três algo abertas a uma defesa mais justa de pessoas vítimas de requerimentos indevidos de insolvência.

Assim, no sentido mais restritivo:

---

[701] STJ 29-mar.-2012 (Fernandes do Vale), Proc. 1024/10.

RPt 22-abr.-2008: o artigo 22.º apenas prevê a condenação do requerente infundado de insolvência havendo dolo, numa interpretação que se aplica ao próprio apresentante voluntário[702];

RCb 11-dez.-2012: o CIRE (22.º) exclui a mera culpa, como requisito para a responsabilidade por pedido infundado de insolvência[703];

RLx 23-abr.-2013: o 22.º do CIRE desvia-se do regime geral e só admite condenações por dolo e isso mesmo quando, *de iure condendo*, outra fosse a melhor solução[704].

III. Num sentido mais aberto, podemos referir:

RCb 15-mai.-2012: o CIRE nada diz sobre a conduta dolosa do requerente, pelo que se aplica o regime geral do (então) artigo 456.º/1, do CPC[705]; assim é: a ideia pode ser aproveitada, pois quem requer, com negligência, uma insolvência infundada vai depois, no processo, manter essa conduta, caindo na litigância de má-fé;

RCb 12-jun.-2012: provando-se dolo eventual no requerimento infundado de insolvência, o requerente é responsável quer pelo artigo 22.º do CIRE, quer pelo artigo 483.º/1, do Código Civil, incluindo por danos morais[706];

RCb 19-fev.-2013: não se verificando uma situação compaginável com o artigo 3.º, nem os índices do artigo 20.º, o pedido de insolvência é infundado; e sendo infundado, há que ressarcir os danos patrimoniais e não patrimoniais[707]; seria a opção ideal.

IV. Os tribunais devem ater-se à Lei, isto é: ao Direito. Mas nenhum preceito tem aplicação isolada: toda a Ordem Jurídica é chamada a depor. O artigo 22.º deve ceder, na sua letra, de modo a assegurar a tutela dos direitos morais (incluindo os fundamentais!) e patrimoniais das pessoas. Sem recorrer à interpretação abrogante, há muita margem para limar as suas arestas. Finalmente: o abuso do direito de requerer a insolvência nunca poderia ser afastado pelo artigo 22.º em estudo.

---

[702] RPt 22-abr.-2008 (Rodrigues Pires), Proc. 0727065 = CJ XXXIII (2008) 2, 205-208 (206-207); neste caso, todavia, tendo-se provado um dos factos-índice do 20.º/1, do CIRE, poderia não haver nem dolo, nem negligência.

[703] RCb 11-dez.-2012 (Maria José Guerra), Proc. 2198/12.

[704] RLx 23-abr.-2013 (Isabel Fonseca), Proc. 114/11, bem documentado.

[705] RCb 15-mai.-2012 (Carvalho Martins), Proc. 817/11.

[706] RCb 12-jun.-2012 (Teles Pereira), Proc. 1954/09.

[707] RCb 19-fev.-2013 (Jacinto Meca), Proc. 1194/09.

90. Interpretação integrada

I. O alcance injustificadamente restritivo do artigo 22.º deve ser reduzido com recurso a uma interpretação integrada. A sua inadequação não suscita dúvidas[708]. Mas há que agir. Assim, Luís Menezes Leitão propôs que, por analogia, a responsabilidade do artigo 22.º do CIRE se aplicasse, pelo menos, à negligência grosseira: *culpa lata dolo aequiparatur*[709].

Esta saída é o *minimum* aceitável. Mas podemos ir mais longe.

II. Aparentemente, o artigo 22.º transcrito prevê:

– a responsabilidade do requerente e a do devedor apresentante;
– por danos causados *ao* devedor ou aos credores.

Não pode ser: é óbvio que o devedor apresentante não é responsabilizável por danos causados ... a ele mesmo. A lei, por imperativo de sintaxe, quer dizer:

– o requerente é responsável por danos que cause ao devedor, com o requerimento indevido;
– o devedor é responsável por danos que cause aos credores, com a apresentação indevida.

No primeiro caso, o requerente deve agir com o cuidado requerido ao *bonus pater familias*, nos termos gerais do artigo 487.º/2, do Código Civil.

No segundo caso, o devedor deve cumprir o dever de apresentação previsto no artigo 18.º/1, sendo a insolvência imediatamente declarada – 28.º, ambos do CIRE. Perante isso e na dúvida, o *bonus pater familias* que se apresente à insolvência não pode ser sancionado ainda que se venha a descobrir que, afinal, essa sua iniciativa veio prejudicar os próprios credores. Mas sê-lo-á se tiver agido *com dolo*. E neste ponto, aceitámos a sugestão crítica que dirigiu Luís Menezes Leitão, à 1.ª ed. desta nossa obra[710]:

---

[708] Paula Costa e Silva, *A litigância de má fé* cit., 506-511.
[709] Luís Menezes Leitão, *Código da Insolvência e da Recuperação de Empresas anotado*, 2.ª ed. (2005), 59, 4.ª ed. (2008), 71 e 6.ª ed. (2012), 71; uma opção sufragada por Pedro de Albuquerque, *Responsabilidade processual* cit., 157-158 e por Luís A. Carvalho Fernandes/João Labareda, *Código da Insolvência e da Recuperação de Empresas Anotado* I (2005), 142.
[710] Luís Menezes Leitão, *Código da Insolvência*, 4.ª ed. cit., 22.º, anot. 2 (71); este ilustre Autor mantém a crítica que nos dirigiu, na 6.ª ed. dessa sua obra cit., anot. 1 (71),

o devedor que se apresente à insolvência e, com negligência grosseira, prejudique os credores, é responsável: o "dolo" é, no Direito civil, sempre acompanhado pela negligência grosseira.

III. Em suma: *a exigência de dolo* (leia-se: dolo ou negligência grosseira) constante do artigo 22.º do CIRE, pela própria lógica sintática do preceito, dobrada pelas exigências de coerência, de acerto (de cuja presunção o legislador desfruta, nos termos do artigo 9.º/3, do Código Civil) e de lógica do sistema, *apenas se aplica à indevida apresentação do devedor, para efeitos de imputação dos danos causados aos credores*.

De outra forma, em vez do final "... mas apenas em caso de dolo", claramente ligado "... aos credores ...", dir-se-ia:

> A dedução de pedido infundado de declaração de insolvência ou a indevida apresentação do devedor geram responsabilidade pelos *prejuízos dolosamente causados*.

Quanto ao pedido infundado: ele é ilícito e responsabiliza, por dolo ou mera culpa, nos termos do artigo 483.º/1, do Código Civil. A assim não ser, ficariam sem cobertura os direitos fundamentais do requerido e os seus próprios direitos de personalidade, tutelados na Constituição. Um requerimento leviano de insolvência pode destruir patrimonial e pessoalmente uma pessoa: seria inimaginável que o Direito nada fizesse.

IV. É evidente que a interpretação do artigo 22.º do CIRE, acima exarada, sendo – como é – uma exigência da leitura coerente do texto desse preceito vai, sobretudo, ao encontro das poderosas diretrizes jurídico-científicas aqui presentes, que temos vindo a apurar.

91. A aplicabilidade da tríade: litigância de má-fé, abuso do direito de ação e *culpa in agendo*

I. A matéria da insolvência é, em geral, Direito privado. Mas o direito de requerer a insolvência tem uma clara colocação processual. E no âmbito da ação de insolvência, requerente e requerido podem adotar as mais diver-

sem ter em conta que, na 2.ª ed. da presente *Litigância de má-fé*, 231, aceitámos as suas observações e revimos a nossa posição.

sas condutas. Nessa dimensão, quer um quer outro podem litigar de má-fé. Aplicam-se, nesse domínio e diretamente, os artigos 542.º e seguintes do Código de Processo Civil (ex-456.º e seguintes): é a concretização da "polícia" no processo.

II. Ao requerer uma insolvência, o interessado pode incorrer em *venire contra factum proprium*, em *tu quoque* ou em desequilíbrio no exercício, violando a boa-fé. Há abuso do direito de ação, devendo seguir-se as consequências daí resultantes.

III. Finalmente: o requerente de insolvência pode agir sem que se verifique algum dos factos referidos no artigo 20.º/1, do CIRE. Nessa altura, o requerimento é infundado e, como tal, ilícito. Havendo dolo ou mera culpa (483.º/1), o requerente é responsável:

– por danos morais: bom nome e reputação, direito à imagem, direito à intimidade da vida privada e direito à integridade psíquica;
– por danos patrimoniais: atentado aos direitos de propriedade, de liberdade de empresa, de liberdade de trabalho e de integridade patrimonial.

Ficam envolvidos, nos termos gerais, os danos emergentes e os lucros cessantes.

ÍNDICE DE JURISPRUDÊNCIA

JURISPRUDÊNCIA PORTUGUESA

Supremo Tribunal de Justiça

STJ 27-jan.-1933 (B. Veiga), abuso do direito – 102
STJ 31-mai.-1938 (Magalhães Barros), requerimento por requerimento de falência – 215, 216
STJ 17-nov.-1972 (Oliveira Carvalho), litigância de má-fé; lide temerária – 58
STJ 2-mar.-1978 (Octávio Dias Garcia), abuso do direito; *suppressio* – 103
STJ 26-mar.-1980 (Octávio Dias Garcia), abuso do direito; *surrectio* – 103
STJ 31-mar.-1981 (Rui Corte-Real), abuso do direito; inalegabilidade – 103
STJ 29-nov.-1983 (Magalhães Baião), litigância de má-fé; negação de facto próprio – 75
STJ 4-jul.-1991 (Ricardo da Velha), *culpa in contrahendo* – 166
STJ 21-set.-1993 (Fernando Fabião), abuso do direito; *tu quoque* – 117
STJ 22-nov.-1994 (Carlos Caldas), inalegabilidade – 111, 133
STJ 14-dez.-1994 (Santos Monteiro), litigância de má-fé; negação de factos – 76
STJ 28-set.-1995 (Henriques de Matos), inalegabilidade – 111
STJ 28-set.-1995 (Sousa Inês), litigância de má-fé; alegações contrárias aos factos – 76
STJ 4-mar.-1997 (Pais de Sousa), abuso do direito; desequilíbrio – 119
STJ 20-mai.-1997 (Fernandes de Magalhães), abuso do direito; oficiosidade; alcance – 133
STJ 9-out.-1997 (Henrique de Matos), abuso do direito; desequilíbrio – 119
STJ 14-out.-1997 (Miranda Gusmão), *venire* no processo – 145
STJ 28-out.-1997 (Cardona Ferreira), princípio da boa-fé – 135
STJ 5-nov.-1997 (Figueiredo de Sousa), litigância de má-fé; entorpecer a justiça – 76
STJ 5-fev.-1998 (Torres Paulo), sistema móvel – 108
STJ 2-jun.-1998 (César Marques), litigância de má-fé; invocação de factos falsos – 76
STJ 25-jun.-1998 (Miranda Gusmão), abuso do direito; alargamento para além do "direito" – 132
STJ 9-jul.-1998 (Figueiredo de Sousa), litigância de má-fé; apreciação *in concreto* – 75
STJ 15-out.-1998 (Costa Soares), litigância de má-fé; questionar documentos próprios – 76
STJ 20-out.-1998 (F. Pinto Monteiro), litigância de má-fé; apreciação *in concreto* – 75
STJ 11-mar.-1999 (José Mesquita), materialidade subjacente – 136
STJ 27-mai.-1999 (Sousa Inês), litigância de má-fé; defesa disparatada e sem sentido – 76
STJ 11-nov.-1999 (Lúcio Teixeira), litigância de má-fé; negligência grave – 66
STJ 25-nov.-1999 (Duarte Soares), abuso do direito; oficiosidade – 133
STJ 9-dez.-1999 (Pais de Sousa), litigância de má-fé; reclamações absurdas – 76

STJ 11-abr.-2000 (Fernando Pinto Monteiro), litigância de má-fé; ponderação *in concreto* – 75
STJ 16-mai.-2000 (Quirino Soares), abuso em processo – 146
STJ 16-mai.-2000 (Silva Paixão), litigância de má-fé; sociedade comercial – 69
STJ 6-jun.-2000 (Tomé de Carvalho), litigância de má-fé; alargamento à negligência grave – 66
STJ 19-out.-2000 (Nascimento Costa), abuso do direito; *suppressio* – 115
STJ 14-nov.-2000 (Silva Paixão), abuso do direito; *venire contra factum proprium* – 108
STJ 21-nov.-2000 (Fernando Pinto Monteiro), abuso do direito; *venire contra factum proprium*; determinação *in concreto* – 108
STJ 4-abr.-2001 (Joaquim de Matos), litigância de má-fé; alegações descabidas – 76
STJ 12-jul.-2001 (Araújo Barros), abuso do direito; *tu quoque* – 117-118
STJ 11-out.-2001 (Silva Salazar), abuso do direito; oficiosidade – 133
STJ 30-out.-2001 (Pais de Sousa), abuso do direito; *suppressio* – 115
STJ 6-dez.-2001 (Afonso de Melo), litigância de má-fé; negligência grave – 66
STJ 17-jan.-2002 (Miranda Gusmão), abuso do direito; *venire contra factum proprium* – 109
STJ 24-jan.-2002 (Silva Paixão), materialidade subjacente – 136
STJ 22-fev.-2002 (Ferreira de Almeida), litigância de má-fé; suspeição – 195
STJ 28-fev.-2002 (Garcia Marques), litigância de má-fé; oficiosidade e contraditório – 67
STJ 6-jun.-2002 (Ferreira Girão), litigância de má-fé; oficiosidade; conhecimento no Supremo – 71
STJ 26-jun.-2002 (Borges de Almeida), litigância de má-fé; processo penal – 70
STJ 15-out.-2002 (Ferreira Ramos), litigância de má-fé; pendência do tribunal – 75
STJ 21-jan.-2003 (Azevedo Ramos; vencido: Armando Lourenço), abuso do direito; *venire* – 109
STJ 13-mar.-2003 (Oliveira Barros), abuso do direito; *venire contra factum proprium* – 109
STJ 16-out.-2003 (Salvador da Costa), *culpa in agendo* – 196
STJ 11-dez.-2003 (Quirino Soares), litigância de má-fé; pendência do tribunal – 75
STJ 18-dez.-2003 (Bettencourt de Faria), (dois acórdãos), litigância de má-fé; factos falsos – 76, 77
STJ 22-jan.-2004 (Bettencourt de Faria), litigância de má-fé; factos pessoais – 77
STJ 27-mai.-2004 (Luís Fonseca), litigância de má-fé; factos falsos – 77
STJ 30-set.-2004 (Araújo de Barros), litigância de má-fé; invocação de crédito extinto – 77
STJ 10-jul.-2007 (Gil Roque), litigância de má-fé; indemnização – 72, 73
STJ 10-jan.-2008 (João Bernardo), *tu quoque* – 118
STJ 27-mai.-2008 (Cardoso Albuquerque), desequilíbrio no exercício – 119
STJ 30-set.-2008 (Paulo Sá), exercício em desequilíbrio – 119
STJ 4-nov.-2008 (Fonseca Ramos), abuso do direito de ação – 145
STJ 12-fev.-2009 (Vasques Dinis), *suppressio* – 115
STJ 31-mar.-2009 (Moreira Camilo), *venire contra factum proprium* – 111
STJ 7-jan.-2010 (Pires da Rosa), exercício em desequilíbrio – 119
STJ 27-mai.-2010 (Custódio Montes), *suppressio* – 116
STJ 27-mai.-2010 (Lázaro Faria), litigância de má-fé; rejeita – 77
STJ 17-jun.-2010 (Fonseca Ramos), responsabilidade por procedimento cautelar injustificado – 196

STJ 9-set.-2010 (Lopes do Rego), litigância de má-fé; rejeita – 77
STJ 28-set.-2010 (Sousa Leite), litigância de má-fé; não toma conhecimento – 77
STJ 30-set.-2010 (Gonçalo Silvano), litigância de má-fé; não toma conhecimento – 77
STJ 21-out.-2010 (Lopes do Rego), litigância de má-fé; não toma conhecimento – 77
STJ 16-fev.-2012 (Sérgio Poças), litigância de má-fé e acesso ao Direito – 66
STJ 29-mar.-2012 (Fernandes do Vale), insolvência; dívidas litigiosas – 246
STJ 24-mai.-2012 (Lopes do Rego), questão-de-facto; litigância – 68
STJ 16-out.-2012 (Salazar Casanova), questão-de-facto; litigância – 68
STJ 21-nov.-2012 (Maria Clara Sottomayor), recurso; litigância de má-fé – 68

Supremo Tribunal Administrativo

STA 27-nov.-2002 (Abel Anastácio), litigância de má-fé; execução de dívida já paga – 76
STA 24-mai.-2005 (João Belchior), providências a tomar por demoras abusivas nos recursos – 196

Relação de Coimbra

RCb 26-mai.-1928, abuso do direito (chaminé) – 102
RCb 17-jan.-1989 (Costa Marques), litigância de má-fé; sociedade comercial – 69
RCb 16-fev.-1993 (Costa marques), litigância de má-fé; sociedade comercial – 69
RCb 27-jan.-1998 (Soares Ramos), abuso do direito; desequilíbrio – 119
RCb 9-nov.-1999 (Ferreira de Barros), abuso do direito; desequilíbrio – 119
RCb 13-jan.-2000 (Gonçalves Afonso), litigância de má-fé; protelar trânsito em julgado – 65
RCb 8-fev.-2000 (Custódio Marques Costa), abuso do direito; desequilíbrio – 119
RCb 16-mai.-2000 (Araújo Ferreira), abuso em processo e litigância de má-fé – 146
RCb 2-mai.-2001 (Maio Macário), litigância de má-fé; processo penal – 70
RCb 23-mar.-2004 (Távora Vítor), materialidade subjacente – 136
RCb 13-jan.-2012 (Alberto Mira), litigância de má-fé; processo penal – 65
RCb 27-mar.-2012 (Francisco Caetano), conhecimento de falta de fundamento – 64
RCb 15-mai.-2012 (Carvalho Martins), requerimento de insolvência; má-fé – 247
RCb 12-jun.-2012 (Teles Pereira), insolvência; danos morais – 247
RCb 26-jun.-2012 (Carlos Gil), litigância; negligência grave – 67
RCb 9-out.-2012 (Artur Dias), conhecimento de falta de fundamento – 64
RCb 11-dez.-2012 (Maria José Guerra), insolvência infundada; mera culpa – 68, 247
RCb 19-fev.-2013 (Jacinto Meca), insolvência infundada; danos patrimoniais e morais – 247
RCb 9-abr.-2013 (Carlos Moreira), convicção do julgador – 65

Relação de Évora

REv 21-mar.-1998 (Fernando Bento), abuso do direito; valorações materiais – 135
REv 23-abr.-1998 (Tavares de Paiva), abuso do direito; oficiosidade – 133
REv 21-mar.-2000 (Manuel Cipriano Nabais), litigância de má-fé; irrelevância do resultado – 65

REv 4-out.-2001 (Borges Soeiro), abuso do direito; *venire*; Direito da família – 109
REv 2-mar.-2002 (Mário Manuel Pereira), litigância de má-fé; sociedade comercial – 69
REv 14-abr.-2009 (António João Latas), *tu quoque* – 118
REv 13-out.-2011 (José António Penetra Lúcio), falta de fundamento da pretensão – 64
REv 7-fev.-2012 (José António Penetra Lúcio), pessoa coletiva; contraditório – 69
REv 28-jun.-2012 (Correia Pinto), falta de fundamento da pretensão – 64
REv 14-dez.-2012 (António Ribeiro Cardoso), princípio do contraditório – 68
REv 20-dez.-2012 (Maria Isabel Silva), danos morais – 69
REv 6-jun.-2013 (Paula do Paço), falta de fundamento da pretensão – 64

Relação de Guimarães

RGm 7-jan.-2004 (António Magalhães: vencido: Carvalho Martins), abuso do direito; *venire* – 109
RGm 31-mar.-2004 (Vieira da Cunha), abuso do direito; *venire contra factum proprium* – 109
RGm 30-jun.-2004 (Manso Rainho), abuso do direito; concretização – 137
RGm 10-nov.-2011 (Maria Luísa Ramos), sociedade comercial; condenação – 69
RGm 29-nov.-2011 (Isabel Rocha), alteração dos factos; má-fé – 64
RGm 26-jan.-2012 (Maria Luísa Ramos), convicção do direito alegado – 64, 67
RGm 29-mai.-2012 (Fernando Fernandes Freitas), negligência grave – 67
RGm 5-jul.-2012 (Maria Luísa Ramos), condutas manifestas e inequívocas – 65
RGm 9-out.-2012 (Ana Cristina Duarte), contraditório – 68
RGm 4-mar.-2013 (Manuela Fialho), vencida pelo ónus da prova – 64
RGm 2-jul.-2013 (Rosa Tching), contraditório; condenação oficiosa – 68
RGm 10-set.-2013 (António Figueiredo de Almeida), cautelas do julgador – 65

Relação de Lisboa

RLx 30-jun.-1951 (Eduardo Coimbra), abuso do direito; *venire contra factum proprium* – 102
RLx 17-dez.-1976 (Correia de Paiva), abuso do direito; desequilíbrio – 103
RLx 12-jun.-1997 (Carlos Valverde), abuso do direito; natureza objetiva – 133
RLx 3-fev.-1998 (Pinto Monteiro), aplicação da boa-fé – 137
RLx 31-mar.-1998 (Lino Augusto Pinto), inalegabilidade – 111
RLx 9-jul.-1998 (Rogério Sampaio Beja), *venire*; litigância de má-fé – 137
RLx 29-jan.-1999 (Salazar Casanova), abuso do direito; oficiosidade; alcance – 133
RLx 10-fev.-1999 (Ferreira Marques), materialidade subjacente – 136
RLx 4-mar.-1999 (Ponce de Leão), inalegabilidade – 111
RLx 11-mar.-1999 (Salvador da Costa), materialidade subjacente – 136
RLx 25-nov.-1999 (Moreira Camilo), materialidade subjacente – 136
RLx 4-mai.-2000 (Nunes da Costa), litigância de má-fé; dolo processual – 66
RLx 16-jan.-2001 (Mário Rua Dias), abuso do direito; *suppressio* – 115
RLx 22-jan.-2002 (António Abrantes Geraldes), abuso do direito; função social; *suppressio* – 115

RLx 18-abr.-2002 (Salvador da Costa), abuso do direito; alargamento para além do direito – 132
RLx 18-mar.-2003 (António Abrantes Geraldes), abuso do direito; oficiosidade; alcance – 133
RLx 1-abr.-2003 (Pereira da Silva), abuso do direito; *suppressio* – 115
RLx 22-jan.-2004 (Salazar Casanova), abuso do direito; *venire* e *tu quoque* – 109
RLx 2-mar.-2004 (André dos Santos), abuso do direito; *tu quoque* – 118
RLx 29-abr.-2004 (Fátima Galante), inalegabilidade e *venire* – 111
RLx 26-out.-2010 (António Santos), litigância de má-fé; rejeita – 77
RLx 26-out.-2010 (Luís Espírito Santo), litigância de má-fé; rejeita – 77
RLx 9-nov.-2010 (Maria do Rosário Morgado), litigância de má-fé; rejeita – 77
RLx 22-nov.-2011 (Jorge Gonçalves), litigância de má-fé; processo penal – 65
RLx 19-jan.-2012 (Olindo Geraldes), pedir um preço já recebido – 63
RLx 10-mai.-2012 (Sérgio Almeida), recorrer em violação do caso julgado – 64
RLx 21-jun.-2012 (Ezagüy Martins), relevo do comportamento – 65
RLx 8-nov.-2012 (Ondina Carmo Vaz), princípio do contraditório – 69
RLx 5-dez.-2012 (Sérgio Almeida), condenação do administrador – 70
RLx 23-abr.-2013 (Isabel Fonseca), requerimento de insolvência; dolo – 247

Relação de Luanda

RLd 17-jul.-1970 (Manuel Fernandes Mota), abuso do direito; *venire contra factum proprium* – 102, 103

Relação do Porto

RPt 3-fev.-1981 (Joaquim Carvalho), abuso do direito; *tu quoque* – 103, 117
RPt 19-out.-2000 (Moreira Alves), materialidade subjacente – 136
RPt 20-mar.-2001 (Afonso Correia), abuso do direito; *venire contra factum proprium* – 108
RPt 31-mai.-2001 (Afonso Correia), inalegabilidade – 111
RPt 22-jan.-2002 (Lemos Jorge), abuso em processo – 146
RPt 9-abr.-2002 (M. Fernanda Pais Soares), abuso do direito; *venire contra factum proprium* – 109
RPt 11-mar.-2003 (Lemos Jorge), abuso do direito; *suppressio* – 115
RPt 2-jun.-2003 (Sousa Peixoto), litigância de má-fé; alterar a verdade dos factos – 63
RPt 29-set.-2003 (Fernando do Vale), abuso do direito; confiança – 136
RPt 13-out.-2003 (Oliveira Abreu), litigância de má-fé; protelamento injustificado – 76
RPt 22-abr.-2004 (Saleiro de Abreu), inalegabilidade – 111
RPt 20-mar.-2007 (Alziro Cardoso), inalegabilidade – 111
RPt 25-out.-2007 (Amaral Ferreira), desequilíbrio no exercício – 119
RPt 22-abr.-2008 (Rodrigues Pires), requerimento de insolvência; dolo – 247
RPt 4-jun.-2009 (Barateiro Martins), litigância de má-fé; rejeita – 110
RPt 7-set.-2010 (Ana Lucinda Cabral), litigância de má-fé; rejeita – 77
RPt 28-out.-2010 (Maria Catarina), litigância de má-fé; rejeita – 77
RPt 7-nov.-2011 (Caimoto Jácome), requerimento de insolvência; dolo – 65
RPt 17-set.-2012 (Machado da Silva), pessoa coletiva; má-fé – 69

1.ª Instância

Lx 21-abr.-1676 (Leitão), perdas e danos por dolo e calúnia em juízo – 47

JURISPRUDÊNCIA ESTRANGEIRA

Alemanha

Bundesverfassungsgericht

BVerfG 8-fev.-1972, *suppressio* no processo – 143

Reichsgericht

RG 14-out.-1905, boa-fé no processo civil – 140
RG 8-mai.-1919, dever de verdade; bons costumes – 85
RG 1-jun.-1921, boa-fé no processo civil – 140

Bundesgerichthof

BGH 7-mar.-1956, *culpa in agendo* – 184
BGH 3-out.-1961, *culpa in agendo* – 184-185, 243, 244
BGH 24-out.-1961, *culpa in agendo* – 244
BGH 20-mai.-1968, *venire* no processo – 142
BGH 23-nov.-1977, *tu quoque* – 142
BGH 13-mar.-1979, *culpa in agendo* – 185, 244
BGH 23-mar.-1985, *culpa in agendo* – 185
BGH 12-nov.-1987, *tu quoque* no processo – 144
BGH 15-fev.-1990, *culpa in agendo* – 244
BGH 12-mai.-1992, *culpa in petendo*; insolvência – 244
BGH 5-jun.-1997, *venire* no processo – 143
BGH 18-nov.-1998, *tu quoque* no processo – 144
BGH 26-jun.-2001, *culpa in petendo*; insolvência – 244
BGH 25-mar.-2003, *culpa in petendo*; insolvência – 244
BGH 11-nov.-2003, *culpa in petendo*; insolvência – 85

Bundesarbeitsgericht

BAG 5-ago.-1969, inalegabilidade no processo – 144

França

Cassação

CssFr 3-ago.-1915, abuso do direito – 92

Apelação

C. Imp. Metz 10-nov.-1808, atos emulativos – 92
C. Imp. Colmar 2-mai.-1855, abuso do direito – 92

1.ª Instância

Parlamento de Aix 1-fev.-1577, atuação emulativa – 92
Compiègne 19-fev.-1913, abuso do direito – 92
Douai 7-mai.-1902, abuso do direito – 92

ÍNDICE ONOMÁSTICO

Abreu, Oliveira – 76
Abreu, Saleiro de – 111
Abreu, Teixeira de – 97, 102
Accorella, C. – 223
Afonso, Gonçalves – 65
Alarcão, Rui de – 176
Albuquerque, Cardoso – 119
Albuquerque, Pedro de – 43, 45, 51, 57, 58, 72, 248
Alguer, José – 179
Almeida, António Figueiredo de – 65
Almeida, Borges de – 70
Almeida, Cândido Mendes de – 48
Almeida, Carlos Ferreira de – 174
Almeida, Ferreira de – 195
Almeida, Sérgio – 64, 70
Alves, Moreira – 136
Ambs, Stephane – 83
Anastácio, Abel – 76
Andrade, Manuel A. D. de – 37, 176, 218
Andrews, Neil – 79, 235
App, Michael – 244
Arangio-Ruiz – 156, 222
Arantes, Tito – 97
Arens, Peter – 83
Arnold, Hans – 228

Baião, Magalhães – 75
Balz, Manfred – 229
Barata, Álvaro do Amaral – 56
Barros, Araújo de – 77, 118
Barros, Ferreira de – 119
Barros, Magalhães – 215
Barros, Oliveira – 109
Bastos, Rodrigues – 179

Bauer, Fritz – 185
Baumbach, Adolf – 81, 83, 84
Baumgärtel – 141, 142
Baur, Fritz – 224, 243, 244
Bayer, Hieronimus – 223, 224
Beja, Rogério Sampaio – 137
Belchior, João – 196
Beltz, Wilhelm – 140
Benkendorf – 140
Benöhr, Hans-Peter – 158, 159, 160, 163
Bento, Fernando – 135
Bernardo, João – 118
Bernhard, Wolfgang – 82
Biererstein, F. Freiherrn Marschall von – 126
Biermann, Johannes – 95
Binding, Karl – 156
Blomeyer, Jürgen – 186
Boor, H. O. de – 125
Bork, Reinhard – 224, 232
Bötticher, Eduard – 41
Bottke, Wilfried – 85
Brasiello, Ugo – 154
Braun, Eberhard – 230, 238, 239
Breuer, Wolfgang – 229, 238, 239
Brinkmann, Werner – 82
Brito, Wanda Ferraz de – 219
Bruder, Kurt – 237
Brugi, Biagio – 156
Buck, Stefano – 239
Burdese, Alberto – 156
Buzzacchi, Chiara – 91

Cabedo, Jorge – 48
Cabral, Alpoim – 212

CABRAL, AMARAL – 226
CABRAL, ANA LUCINDA – 77
CABRAL, BORGES – 226
CADIET, LOÏC – 165, 166
CAEMMERER, ERNST VON – 165
CAETANO, FRANCISCO – 64
CALDAS, CARLOS – 111, 133
CAMILO, MOREIRA – 111, 136
CANARIS, CLAUS-WILHELM – 106, 108, 114, 159
CANOTILHO, J. J. GOMES – 37
CARDOSO, ALZIRO – 111
CARDOSO, ANTÓNIO RIBEIRO – 68
CARLOS, PALMA – 216
CARNEIRO, MANUEL BORGES – 170, 171
CARVALHO, JOAQUIM – 103, 117
CARVALHO, OLIVEIRA – 58
CARVALHO, TOMÉ DE – 66
CASANOVA, SALAZAR – 68, 109, 133
CATARINA, MARIA – 77
CHABAS, FRANÇOIS – 92, 93
COELHO, FRANCISCO MANUEL PEREIRA – 176
COELHO, JOSÉ GABRIEL PINTO – 175, 176
COELHO, SOFIA PINTO – 19
COIMBRA, EDUARDO – 102
CORDEIRO, ANTÓNIO MENEZES – 159, 166, 169, 172, 173, 174, 177
CORREIA, AFONSO – 108, 111
CORREIA, FERRER – 176
CORREIA, MIGUEL J. A. PUPO – 176
CORTE-REAL, RUI – 103
COSACK, KONRAD – 96
COSTA, CUSTÓDIO MARQUES – 119
COSTA, E. – 171
COSTA, NASCIMENTO – 115
COSTA, NUNES DA – 66
COSTA, SALVADOR DA – 132, 136, 196
COURRÉGE, ORLANDO GARCIA-BLANCO – 176
CRIFÒ, GIULIANO – 154, 156
CRUZ, SEBASTIÃO – 153, 222
CUNHA, MÁRIO AUGUSTO DA – 176
CUNHA, PAULO A. V. – 25, 54, 55, 71, 176, 184

CUNHA, VIEIRA DA – 109

D'ORS, ÁLVARO – 152
DABIN, JEAN – 126
DEPRÉ, PETER – 237
DERNBURG, HEINRICH – 95
DETTE, HANS WALTER – 106
DIAS, ARTUR – 64
DIAS, MÁRIO RUA – 115
DINIS, VASQUES – 115
DÖLLE, HANS – 143
DONDI, ANGELO – 79
DUARTE, ANA CRISTINA – 68
DÜREN, THEODOR – 84
DÜTZ, WILHELM – 143

EBERT, EUGEN – 164
EISELE, HANS – 82
ENDEMANN – 80, 221, 223, 224
ENNECCERUS, LUDWIG – 179
ESCARRA, JEAN – 224
ESSER, JOSEF – 163, 186

FABIÃO, FERNANDO – 117
FARIA, BETTENCOURT DE – 76, 77
FARIA, LÁZARO – 77
FERNANDES, LUÍS A. CARVALHO – 220, 248
FERREIRA, AMARAL – 119
FERREIRA, ARAÚJO – 146
FERREIRA, CARDONA – 135
FERREIRA, JOSÉ DIAS – 52, 54, 101, 174
FIALHO, MANUELA – 64
FICHT, OSKAR – 82
FISCHER, HANS ALBRECHT – 176
FISCHER, OTTO – 164
FISCHER, THOMAS – 84
FLECK, WOLFGANG – 83, 84, 85
FOERSTE, ULRICH – 230
FONSECA, ISABEL – 247
FONSECA, LUÍS – 77
FÖRSTER, KARSTEN – 229, 230
FRADA, MANUEL CARNEIRO DA – 107, 150
FRAENKEL, MICHAEL – 164
FRANCHIS, FRANCESCO DE – 225
FREIRE, PASCOAL JOSÉ DE MELO – 46, 170

Freitas, Fernando Fernandes – 67
Freire, Barjona de – 53
Freitas, José Lebre de – 63
Frenzel, Volkhard – 237
Fuchs, Karlhaus – 245
Furtiman, Richard – 79

Gadow, Wilhelm – 90
Galante, Fátima – 111
Garcia, Octávio Dias – 103
Garcia, Sofia Amaral – 18
Garoupa, Nuno – 18
Gaul, Hans Friedhelm – 187, 230
Gebhart, Otto – 84
Gehrlein, Markus – 81, 83, 84
Geordiades, Apostolos – 41
Geraldes, António Abrantes – 115, 133
Geraldes, Olindo – 63
Gil, Carlos – 67
Girão, Ferreira – 71
Glück, Christian Friedrich – 94
Goldschmidt, James – 80, 183, 184
Gonçalves, Jorge – 65
Gonçalves, Luiz da Cunha – 97, 175, 211, 212, 214
Goode, Roy – 225
Gorres, K. H. – 140
Gottwald, Peter – 139, 142, 229
Götz, Klaus-Jürgen – 187, 188
Gouveia, Jaime Augusto Cardoso de – 175, 176
Graf-Schlicker, Marie Luise – 230, 245
Greger, Reinhard – 81, 83
Griesbeck, Michael – 106
Grotius – 159, 160
Grunsky, Wolfgang – 86
Gualazzini, Ugo – 90, 223
Guerra, Maria José – 68, 247
Gusmão, Miranda – 109, 132, 145

Haarmeyer, Hans – 229, 230
Habscheid, Walter – 41
Hackenberg, Wolfgang – 83
Hahn, Bernhard – 86
Hartmann, Peter – 81

Häsemeyer, Ludwig – 82, 187, 229, 232, 233, 234, 238, 239, 244, 245
Hasse, Johann Christian – 155
Haymann, Franz – 157
Hazard, Geoffrey C. – 79
Heck, Philipp – 179
Hellwig, Konrad – 81
Henkel, Wolfram – 41
Henle, Wilhelm – 164
Henning, Kai – 239
Hess, Harald – 237
Heveling, Eli – 82
Hey, Oskar – 157
Hirsch, Hans Christoph – 126
Hirte, Heribert – 230
Hispano, Giorgio de Cabedo I. C. – vide Cabedo, Jorge.
Hitzig – 154
Hoffmann, Birgit – 126
Hohloch, Gerhard – 228
Hopt, Klaus – 84, 185, 186, 188, 244

Imbert, Jean – 222
Inês, Sousa – 76

Jácome, Caimoto – 65
Jauernig, Otmmar – 139, 225, 230
Jeantin, Michel – 228, 229
Jhering, Rudolf von – 95, 122, 161, 162, 163, 164, 174 175, 177, 179, 188
Jorge, Lemos – 115, 146
Josserand, Louis – 93, 122, 126
Junqueiro, P. Augusto – 37

Kaser, Max – 79, 151, 155, 156
Kawano, Masanori – 85
Keidel, F. – 164
Keunecke, Fritz – 84
Kiefer, Thomas – 160
Kiethe, Kurt – 85
Kipp, Theodor – 95, 157
Klaas, Wilhelm – 239
Kleinfeller – 157
Knütel, Rolf – 157
Kohler, J. – 223, 224

Konzen, Horst – 142, 143, 186
Krencker, Martin – 82
Kress, Otto – 82
Kuhlenbeck, Ludwig – 164
Kunkel, Wolfgang – 155, 156
Kupka, Natascha – 236

Labareda, João – 220, 248
Landfermann, Hans-Georg – 229
Lange, Hans Dieter – 83
Larenz, Karl – 95, 112
Latas, António João – 118
Laurent, F. – 92
Lauterbach, Wolfgang – 81, 83, 84
Leal, Artur Pavão da Silva – 216, 217
Leão, Ponce de – 111
Lecene-Marénaud, Marianne – 165
Leitão – 47
Leitão, Luís Menezes – 234, 240, 248
Leite, Sousa – 77
Leonhard, R. – 156
Leonhardt, Peter – 230
Liebs, Detlef – 106
Lima, Pires de – 176
Lindemann, Carsten – 187
Lindenberg, Frank – 86
Livius, Titus – 222
Loening, Otto – 164
Löhr, Egid von – 157
Longo, Giovanni Elio – 222, 223
Looschelders, Dirk – 89
Lorenz, Egon – 116
Loritz, Karl-Georg – 244
Lourenço, Armando – 109
Lübtow, Von – 151
Lúcio, José António Penetra – 64, 69
Luhmann, Niklas – 42
Lunk, Stefan – 85

Macário, Maio – 70
Maccormack, Geoffrey – 157
Macedo, Pedro de Sousa – 219, 223, 225, 226
Machado, A. Montalvão – 63
Machado, João Baptista – 104, 107

Magalhães, António – 109
Magalhães, Fernandes de – 133
Magalhães, J. M. Barbosa de – 213, 214, 216, 226
Marchante, João Pedro Charters – 126
Marchi, Antonio – 151
Marinoni, Roberto – 229
Marongiu, Antonio – 158
Marotzke, Wolfgang – 236
Marques, César – 76
Marques, Costa – 69
Marques, Ferreira – 136
Marques, Garcia – 67
Marques, Mário Reis – 169
Martins, Barateiro – 110
Martins, Carvalho – 109, 247
Martins, Ezagüy – 65
Marton, G. – 154
Mataja, Viktor – 163
Matos, Henriques de – 111, 119
Matos, Joaquim de – 76
Mazeaud, Henri – 92, 93
Mazeaud, Jean – 92, 93
Mazeaud, Léon – 92, 93
Meca, Jacinto – 247
Medeiros, Rui – 37
Mello, Alexandre de Sousa e – 54
Melo, Afonso de – 66
Mendes, João de Castro – 42, 58, 219
Meneses, Miguel Pinto de – 46, 170
Merkel, Rudolf – 163-164
Mesquita, Duarte Romeira – 219
Mesquita, José – 136
Meulenaere, O. de – 175
Milone, Filippo – 90
Mira, Alberto – 65
Miranda, Jorge – 37
Mitteis, Heinrich – 96
Moncada, Luís Cabral de – 97, 176
Monteiro, Fernando Pinto – 75, 108, 137
Monteiro, Santos – 76
Montes, Custódio – 116
Moraes, Silvestre Gomes de – 170
Moreira, Carlos – 65

Moreira, Guilherme – 97, 102, 174, 175, 177
Moreira, Vital – 37
Moreno, T. – 37
Morgado, Maria do Rosário – 77
Morhard, Peter – 83
Mota, Manuel Fernandes – 102
Müller, Christian – 82
Musielak, Hans-Joachim – 81, 83, 84

Nabais, Manuel Cipriano – 65
Nasch, James – 164
Navarrini, Umberto – 227
Navarro, Luís Lopes – 176
Nazareth, Francisco de Duarte – 52, 53
Neto, Abílio – 176
Neumann, Christine – 240
Neumann, Hugo – 164
Niese, Werner – 184
Nikisch, Artur – 41
Nipperdey, Hans Carl – 179
Nörr, Dieter – 156

Oberheim, Rainer – 86
Oelkers, Thomas-Wolfgang – 86
Oertmann, Paul – 164
Ogorek, Regina – 159
Oliveira, Gândara de – 97
Olzen, Dirk – 80, 81

Paço, Paula do – 64
Paiva, Correia de – 103
Paiva, Tavares de – 133
Paixão, Silva – 69, 108, 136
Paul, Uwe – 236
Paulo, Torres – 108
Pegas, Manuel Álvares – 47, 48
Peixoto, Sousa – 63
Pelágio, Huberto – 217
Pereira, Mário Manuel – 69
Pereira, Teles – 247
Peters, Egbert – 83
Pfister, Bernhard – 142, 143
Piech, Xenia – 84
Pinto, Lino Augusto – 111

Pinto, Carlos Mota – 166
Pinto, Correia – 64
Pinto, Paulo Mota – 107, 174
Pinto, Rui – 63
Pires, Rodrigues – 247
Planiol, Marcel – 93, 97, 126
Poças, Sérgio – 66
Popp, Cornelius – 86
Prange, Kerstin – 85, 187
Prechtel, Günther – 86
Prütting, Hanns – 81, 83, 84

Rainho, Manso – 137
Ramos, Azevedo – 109
Ramos, Ferreira – 75
Ramos, Fonseca – 145, 196
Ramos, Maria Luísa – 64, 65, 67, 69
Ramos, Soares – 119
Ranieri – 172
Rego, Lopes do – 68, 77
Reichard, Ingo – 157
Reis, José Alberto dos – 55, 56, 184, 218, 226, 227
Repgen, Tilman – 95
Rewolt, Max – 94
Riccobono, Salvatore – 90
Riezler, Erwin – 106, 116
Ringstmeier, Andreas – 237
Rinsche, Frank-Joseph – 86
Ripert, Georges – 126
Ritter, Jakob – 82
Robertis, Francesco M. de – 156, 158
Rocha, Isabel – 64
Rocha, Manuel António Coelho da – 170, 172, 184
Roque, Gil – 72
Rosa, Pires da – 119
Rosenberg, Leo – 139, 230
Roth, Jan – 82, 83, 84
Roth, Peter – 245
Rotondi, Giovanni – 158
Roubier, Paul – 126
Roxin, Claus – 161
Ruppe, Nicole – 237

Sá, Eduardo Alves de – 53
Sá, Fernando Cunha de – 98
Sá, Paulo – 119
Salazar, Silva – 133
Saldanha, Eduardo d'Almeida – 212
Salgado, António Mota – 219, 227
Samoza, Francisco Salgado – 223, 224
Santarelli, Umberto – 223
Santo, Luís Espírito – 77
Santos, André dos – 118
Santos, António – 77
Santos, António Furtado dos – 51, 57
Santos, Joaquim de Jesus – 219
Saraiva, Margarida Pimentel – 176
Schebitz – 152, 153
Schellhammer, Kurt – 139
Schiapani, Sandro – 156
Schilken, Eberhard – 230
Schillgalis, Shenja – 245
Schlosser, Peter – 141
Schmahl, Hermannjosef – 245
Schmidt, Jürgen – 163
Schmidt, Nikulaus – 237
Schmidt, Richard – 80
Schmidt, Rudolf – 96
Schneider, Konrad – 139, 140
Schönke, Adolf – 224
Schreiber, Klaus – 85, 139, 142, 187
Schröder, Meinhard – 143
Schütz, Rudolf – 84
Schwab, Karl Heinz – 41, 139, 142
Scialoja, Vittorio – 90
Sêco, Sousa – 37
Seipen, Christoph von der – 86
Serra, Adriano Vaz – 97, 103, 166, 176, 178, 179, 180
Serra, Catarina – 234, 240
Seuffert, Lothar – 223, 224
Siebert, Wolfgang – 121, 125
Silva, Machado da – 69
Silva, Manuel Duarte Gomes da – 173, 176
Silva, Maria Isabel – 69
Silva, Paula Costa e – 45, 47, 51, 61, 63, 68, 72, 73, 79, 248

Silva, Pereira da – 115
Silvano, Gonçalo – 77
Singer, Reiner – 143
Smid, Stefan – 229, 230, 244, 245
Soares, Costa – 76
Soares, Duarte – 133
Soares, Fernando Luso – 55, 71, 219
Soares, M. Fernanda Pais – 109
Soares, Quirino – 75, 146
Soeiro, Borges – 109
Sottomayor, Maria Clara – 68
Sousa, Figueiredo de – 75, 76
Sousa, Miguel Teixeira de – 40
Sousa, Pais de – 76, 115, 119
Sousa, Rui Correia de – 75
Staab, Gerhard Walter – 82
Stadler, Astrid – 81, 83, 84
Staudinger, Julius von – 164
Stickelbrock, Barbara – 237
Strassmann, Ernst – 164
Stürner, Rolf – 83, 142, 187, 224

Talamanca, Mario – 158, 159
Taruffo, Michele – 82
Tavares, José – 97, 175, 176
Tching, Rosa – 68
Teixeira, Lúcio – 66
Telles, Inocêncio Galvão – 176
Telles, José Homem Corrêa – 49, 50, 171
Tetzlaff, Christian – 240
Teubner, Gunther – 116
Theuerkauf, Horst – 141
Thibaut, Anton Friedrich Justus – 94
Titze, Heinrich – 164
Tomás, São – 80
Tourneau, Philippe Le – 165, 166
Traeger, Ludwig – 166
Trawny, Otto – 82
Truestedt, Friedrich – 84
Trutter, Josef – 139, 140

Uhlenbruck, Wilhelm – 229, 230
Unger, Joseph – 159

Vale, Fernando do – 136

VALE, FERNANDES DO – 246
VALLENDER, HEINZ – 230
VALLENS, JEAN-LUC – 231
VALVERDE, CARLOS – 133
VARELA, ANTUNES – 57, 176, 178
VAZ, ONDINA CARMO – 69
VEIGA, B. – 102
VELHA, RICARDO DA – 166
VILAÇA, GUILHERME VASCONCELOS – 18
VISSCHER, FERNAND DE – 151
VITALE, ANTONIO – 158
VÍTOR, TÁVORA – 136
VOGELS, HEINZ – 84

WACH, ADOLF – 80, 81
WAGNER, CLAUS – 81, 83, 84
WALTER, GERHARD – 80, 85, 188
WEITNAUER, HERMANN – 186, 244

WIEACKER, FRANZ – 156
WIELING, JOSEF – 106
WILBURG, WALTER – 108
WILDERMUTH, EUGEN – 82
WILMOWSKY, PETER VON – 237
WINDSCHEID, BERNARD – 40, 95
WOLF, MANFRED – 95, 112
WURZER, GUSTAV – 81
WUTZKE, WOLFGANG – 229, 230

XAVIER, VASCO LOBO – 225

ZEISS, WALTER – 41, 82, 139, 141, 142, 143, 185, 186, 244
ZEUNER, MARK – 230, 244
ZIMMERMANN, WALTER – 81, 83, 84, 229, 230
ZITELMANN, ERNST – 164

ÍNDICE BIBLIOGRÁFICO

AAVV – *Abuse of Procedural Rights/comparative standards of procedural fairness/International Association of Procedural Law International Colloquium*, 27-30 october 1998, Tulane Law School, New Orleans, Louisiana, 1999.

ABREU, TEIXEIRA DE – *Curso de Direito civil*, 1, 1910;
 – *Da construção de chaminés*, anotação a RCb 26-Mai.-1928, BFD 11 (1930), 171-204.

ACCORELLA, C./GUALAZZINI, U. – *Fallimento (storia)*, ED XVI (1967), 220-232

ALARCÃO, RUI DE – *vide* ANDRADE, MANUEL A. D. DE.

ALBERS, JAN/HARTMANN, PETER – em ADOLF BAUMBACH/WOLFGANG LAUTERBACH, *Zivilprozessordnung*, 71.ª ed., 2013.

ALBUQUERQUE, PEDRO DE – *Responsabilidade processual por litigância de má fé, abuso de direito e responsabilidade civil em virtude de actos praticados no processo*, 2006.

ALGUER, JOSÉ – *vide* GONZÁLEZ, BLAS PÉREZ.

ALMEIDA, CÂNDIDO MENDES DE – *Auxiliar Juridico servindo de Appendice à decima quarta edição do Codigo Philippino ou Ordenações do Reino de Portugal*, 1869, reimp. Fundação C. Gulbenkian.

ALMEIDA, CARLOS FERREIRA DE – *Texto e enunciado na teoria do negócio jurídico*, 1, 1990.

AMBS, STEPHANE – *Bestreiten mit Nichtwissen/Die Auslegungsregel des § 138 Abs. 4 ZPO*, 1997.

ANDRADE, MANUEL A. D. DE – *Lições de Processo Civil*, por T. MORENO, SOUSA SÊCO e P. AUGUSTO JUNQUEIRO, 1945;
 – prefácio a JOSÉ ALBERTO DOS REIS, *Processos especiais*, 2, 1956, reimp. 1982;
 – *Teoria Geral das Obrigações*, com a colaboração de RUI DE ALARCÃO, 3.ª ed., 1966, reimpr. póstuma de *Lições* anteriores.

ANDREWS, NEIL – *The Pursuit of Truth in Modern English Civil Proceedings*, ZZPInt 8 (2003), 69-96.

Anotação a STJ 31-Mai.-1938 em GRLx 52 (1938), 222/I.

APP, MICHAEL – *Probleme bei Konkursanträgen aufgrund von Steueransprüchen*, ZIP 1992, 460-463

ARANGIO-RUIZ – *Responsabilità contrattuale in diritto romano/Corso di Pandette svolto nella R. Università di Napoli 1926-27*, 2.ª ed., 1933.

ARANTES, TITO – *Do abuso do direito e da sua repercussão em Portugal*, 1936.

ARENS, PETER – *Zur Aufklärungspflicht der nicht beweisbelasteten Partei im Zivilprozess*, ZZP 96 (1983), 1-24

ARNOLD, HANS – *Insolvenzrechtsreform in Westeuropa*, ZIP 1985, 321-333

AUGUSTO JÚNIOR, ANTÓNIO FERREIRA – *Annotação ao Codigo de Processo Civil* 1, 1881.

BALZ, MANFRED/LANDFERMANN, HANS-GEORG – *Die neuen Insolvenzgesetze*, 1995.
BARATA, ÁLVARO DO AMARAL – *Parecer*, na ROA 10, 3 e 4 (1950), 516-530
BASTOS, RODRIGUES – *Das obrigações em geral*, vol. VI, 1973.
BAUER, FRITZ – *Anmerkung zu BGHZ 36, 18*, JZ 1962, 95-96.
BAUMGÄRTEL – *Treu und Glauben, gute Sitten und Schikaneverbot im Erkenntnisverfahren*, ZZP (1956), 89-131;
 – *Treu und Glauben im Zivilprozess*, ZZP 86 (1973), 353-372.
BAUR, FRITZ – anotação a BGH 3-Out.-1961, JZ 1962, 95-96.
BAUR, FRITZ/STÜRNER, ROLF/SCHÖNKE, ADOLF – *Zwangsvollstreckungs- Konkurs- und Vergleichsrecht*, 11.ª ed., 1983.
BAYER, HIERONIMUS – *Theorie des Concurs-Prozesses nach gemeinem Rechte*, 4.ª ed., 1850; a 1.ª ed. desta obra data de 1836.
BELTZ, WILHELM – *Treu und Glauben und die guten Sitten nach neuer Rechtsauffassung und ihre Geltung in der ZPO*, 1937.
BENKENDORF – *Treu und Glauben im Zivilprozess*, JW 1933, 2870-2872.
BENÖHR, HANS-PETER – recensão a REGINA OGOREK, *Untersuchungen zur Entwicklung der Gefährdungshaftung im 19. Jahrhundert* (1975), TS 45 (1977), 202-208;
 – *Zur Ausservertraglichen Haftung im gemeinen Recht*, FS Kaser 70. (1976), 689-713.
 – *Die Entstehung des BGB für das Verschuldensprinzip*, TS 46 (1978), 1-31.
BERNHARD, WOLFGANG – *Die Aufklärung der Sachverhalte im Zivilprozess*, FG Leo Rosenberg (1949), 9-50.
BERNHARDT – *Auswirkungen von Treu und Glauben im Prozess und in der Zwangsvollstreckung*, ZZP 66 (1953), 77-100.
BIERERSTEIN, F. FREIHERRN MARSCHALL VON – *Vom Kampf des Rechts gegen die Gesetze*, 1927.
BIERMANN, JOHANNES – vide DERNBURG, HEINRICH.
BINDING, KARL – *Culpa. Culpa lata und culpa levis*, SZRom 39 (1918), 1-35.
BLOMEYER, JÜRGEN – *Schadensersatzansprüche des im Prozess Unterlegenen wegen Fahlerhaltens Dritter*, 1972.
BOOR, H. O. DE – *Methodisches zur Dogmatik und Rechtsvergleichung*, AcP 141 (1935), 265-279.
BORK, REINHARD – introdução a *Insolvenzordnung*, da Beck, 13.ª ed., 2010.
BÖTTICHER, EDUARD – *Zur Lehre vom Streitgegenstand im Eheprozess*, FS Rosenberg (1949), 73-99
BOTTKE, WILFRIED – *Materielle und formelle Verfahrensgerechtigkeit im demokratischen Rechtsstaat*, 1991.
BRASIELLO, UGO – *Delitti (diritto romano)*, ED XII (1964), 3-8.
BRAUN, EBERHARD – *Insolvenzordnung Kommentar*, 2.ª ed., 2004, prenot. §§ 217 a 269.
BRAUN, EBERHARD (org.) – *Insolvenzordnung*, 5.ª ed., 2012.
BREUER, WOLFGANG – *Insolvenzrecht/Eine Einführung*, 2.ª ed., 2003.
BRINKMANN, WERNER – *Die Neuaufsichtung der Wahrheitspflicht in Paragraph 1 Abs, 183 ZPO und ihr Einfluss auf die Fragen des Prozessbetruges*, 1939.
BRITO, WANDA FERRAZ DE – vide SOARES, FERNANDO LUSO.
BRUDER, KURT – *Auskunftsrecht und Auskunftspflicht des Insolvenzverwalters und seiner Mietarbeiter*, ZVI 2004, 332-336.

BRUGI, BIAGIO – *Istituzioni di diritto romano (diritto privato Giustinianeo)*, 1926.
BRUTI, MASSIMO – *La problematica del dolo processuale nell'esperienza romana*, 1973, 2 volumes.
BUCK, STEFANO – em EBERHARD BRAUN, *Insolvenzordnung Kommentar*, 2.ª ed., 2004, § 286 ss.
BURDESE, ALBERTO – *Manuale di diritto privato romano*, 3.ª ed., 1987.
BUZZACCHI, CHIARA – *L'abuso del processo nel diritto romano*, 2002.

CABEDO, JORGE (GIORGIO DE CABEDO I. C. HISPANO) – *Praticarum observationum sive decisionum Supremi Senatus Regni Lusitanae*, 1684.
CABRAL, AMARAL – *vide* REIS, ALBERTO DOS.
CADIET, LOÏC – *vide* TOURNEAU, PHILIPPE LE.
CAEMMERER, ERNST VON – *Die absoluten Rechte in § 823 Abs 1 BGB*, Karlsruher Forum, VersR 1961 BH, 19-27
CANARIS, CLAUS-WILHELM – *Die Vertrauenshaftung im deutschen Privatrecht*, 1971, reimp. 1983.
CANOTILHO, J. J. GOMES/MOREIRA, VITAL – *Constituição da República Portuguesa Anotada* I, 4.ª ed., 2007.
CARLOS, PALMA – *Declaração de falência por apresentação de comerciante*, 1935.
CARNEIRO, MANUEL BORGES – *Direito civil de Portugal/contendo tres livros/I. Das pessoas: II. Das cousas: III. Das obrigações e acções*, 1.º vol., 1826; 2.º vol., 1827; 3.º vol., 1828; e 4.º vol., 1840, póstumo, ao cuidado de E. COSTA.
CHABAS, FRANÇOIS – *vide* MAZEAUD, HENRI e LÉON.
CASTRO, MANUEL D'OLIVEIRA CHAVES E – *Estudos sobre a reforma do processo civil ordinario portuguez*, 1866.
Code Civil/2005, da Dalloz/*12.000 arrêts en texte intégral sur CD-Rom*.
Codigo Commercial Portuguez seguido dos appendices, ed. Imprensa da Universidade, 1856.
COELHO, FRANCISCO MANUEL PEREIRA – *O nexo de causalidade na responsabilidade civil*, 1950, separata do BFD/Supl. IX.
COELHO, JOSÉ GABRIEL PINTO – *A responsabilidade civil baseada no conceito de culpa*, 1906); trata-se de uma *Dissertação para a 8.ª cadeira da Faculdade de Direito*, dedicada a GUILHERME MOREIRA.
COELHO, SOFIA PINTO – *As extraordinárias aventuras da Justiça Portuguesa/Histórias insólitas de juízes, advogados, procuradores e de todos nós*, 4.ª ed., 2009.
Collecção de Decretos e Regulamentos mandados publicar por Sua Magestade Imperial o Regente do Reino desde que assumiu a regencia em 3 de Março de 1832 até à sua entrada em Lisboa em 28 de Julho de 1833, Segunda Série (1836), 102-146
Collecção de Legislação das Cortes de 1821 a 1828 (s/d), n.º 261
Collecção Official de Legislação Portuguesa publicada no ano de 1926/Segundo semestre, 1930.
Collecção Official de Legislação Portugueza/Anno de 1876, 1877.
CORDEIRO, ANTÓNIO MENEZES – *Concessão de crédito e responsabilidade bancária*, BMJ 357 (1986), 5-66 = *Banca, bolsa e crédito/Estudo de Direito comercial e de Direito da economia* (1990), 9-61;

– *Teoria Geral do Direito civil/Relatório*, 1988;
– *Teoria geral do Direito civil* 1, 2.ª ed., 1989;
– *Ciência do Direito e metodologia jurídica nos finais do século XX*, 1989;
– Introdução à trad. port. de Claus-Wilhelm Canaris, *Pensamento sistemático e conceito de sistema na Ciência do Direito*, 1989;
– Introdução ao *Código Civil e Legislação Complementar*, ed. Aequitas/Editorial Notícias, 1991, 5-23;
– *Da responsabilidade civil dos administradores das sociedades comerciais*, 1996;
– *Tratado de Direito civil* I, 4.ª ed., 2012; IV, 3.ª ed., 2011; V, 2005, reimp., 2011; II/3, 2010;
– *Introdução ao Direito da insolvência*, O Direito 2005, 465-525;
– *Da boa fé no Direito civil*, 7.ª reimp., 2013;
– *Manual de Direito comercial* 1, 1.ª ed., 2001, 2.ª ed., 2007 e *Direito comercial*, 3.ª ed., 2012;
– *O novo regime do arrendamento urbano: dezasseis meses depois, a ineficiência económica do Direito*, O Direito 2007, 945-971;
– *Do abuso do direito: estado das questões e perspectivas*, em Ars Ivdicandi/Estudos em Homenagem ao Professor Doutor António Castanheira Neves II (2008), 125-176.
– *Perspetivas evolutivas do Direito da insolvência*, ebook, http://www.almedina.net/catalog/ebook_info.php?ebooks_id=97897240548106, Almedina, 2013.

Correia, António Ferrer – trad. de Hans Albrecht Fischer, *A reparação dos danos no Direito civil*, 1938.
Correia, Miguel J. A. Pupo – *vide* Neto, Abílio.
Cosack, Konrad/Mitteis, Heinrich – *Lehrbuch des Bürgerlichen Rechts*, 8.ª ed., 1927.
Costa, E – *vide* Carneiro, Manuel Borges.
Courrége, Orlando Garcia-Blanco – *vide* Cunha, Paulo A. V..
Crifò, Giuliano – *Illecito (diritto romano)*, NssDI VIII (1968), 153-164
Cruz, Sebastião – *Da "solutio"/terminologia, conceito e características, e análise de vários institutos afins*, I – *Épocas arcaica e clássica*, 1962;
– *Direito Romano*, 1.ª ed., 1969.
Cunha, Mário Augusto da – *vide* Serra, Adriano Vaz.
Cunha, Paulo A. V. – *Simulação processual e anulação do caso julgado*, 1935;
– *Direito das obrigações*, tomo II – *O objecto*, por Margarida Pimentel Saraiva/Orlando Garcia-Blanco Courrége, 1938-39.

D'Ors, Álvaro e outros – *El Digesto de Justiniano*, vol. I, 1968.
Dabin, Jean – *Le droit subjectif*, 1952.
Depré, Peter/Mayer, Günter – *Die Vergütung des Zwangsverwalters nach dem "dritten Entwurf"*, InVo 2004, 1-3.
Dernburg, Heinrich/Biermann, Johannes – *Pandekten*, I, 1902.
Dette, Hans Walter – *Venire contra factum proprium nulli conceditur/Zum Konkretisierung eines Rechtssprichtworts*, 1985.
Dölle, Hans – *Pflicht zur redlichen Prozessführung?*, FS Riese (1964), 279-294.
Dondi, Angelo – *Abuse of Procedural Rights* em *Abuse of Procedural Rights/comparative standards of procedural fairness/International Association of Procedural Law Inter-*

national Colloquium, 27-30 october 1998, Tulane Law School, New Orleans, Louisiana (1999), 109-123.

Düren, Theodor – *Der Prozessbetrug*, 1931.

Dütz, Wilhelm – *Verwirkung des Rechts auf Anrufung der Gerichte/Zugleich eine Besprechung des Beschlusses des BverfG v. 26.1.1972*, NJW 1972, 1025-1028,

Ebert, Eugen – *vide* Fischer, Otto.

Eisele, Hans – *Die Wahrheitspflicht nach § 138 Absatz 1 ZPO*, 1936.

Endemann – *Die Entwicklung des Konkursverfahrens in der gemeinrechtlichen Lehre bis zu der Deutschen Konkursordnung*, ZZP 12 (1888), 24-96;

Endemann – *Civilprozessverfahren nach der kanonistischen Lehre*, ZZP 15 (1891), 177-326.

Enneccerus, Ludwig/Nipperdey, Hans Carl – *Allgemeiner Teil des Bürgerlichen Rechts*, 15.ª ed., 1960.

Escarra, Jean – *Cours de Droit Commercial*, 1952.

Esser, Josef – recensão a Klaus Hopt, *Schadensersatz aus unberechtigter Verfahrenseinleitung/Eine rechtsvergleichenden Untersuchung zum Schutz gegen unberechtigte Inanspruchnahme staatlicher Verfahren* (1968), ZZP 83 (1970), 348-392;
– *Grundlagen und Entwicklung der Gefährdungshaftung/Beiträge zur Reform des Haftpflichtrechts und zu seiner Wiedereinordnung in die Gedanken des allgemeinen Privatrechts*, 2.ª ed., 1969.

Fernandes, Luís A. Carvalho/Labareda, João – *Código dos Processos Especiais de Recuperação da Empresa e de Falência Anotado*, 3.ª ed., 1999;
– *Código da Insolvência e da Recuperação de Empresas Anotado* I, 2005.

Ferreira, José Dias – *Código de Processo Civil Annotado*, 1, 1887;
– *Novissima reforma judiciaria annotada*, 1892;
– *Codigo Civil Portuguez Annotado*, 2.ª ed., vol. II, 1895, e vol. IV, 1905.

Ficht, Oskar – *Die Wahrheitspflicht der Parteien im Zivilprozess*, 1939.

Fischer, Hans Albrecht – *vide* Correia, António Ferrer.

Fischer, Otto/Ebert, Eugen – *Bürgerliches Gesetzbuchs/Handausgabe*, 1927.

Fischer, Otto/Henle, Wilhelm/Titze, Heinrich – *Bürgerliches Gesetzbuchs/Handausgabe*, 14.ª ed., 1932.

Fischer, Thomas – *Strafgesetzbuch*, 56.ª ed., 2009.

Fleck, Wolfgang – *Die Rechtlichkeitspflicht der Parteien im Zivilprozess/Geltungsgrund und Funktion*, 2004.

Foerste, Ulrich – *Insolvenzrecht*, 2.ª ed., 2004, 2;
– recensão a *Münchener Kommentar zur Insolvenzordnung*, 2.ª ed., 1 (2007) e 2 (2007), NZ I 2007, 713.

Förster, Karsten – *vide* Haarmeyer, Hans.

Frada, Manuel Carneiro da – *Teoria da confiança e responsabilidade civil*, 2001, ed. 2004;
– *Direito civil/responsabilidade civil/O método do caso*, 2006.

Fraenkel, Michael – *Tatbestand und Zurechnung bei § 823 Abs 1 BGB*, 1979.

FRANCHIS, FRANCESCO DE – *Fallimento in diritto angloamericano*, DDP/SCom V (1990), 434-443.
FREIRE, PASCOAL JOSÉ DE MELO – *Instituições de Direito Criminal Português/Livro único*, BMJ 155 (1966), 43-202 e 156 (1966), 69-108;
 – *Instituições de Direito Civil Português/tanto público como particular*, BMJ 161 (1966), 89-200, 162 (1967), 31-139, 163 (1967), 5-123, 164 (1967), 17-147, 165 (1967), 39-156, 166 (1967), 45-180, 168 (1967), 27-165, 170 (1967), 89-134 e 171 (1967), 69-168, na tradução de MIGUEL PINTO DE MENESES.
FREITAS, JOSÉ LEBRE DE/MACHADO, A. MONTALVÃO/PINTO, RUI – *Código de Processo Civil Anotado*, 2, 2.ª ed., 2008.
FRENZEL, VOLKHARD/SCHMIDT, NIKULAUS – *Die Mietforderung nach Anzeige der Masseunzulänglichkeit in der Insolvenz des Mieters*, InVo 2004, 169-172,
FUCHS, KARLHAUS – em GRAF-SCHLIKER, *InsO/Kommentar*, 2.ª ed., 2001.

GADOW, WILHELM – *Die Einrede der Arglist*, JhJb 84 (1934), 174-203
GARCIA, SOFIA AMARAL/GAROUPA, NUNO/VILAÇA, GUILHERME VASCONCELOS – *A justiça cível em Portugal: uma perspectiva quantitativa*, 2008.
GAROUPA, NUNO – *vide* GARCIA, SOFIA AMARAL.
GAUL, HANS FRIEDHELM – *Die Haftung aus dem Vollstreckungszugriff*, ZZP 110 (1997), 3-31;
 – *vide* ROSENBERG, LEO.
GEBHART, OTTO – *Der Prozessbetrug durch die Partei*, 1935.
GEORDIADES, APOSTOLOS – *Die Anspruchskonkurrenz im Zivilrecht und im Zivilprozess*, 1968.
GLÜCK, CHRISTIAN FRIEDRICH – *Ausführliche Erläuterung der Pandecten nach Hellfeld/Ein Commentar*, vol. 8, 1807.
GOLDSCHMIDT, JAMES – *Der Prozess als Rechtslage/Eine Kritik des Prozessualen Denkens*, 1925.
GONÇALVES, LUIZ DA CUNHA – *Comentário ao Código Comercial Português* 3, 1918;
 – *Tratado de Direito civil*, 1, 1929; e 12, 1937;
 – *Responsabilidade civil do requerente de falência*, RT 56 (1938), 306-308.
GONZÁLEZ,BLAS PÉREZ/ALGUER, JOSÉ – *Derecho Civil (Parte General)*, trad. cast. de LUDWIG ENNECCERUS/HANS CARL NIPPERDEY, *Allgemeiner Teil des Bürgerlichen Rechts*, 1944.
GOODE, ROY – *Commercial Law*, 2.ª ed., 1995.
GORRES, K. H. – *Über das Verschulden im Prozesse*, ZZP 34 (1905), 1-106
GOTTWALD, PETER – *Insolvenzrechts-Handbuch*, 1990;
 – *vide* ROSENBERG, LEO.
GÖTZ, KLAUS-JÜRGEN – *Zivilrechtliche Ersatzansprüche bei schädigender Rechtsverfolgung*, 1989.
GOUVEIA, JAIME AUGUSTO CARDOSO DE – *Da responsabilidade contratual*, 1932;
 – *Responsabilidade subjectiva ou responsabilidade objectiva*, O Direito 67 (1935), 3-6.
GRAF-SCHLICKER, MARIE LUISE – *InsO/Kommentar*, 3.ª ed., 2012.
GREGER, REINHARD – em RICHARD ZÖLLER, *Zivilprozessordnung*, 29.ª ed., 2012.

GRIESBECK, MICHAEL – *Venire contra factum proprium/Versuch einer systematischen und theoretischen Erfassung*, 1978.
GROTIUS – *De iure belli ac pacis libri tres*, 1625, II, XVII, I;
GRÜNEBERG, CHRISTIAN – no Palandt/BGB, 72.ª ed., 2013.
GRUNSKY, WOLFGANG – *Taktik im Zivilprozess*, 6.ª ed., 1996.
GUALAZZINI, UGO – *Abuso del diritto (Diritto intermedio)*, ED I (1957), 163-166;
– *vide* ACCORELLA, C..

HAARMEYER, HANS/WUTZKE, WOLFGANG/FÖRSTER, KARSTEN – *Handbuch zur Insolvenzordnung*, 2.ª ed., 1998.
HABSCHEID, WALTER – *Der Streitgegenstand im Zivilprozess*, 1956.
HACKENBERG, WOLFGANG – *Die Erklärung mit Nichtwissen (§ 138 IV ZPO)/Zugleich eine Kritische Analyse der Lehre der "allgemeinen Aufklärungspflicht"*, 1995.
HAHN, BERNHARD – *Anwaltliche Rechtsausführubngen im Zivilprozess*, 1998.
HARTMANN, PETER – *vide* ALBERS, JAN.
HÄSEMEYER, LUDWIG – *Parteivereinbarungen über präjudizielle Rechtsverhältnisse/Zur Fragewürdigkeit der Parteidisposition als Urteilsgrundlage*, ZZP 85 (1972), 207-228;
– *Schadenshaftung im Zivilrechtsstreit*, 1979;
– *Insolvenzrecht*, 3.ª ed., 2003; existe uma 4.ª ed., de 2007.
HASSE, JOHANN CHRISTIAN – *Die culpa der Römischen Rechts/Eine civilistische Abhandlung*, 2.ª ed., 1838.
HAYMANN, FRANZ – *Textkritische Studien zum römischen Obligationenrecht – I – Über Haftung für custodia*, SZRom 40 (1919), 167-350
HAZARD, GEOFFREY C. – *A summary view of the common law systems*, em *Abuse of Procedural Rights/comparative standards of procedural fairness/International Association of Procedural Law International Colloquium*, 27-30 october 1998, Tulane Law School, New Orleans, Louisiana (1999), 35-41.
HECK, PHILIPP – *Grundriss des Schuldrechts*, 1929, reimpr. 1974.
HELLWIG, KONRAD – *Lehrbuch des Deutschen Zivilprozessrechts*, 2, 1907.
HENKEL, WOLFRAM – *Parteilehre und Streitgegenstand im Zivilprozess*, 1961;
– *Prozessrecht und materielles Recht*, 1970.
HENLE, WILHELM – *vide* FISCHER, OTTO.
HENNING, KAI – *Aktuelles zu Überschuldung und Insolvenzen natürlicher Personen*, ZInsO 2004, 585-594.
HESS, HARALD/RUPPE, NICOLE – *Answahl und Einsetzung des Insolvenzverwalters*, NZI 2004, 641-645.
HEVELING, ELI – *Die Wahrheitspflicht im Zivilprozess*, 1936.
HEY, OSKAR – *Dolus*, ThLL 5 (1910), 1857-1864
HIRSCH, HANS CHRISTOPH – *Die Übertragung der Rechtsausübung/Vervielfältigung der Rechte*, 1910.
HIRTE, HERIBERT – *vide* UHLENBRUCK, WILHELM.
HITZIG – *Delictum*, PWRE 4, 2 (1901), 2438-2442
HOFFMANN, BIRGIT – *Das Verhältnis von Gesetz und Recht*, 2004.
HOHLOCH, GERHARD – *Sanierung durch "Sanierungsverfahren"? Ein rechtsvergleichender Beitrag zur Insolvenzrechtsreform*, ZGR 1982, 145-198

HOPT, KLAUS – *Schadensersatz aus unberechtigter Verfahrenseinleitung/Eine rechtsvergleichende Untersuchung zum Schutz gegen unberechtigte Inanspruchnahme staatlicher Verfahren*, 1968.

IMBERT, JEAN – *"Fides" et "nexum"*, St. Arangio-Ruiz (1953), 339-363

JACQUEMONT, ANDRÉ – *Droit des entreprises en difficulté*, 6.ª ed., 2009.
JAUERNIG, OTMMAR – *Zwangsvollstreckungs- und Konkursrecht*, 18.ª ed., 1987 ;
– *Zwangsvollstreckungs- und Insolvenzrecht*, 21.ª ed., 1999;
– *Zivilprozessrecht*, 29.ª ed., 2007.
JEANTIN, MICHEL – *Droit commercial/Instruments de paiement et de crédit/Entreprises en difficulté*, 4.ª ed., 1995.
JHERING, RUDOLF VON – *Zur Lehre von den Beschränkungen des Grundeigenthümers im Interesse der Nachbarn*, JhJb 6 (1861), 81-130 ;
– *Das Schuldmoment im römischen Privatrecht*, FS Birnbaum (1867) = *Vermischte Schriften juristischen Inhalts* (1879, reimpr. 1968), 155-240 ;
– *De la faute en droit privé*, nos *Etudes complementaires de l'Esprit de Droit romain* (1880-1903), de O. DE MEULENAERE, 1880.
JOSSERAND, LOUIS – *De l'Esprit et de leur Relativité. Theórie de l'abus des droits*, 2.ª ed., 1939.
JUNQUEIRO, P. AUGUSTO – *vide* ANDRADE, MANUEL A. D. DE.

KASER, MAX – *Das römische Zivilprozessrecht*, 1966;
– *Das römische Privatrecht* I – *Das altrömische, das vorklassische und klassische Recht*, 2.ª ed., 1971.
KAWANO, MASANORI – *Wahrheits- und Prozessführungspflicht als Verhaltenspflicht der Parteien gegeneinander*, FS Henckel (1995), 411-422
KEIDEL, F. – *vide* STAUDINGER, JULIUS VON.
KEUNECKE, FRITZ – *Prozessbetrug*, 1940.
KIEFER, THOMAS – *Die aquilische Haftung im "Allgemeinen Landrecht für das Preussischen Staaten" von 1794*, 1989.
KIETHE, KURT – *Zivilprozessuale Sanktionen gegen unrichtigen und rechtswidrigen Sachvortrag*, MDR 2007, 625-630
KIPP, THEODOR – *Das römische Recht*, s/d.;
– *vide* WINDSCHEID, BERNHARD.
KLAAS, WILHELM – *Fünf Jahre Verbraucherinsolvenz*, ZInsO 2004, 577-580
KLEINFELLER – *Dolus*, PWRE 5, 1 (1903), 1292-1293.
KNÜTEL, ROLF – *Die Haftung für Hilfspersonen im römischen Recht*, SZRom 100 (1983), 340-443
KOHLER, J. – *Lehrbuch des Konkursrechtes*, 1891.
KONZEN, HORST – *Rechtsverhältnisse zwischen Prozessparteien/Studien zur Wechselvirkung von Zivil- und Prozessrecht bei der Bewertung und den Rechtsfolgen prozesserheblichen Parteiverhaltens*, 1976.
KRENCKER, MARTIN – *Die Wahrheitspflicht der Parteien in deutschen und österreichischen Zivilprozessrecht*, 1935.

KRESS, OTTO – *Die Wahrheitspflicht im Zivilprozess und ihre Sanktionen*, 1939.
KRUFT, GERHARD (org.) – *Insolvenzordnung*, 6.ª ed., 2011.
KUHLENBECK, LUDWIG – *Das Bürgerliche Gesetzbuch für das Deutsche Reich*, 1, 1903.
KUNKEL, WOLFGANG – *Diligentia*, SZRom 45 (1925), 266-351;
– *Exegetische Studie zur aquilischen Haftung*, SZRom 49 (1929), 158-187.
KUPKA, NATASCHA – *Die Behandlung von Vorbehaltskäufers nach der Insolvenzrechtsreform*, InVo 2003, 213-222.

LABAREDA, JOÃO – *vide* FERNANDES, LUÍS A. CARVALHO.
LANDFERMANN, HANS-GEORG – *vide* BALZ, MANFRED.
LANGE, HANS DIETER – *Bestreiten mit Nichtwissen*, NJW 1990, 3233-3240.
LARENZ, KARL/WOLF, MANFRED – *Allgemeiner Teil des Bürgerlichen Rechts*, 9.ª ed., 2004.
LAURENT, F. – *Principes de Droit Civil Français*, 20, 3.ª ed., 1878.
LEAL, ARTUR PAVÃO DA SILVA – *Das falências e concordatas/Estudo prático seguido de um formulário*, 1936.
LECENE-MARÉNAUD, MARIANNE – *Le rôle de la faute dans les quasi contrats*, RTDCiv 93 (1994), 515-541
LEITÃO, LUÍS MENEZES – *Código da Insolvência e da Recuperação de Empresas anotado*, 2.ª ed., 2005, 4.ª ed., 2008 e 6.ª ed., 2012;
– *Direito da insolvência*, 4.ª ed., 2012.
LEONHARD, R. – *Culpa*, PWRE 4, 2 (1902), 1748-1793.
LEONHARDT, PETER/SMID, STEFAN/ZEUNER, MARK – *Insolvenzordnung/Kommentar*, 3.ª ed., 2010.
LIEBS, DETLEF – *Lateinische Rechtsregeln und Rechtsprichtwörter*, 6.ª ed., 1998.
LIEBS, DETLEF – *Rhythmische Rechtssätze/Zur Geschichte einiger lateinischer Rechtsregeln*, JZ 1981, 160-164
LIMA, PIRES DE/VARELA, ANTUNES – *Noções fundamentais de Direito civil*, 1944-45.
LINDEMANN, CARSTEN – *Die Haftung des Gläubigers für die ungerechtfertige Einleitung eines gerichtlichen Verfahrens*, 2002.
LINDENBERG, FRANK – *Wahrheitspflicht und Dritthaftung des Rechtsanwalts im Zivilverfahren*, 2002.
LIVIUS, TITUS – *Ab urbe condita* 2.23 = FOSTER, *Livy in fourteen volumes*, ed. bilingue, 1, 1967.
LOENING, OTTO/NASCH, JAMES/STRASSMANN, ERNST – *Bürgerliches Gesetzbuch*, 1931.
LÖHR, EGID VON – *Die Theorie der Culpa/Eine civilistische Abhandlung*, 1806;
– *Beyträge zu der Theorie der Culpa*, 1808.
LONGO, GIOVANNI ELIO – *Esecuzione forzata (diritto romano)*, NssDI VI (1960), 713-722
LOOSCHELDERS, DIRK/OLSEN, DIRK – no Staudinger, *Einleitung zum Schuldrecht, §§ 241-243, Treu und Glauben*, 2009.
LORENZ, EGON – *Der Tu-quoque-Eiwand*, JuS 1972, 311-315
LORITZ, KARL-GEORG – anotação a BGH 15-Fev.-1990, JZ 1990, 866-868
LÜBTOW, VON – *Untersuchung zur lex Aquilia de damno iniuria dato*, 1971.
LUHMANN, NIKLAS – *Legitimation durch Verfahren* 2.ª ed., 1975.
LUNK, STEFAN – *Prozessuale Vewertungsverbote im Arbeitsrecht*, NZA 2009, 457-464

MACCORMACK, GEOFFREY – *Custodia and Culpa*, SZRom 89 (1972), 149-219.
MACEDO, PEDRO DE SOUSA – *Manual de Direito das falências*, 1, 1964.
MACHADO, A. MONTALVÃO – *vide* FREITAS, JOSÉ LEBRE DE.
MACHADO, JOÃO BAPTISTA – *Tutela da confiança e "venire contra factum proprium"* (1985), em *Obras dispersas* 1 (1991), 345-423.
MAGALHÃES, J. M. BARBOSA DE – *Codigo de fallencias annotado*, 1901;
 – *Código de Processo Comercial Anotado*, 1, 3.ª ed., 1912; 2, 3.ª ed., 1912;
 – *Algumas considerações sobre o novo Código de Falência*, GRLx 51 (1937-38).
MARCHANTE, JOÃO PEDRO CHARTERS – *Da detecção de lacunas da lei no Direito português*, 2001.
MARCHI, ANTONIO – *Storia e concetto dell'obbligazione romana*, 1.º vol., 1912.
MARINONI, ROBERTO – *Il redressement judiciaire des entreprises nel diritto falimentare francese*, 1989.
MARONGIU, ANTONIO – *Delitti (diritto intermedio)*, ED XII (1964), 8-17
MAROTZKE, WOLFGANG – *Darlehen und Insolvenz*, ZInsO 2004, 1273-1283;
 – *Die Freistellung von Arbeitnehmern in der Insolvenz des Arbeitgebers*, InVo 2004, 301-316.
MARQUES, MÁRIO REIS – *O Liberalismo e a Codificação do Direito civil em Portugal*, BFD, Supl. XXIX (1986), 1-256.
MARTON, G. – *Un essai de reconstruction du développement probable du systhème classique romain de responsabilité civile*, RIDA 3 (1949), 177-191
MATAJA, VIKTOR – *Das Schadenersatzrecht im Entwurf eines bürgerlichen Gesetzbuchs für das Deutsche Reich*, AbürgR, 1 (1889), 267-282.
MAZEAUD, HENRI e LÉON/MAZEAUD, JEAN/CHABAS, FRANÇOIS – *Leçons de Droit civil*, tomo II/1, *Obligations/Théorie générale*, 9.ª ed., 1998.
MAZEAUD, JEAN – *vide* MAZEAUD, HENRI e LÉON.
MEDEIROS, RUI – *vide* MIRANDA, JORGE.
MELLO, ALEXANDRE DE SOUSA E – resposta a uma consulta em RT 1 (1882), 100-102.
MENDES, JOÃO DE CASTRO – *Manual de Processo Civil*, 1963.
MENDES, JOÃO DE CASTRO/SANTOS, JOAQUIM DE JESUS – *Direito processual civil (Processo de falência)*, 1982, polic..
MERKEL, RUDOLF – *Die Kollision rechtsmässiger Interessen und die Schadenersatzpflicht bei rechtsmässigen Handlugen/Im Hinblick auf den Entwurf eines bürgerlichen Gesetzbuches für das deutsche Reich im zweiter Lesung*, 1895.
MESQUITA, DUARTE ROMEIRA – *vide* SOARES, FERNANDO LUSO.
MILONE, FILIPPO – *La exceptio doli (generalis)/Studio di diritto romano*, 1882, reimpr. 1970.
MIRANDA, JORGE/MEDEIROS, RUI – *Constituição Portuguesa Anotada* I, 2.ª ed., 2010.
MITTEIS, HEINRICH – *vide* COSACK, KONRAD.
MONCADA, LUÍS CABRAL DE – *Lições de Direito Civil*, 2, 3.ª ed., 1959; a 1.ª, data de 1934.
MORAES, SILVESTRE GOMES DE – *Tractatus de executionibus instrumentarium in sex libri divisus*, vol. I, 1729 e vol. II, 1730.
MOREIRA, GUILHERME – *Instituições do Direito Civil Português*, pré-edição, 1902-1903, 1 e 2, 1903;
 – *Instituições do Direito Civil Português*, vol. I – *Parte geral*, 1907.
MOREIRA, VITAL – *vide* CANOTILHO, J. J. GOMES.

MORENO, T. – vide ANDRADE, MANUEL A. D. DE.
MORHARD, PETER – *Die Informationspflicht der Parteien bei der Erklärung nit Nichtwissen*, 1993.
Motive zu dem Entwurfe eines Bürgerlichen Gesetzbuches für das Deutsche Reich – II – *Recht des Schuldverhältnisse*, 1896.
MÜLLER, CHRISTIAN – *Die Bedeutung der Wahrheitspflicht im Zivilprozess*, 1936.
Münchener Kommentar zur Insolvenzordnung, 3.ª ed., a partir de 2013, em três volumes – 1, 2013; 2, 2013; 3, 2014.

NASCH, JAMES – vide LOENING, OTTO.
NAVARRINI, UMBERTO – *Trattato di diritto fallimentare*, 1.º vol., 1939.
NAVARRO, LUÍS LOPES – *A responsabilidade civil do Estado*, BMJ 4 (1948), 27-43
NAZARETH, FRANCISCO DE DUARTE – *Elementos de processo civil*, 1, 2.ª ed., 1854, 2, 1857.
NETO, ABÍLIO/CORREIA, MIGUEL J. A. PUPO – *Obrigações*, aditamentos à *Teoria Geral das Obrigações*, de MANUEL DE ANDRADE, 1963-64.
NEUMANN, CHRISTINE – *Praxisprobleme bei der Insolvenz von selbstständigen*, ZVI 2004, 637-638.
NEUMANN, HUGO – *Handausgabe des Bürgerlichen Gesetzbuchs für das Deutsche Reich*, 1.º vol., 5.ª ed., 1909.
NEUNER, JÖRG – vide WOLF, MANFRED.
NIESE, WERNER – *Doppelfunktionelle Prozesshandlungen/Ein Beitrag zen allgemeinen Prozessrechtslehre*, 1950.
NIKISCH, ARTUR – *Der Streitgegenstand im Zivilprozess*, 1935.
NIPPERDEY, HANS CARL – vide ENNECCERUS, LUDWIG.
NÖRR, DIETER – *Die Fahrlässigkeit im byzantinischen Vertragsrecht*, 1960.

OBERHEIM, RAINER – vide PRECHTEL, GÜNTHER.
OELKERS, THOMAS-WOLFGANG – *Anwaltliche Strategien im Zivilprozess/eine Anleitung zur sachgerechten Prozessführung und Aufertigung von Schriftsätz*, 2001.
OERTMANN, PAUL – *Bürgerliches Gesetzbuch* – II – *Recht der Schuldverhältnisse*, 5.ª ed., 1929.
OGOREK, REGINA – *Untersuchungen zur Entwicklung der Gefährdungshaftung im 19. Jahrhundert*, 1975.
OLIVEIRA, GÂNDARA DE – *Da teoria do abuso do direito em face do Código Civil português*, GadvRLd (1942), 13-18.
OLZEN, DIRK – *Die Wahrheitspflicht im Zivilprozess*, ZZP 98 (1995), 403-426; – vide LOOSCHELDERS, DIRK.
Ordenações Afonsinas, liv. V, tit. XXVIII (ed. Gulbenkian, 109-110).
Ordenações Filipinas, liv. III, tit. XLIII (ed. Gulbenkian, 627).
Ordenações Manuelinas, liv. III, tit. XXIX, Pr. (ed. Gulbenkian, 101-102).

PAUL, UWE – *Patronatserklärungen in der Insolvenz der Tochtergesellschaft*, ZInsO 2004, 1327-1329.
PEGAS, MANUEL ÁLVARES – *Resolutiones forenses praticabiles: in quibus multa, quae legum, et D.D. allegatione resolventur*, Pars Secunda, 2.º, 1742.

PELÁGIO, HUBERTO – *Código Comercial e Código de Falências*, 2.ª ed. atualizada e anotada, 1939.
PETERS, EGBERT – *Auf dem Wege zu einer allgemeinen Prozessförderungspflicht der Parteien?*, FS Schwab (1990), 399-408
PFISTER, BERNHARD – *Die neuere Rechtsprechung zu Treu und Glauben im Zivilprozess*, 1998.
PIECH, XENIA – *Der Prozessbetrug im Zivilprozess*, 1998.
PINTO, PAULO MOTA – *Declaração tácita e comportamento concludente no negócio jurídico*, 1995;
– *Sobre a proibição do comportamento contraditório (venire contra factum proprium) no Direito civil*, BFD/Volume Comemorativo (2003), 269-322.
PINTO, RUI – vide FREITAS, JOSÉ LEBRE DE.
PLANIOL, MARCEL – anotação Douai, 7-Mai.-1902, D 1903, 2, 329-330;
– *Traité élémentaire de Droit civil*, 3, 2.ª ed., 1903.
POPP, CORNELIUS – *Die Verpflichtung des Anwalts zur Aufklärung des Sachverhalts*, 2001.
PRANGE, KERSTIN – *Materiell-rechtliche Sanktionen bei Verletzung der prozessualen Wahrheitspflicht durch Zeugen und Partein*, 1995.
PRECHTEL, GÜNTHER – *Erfolgereiche Taktik im Zivilprozess*, 2006.
PRECHTEL, GÜNTHER/OBERHEIM, RAINER – *Erfolgereiche Taktik im Zivilprozess*, 2009.
PRÜTTING – em HANNS PRÜTTING/MARKUS GEHRLEIN, *ZPO Kommentar*, 5.ª ed., 2013.

RANIERI – *Le traduzioni e le annotazioni de opere giuridiche straniere*, em *La formazione storiche del diritto moderno*, 3 (1978), 1487-1504
REICHARD, INGO – *Stipulation und Custodiahaftung*, SZRom 107 (1990), 46-79
REIS, ALBERTO DOS/CABRAL, AMARAL – *Código Comercial Português*, 2.ª ed., 1946.
REIS, JOSÉ ALBERTO DOS – *Breve estudo sobre a reforma do processo civil e comercial*, 2.ª ed., 1933;
– *Comentário ao Código de Processo Civil*, 3 volumes, 1944-1946; há edições posteriores;
– *Código de Processo Civil Anotado*, 6 volumes, 1944-1948; há edições e reimpressões posteriores;
– *Má fé no litígio*, RLJ 85 (1953), 329-332;
– *Processos especiais*, 2, 1956, reimp. 1982.
REPGEN, TILMAN – no *Staudingers Kommentar*, 1, §§ 164-240 (2004), § 226,
REWOLT, MAX – *Das Verbot der Chicane*, Gruchot 24 (1880), 677-702
RICCOBONO, SALVATORE – *La teoria dell'abuso di diritto nella dottrina romana*, BIDR 476 (1939), 1-48
RIEZLER, ERWIN – *Berufung auf eigenes Unrecht*, JhJb 89 (1941), 177-276,
RIEZLER, ERWIN – *Venire contra factum proprium/Studien im römischen, englischen und deutschen Zivilrecht*, 1912.
RINGSTMEIER, ANDREAS – *Abwicklung von Mietverhältnisse in masseunzulänglichen Insolvenzverfahren*, ZInsO 2004, 169-174
RINSCHE, FRANK-JOSEPH – *Prozesstaktik/Sachgerechte Verfahrensführung des Rechtsanwalts*, 1.ª ed., 1987.
RIPERT, GEORGES – *La règle morale dans les obligations civiles*, 4.ª ed., 1949.

RITTER, JAKOB – *Die Wahrheitspflicht der Partei/eine rechtvergleichende Studie*, 1912.
ROBERTIS, FRANCESCO M. DE – *Delitti e pene (diritto canonico)*, NssDI V (1960), 404-406;
– *La disciplina della responsabilità contrattuale nel sistema della compilazione giustinianea*, 1962.
ROCHA, MANUEL ANTÓNIO COELHO DA – *Instituições de Direito Civil Portuguez*, 1.ª ed., 1844; 2.ª ed., 1848, e, depois, reimpressões póstumas: 3.ª, 1852; 6.ª, 1866; 7.ª, 1907; e 8.ª, 1917.
ROSENBERG, LEO/GAUL, HANS FRIEDHELM/SCHILKEN, EBERHARD – *Zwangsvollstreckungsrecht*, 6.ª ed., 1999.
ROSENBERG, LEO/SCHWAB, KARL HEINZ/GOTTWALD, PETER – *Zivilprozessrecht*, 17.ª ed., 2010.
ROTH, JAN – *Interessenwiderstreit im Insolvenzröffnungsverfahren/Eine Untersuchung des Insolvenzröffnungsverfahrens unter verfahrens- und verfassungsrechtlichen Gesichtspunkten*, 2004.
ROTH, PETER – *Die Wahrheitspflicht der Parteien im Zivilprozess*, 1999.
ROTONDI, GIOVANNI – *Dalla "lex aquilia" all'art. 1151 Cod. Civ./Richerche storico-dogmatiche*, RDComm XIV (1916) I, 942-970 e XV (1917), I, 236-295
ROUBIER, PAUL – *Droits subjectifs et situations juridiques*, 1963.
ROXIN, CLAUS – *Strafrecht/Allgemeiner Teil* vol. I, 1992.
RUPPE, NICOLE – vide HESS, HARALD.

SÁ, EDUARDO ALVES DE – *Commentario ao Codigo de Processo Civil Portuguez* I, 1877.
SÁ, FERNANDO CUNHA DE – *Abuso do direito*, 1973.
SALDANHA, EDUARDO D'ALMEIDA – *Das fallencias* I, 1897.
SALGADO, ANTÓNIO MOTA – *Falência e insolvência/Guia prático*, 2.ª ed., 1987;
SAMOZA, FRANCISCO SALGADO – *Labyrinthus creditorum concurrentium ad litem per debitorem communem inter illos causatam*, s/d.
SANTARELLI, UMBERTO – *Fallimento (storia del)*, DDP/SCom, vol. V (1990), 366-372
SANTOS, ANTÓNIO FURTADO DOS – *A punição dos litigantes de má fé no Direito pátrio*, BMJ 4 (1948), 44-56
SANTOS, JOAQUIM DE JESUS – vide MENDES, JOÃO DE CASTRO.
SARAIVA, MARGARIDA PIMENTEL – vide CUNHA, PAULO A. V..
SCHEBITZ – *Berechnung des Ersatzes nach der lex aquilia*, 1988.
SCHELLHAMMER, KURT – *Zivilprozess/Gesetz-Praxis-Fälle*, 13.ª ed., 2010.
SCHIAPANI, SANDRO – *Responsabilità "ex lege aquilia"/Criteri di impitazione e problema della "culpa"*, 1969.
SCHILKEN, EBERHARD – vide ROSENBERG, LEO.
SCHILLGALIS, SHENJA – *Rechtsschutz des Schuldners bei fahrlässig unberechtigten Insolvenzanträgen/insbesondere bei Anordnung von Sicherungsmassnahmen gemäss § 21 InsO*, 2006.
SCHLOSSER, PETER – *Wirtschaftsprüfervorbehalt und prozessuales Vertraulichkeitsinteresse der nicht primar baveis- und substantiierungsbelasteten Prozesspartei*, FS Grossfeld (1999), 997-1016
SCHMAHL, HERMANNJOSEF – no *Münchener Kommentar zur Insolvenzordnung*, 1, 2.ª ed., 2007, § 14

SCHMIDT, JÜRGEN – *Schadensersatz und Strafe/Zur Rechtsfertigung des Inhaltes von Schadensersatz aus Verschuldenshaftung*, 1973.
SCHMIDT, NIKULAUS – *vide* FRENZEL, VOLKHARD.
SCHMIDT, RICHARD – *Die Lüge im Prozess*, DJZ 1909, 39-46
SCHMIDT, RUDOLF – *Bürgerliches Recht*, 1927.
SCHNEIDER, KONRAD – *Treu und Glauben im Civilprozess*, 1903.
SCHÖNKE, ADOLF – *vide* BAUR, FRITZ.
SCHREIBER, KLAUS – anotação a BGH 23-Nov.-1977, ZZP 91 (1978), 488-490;
 – *Die zivilrechtliche Haftung von Prozessbeteiligten*, ZZP 105 (1992), 129-144;
 – *vide* ZEISS, WALTER.
SCHRÖDER, MEINHARD – anotação a NJW 1972, 675-676
SCHÜTZ, RUDOLF – *Der Prozessbetrug*, 1929.
SCHWAB, KARL HEINZ – *Der Streitgegenstand im Zivilprozess*, 1954;
 – *vide* ROSENBERG, LEO.
SCIALOJA, VITTORIO – *Aemulatio* (1892) = *Studi giuridici* III – *Diritto privato* (1932), 216-259
SÊCO, SOUSA – *vide* ANDRADE, MANUEL A. D. DE.
SEIPEN, CHRISTOPH VON DER – *Der Schriftsätz des Anwalts im Zivilprozess*, 6.ª ed., 2004.
SERRA, ADRIANO VAZ – *Direito Civil Português/Das Obrigações*, por MÁRIO AUGUSTO DA CUNHA, 1935;
 – *Culpa do devedor ou do agente*, BMJ 68 (1957), 13-151;
 – *Abuso do direito (em matéria de responsabilidade civil)*, BMJ 85 (1959), 243-343;
 – *Direito das Obrigações*, BMJ 98 (1960), 13-316;
 – *Direito das Obrigações (parte resumida)*, BMJ 101 (1960), 15-408 (116-117, artigo 735.º);
 – *Responsabilidade contratual e responsabilidade extracontratual*, BMJ 85 (1959), 115-241;
 – *Requisitos da responsabilidade civil*, BMJ 92 (1960) 38-137;
 – anotação a STJ 2-Mar.-1978 (OCTÁVIO DIAS GARCIA), RLJ 111 (1979), 295-297.
SERRA, CATARINA – *O regime português da insolvência*, 5.ª ed., *Revista e atualizada à luz da Lei n.º 16/2012, de 20 de abril e do DL n.º 178/2012, de 3 de agosto*, 2012.
SEUFFERT, LOTHAR – *Deutsches Konkursprozessrecht*, 1899.
SIEBERT, WOLFGANG – *Verwirkung und Unzulässigkeit der Rechtsausübung*, 1934.
SILVA, MANUEL DUARTE GOMES DA – *O dever de prestar e o dever de indemnizar*, 1, 1944.
SILVA, PAULA COSTA E – *A litigância de má fé*, 2008.
SINGER, REINER – *Das Verbot widersprüchlichen Verhaltens*, 1993.
SMID, STEFAN – *Grundzüge des neuen Insolvenzrechts*, 3.ª ed., 1999;
 – anotação a SHENJA SCHILLGALIS, *Rechtsschutz des Schuldners bei fahrlässig unberechtigten Insolvenzanträgen/insbesondere bei Anordnung von Schirerungsmassnahmen gemäss § 21 InsO* (2006), DZWIR 2007, 43-44;
 – *vide* LEONHARDT, PETER.
SOARES, FERNANDO LUSO/MESQUITA, DUARTE ROMEIRA/BRITO, WANDA FERRAZ DE – *Código de Processo Civil Anotado*, 5.ª ed., 1987.
SOARES, LUSO – *A responsabilidade processual civil*, 1987.

Sousa, Miguel Teixeira de – *O objecto da sentença e o caso julgado material (Estudo sobre a funcionalidade processual)*, 1983.
Sousa, Rui Correia de – *Litigância de má fé (colectânea de sumários de jurisprudência)*, 2001.
Staab, Gerhard Walter – *Die Wahrheitspflicht im Zivilprozess/Eine rechtsvergleichende Bestandsaufnahme zu Wesen und Grenzen der Wahrheitspflicht im deutschen wie im österreichischen, schweizerischen, französischen und englischen Zivilprozess*, 1973.
Stadler, Astrid – em Hans-Joachim Musielak, *Kommentar zur Zivilprozessordnung*, 10.ª ed., 2013.
Staudinger, Julius von/Keidel, F. – *Handausgabe des Bürgerlichen Gesetzbuchs*, 1912.
Stickelbrock, Barbara – *Urheberrechtliche Nutzungsrechte in der Insolvenz*, WM 2004, 549-563.
Strassmann, Ernst – *vide* Loening, Otto.
Stürner, Rolf – *Die Aufklärungspflicht der Parteien des Zivilprozesses*, 1976;
– *Prinzipien der Einzelwangsvollstreckung*. ZZP 99 (1986), 291-332;
– *vide* Baur, Fritz.

Talamanca, Mario – *Colpa civile (storia)*, ED VII (1960), 517-534
Taruffo, Michele (org.) – *Abuse of procedural rights/comparative standards of procedural fairness/International Association of Procedural Law/International Colloquium, 27-30 october 1998, Tulane Law School, New Orleans, Louisiana*.
Tavares, José – *Princípios fundamentais de Direito civil*, 1, 2.ª ed., 1929.
Telles, Inocêncio Galvão – *Manual de Direito das Obrigações*, 1, 2.ª ed., 1965.
Telles, José Homem Corrêa – *Commentario critico á Lei da Boa Razão em data de 18 de Agosto de 1769*, publ. no *Auxiliar Jurídico*/Apêndice às Ordenações Filipinas, reimp. C. Gulbenkian II, 443-478.
Telles, José Homem Corrêa – *Digesto Portuguez ou tratado dos direitos e obrigações civis accomodado ás leis e costumes da nação portuguesa para servir de subsidio ao "novo codigo civil"*, em três volumes; há um quarto, intitulado *Manual de Processo Cicil/Supplemento do Digesto Portuguez*; há edições de 1835, 1840 e 1845 e reimpressões de 1853, 1860 e 1909.
Tetzlaff, Christian – *Die Abwicklung von Insolvenzverfahrung bei selbstständigtätigen natürlichen Personen*, ZVI 2004, 2-9
Teubner, Gunther – *Gegenseitige Vertragsuntreue*, 1975.
Theuerkauf, Horst – *Beweislast, Beweisführungslast und Treu und Glauben*, MDR 1962, 449-451
Thibaut, Anton Friedrich Justus – *System des Pandekten-Rechts*, 1, 1805.
Titze, Heinrich – *vide* Fischer, Otto.
Tomás, São – *Summa Theologica*, II, 2, Quaestio CX, Art. 3, n. 5 = *Opera omnia*, ed. de Leão XIII, tomo 9, 1897.
Tourneau, Philippe Le/Cadiet, Loïc – *Droit de la responsabilité*, 1996.
Traeger, Ludwig – *Das Problem der Unterlassungsdelikte im Straf- und Zivilrecht*, 1913.
Trawny, Otto – *Die Wahrheitspflicht im österreichischen und reichsdeutschen Zivilprozess*, 1937.
Truestedt, Friedrich – *Der Prozessbetrug*, 1933.

TRUTTER, JOSEF – *Bona fides im Civilprozesse/Ein Beitrag zur Lehre von der Herstellung der Urteilsgrunde*, 1892, reimp. 1972.

UHLENBRUCK, WILHELM/HIRTE, HERIBERT/VALLENDER, HEINZ – *Insolvenzordnung/Kommentar*, 13.ª ed., 2010.
UNGER, JOSEPH – *Handeln auf eigene Gefahr. Ein Beitrag zur Lehre vom Schadensersatz*, 1893.

VALLENDER, HEINZ – 5 *Jahre Insolvenzordnung*, NZI 2004, 17-18;
– vide UHLENBRUCK, WILHELM.
VALLENS, JEAN-LUC – *Droit de la faillite et droits de l'homme*, RDComm 50 (1997), 567-590.
VARELA, ANTUNES – vide LIMA, PIRES DE.
VILAÇA, GUILHERME VASCONCELOS – vide GARCIA, SOFIA AMARAL.
VISSCHER, FERNAND DE – *Le régime romain de la noxalité/de la vengence collective à la responsabilité individuelle*, 1947.
VITALE, ANTONIO – *Delitti (diritto canonico)*, ED XII (1964), 29-37
VOGELS, HEINZ – *Der Prozessbetrug*, 1939.

WACH, ADOLF – *Vorträge über die Reichs- Civilprozessordnung*, 2.ª ed., 1896;
– *Grundfragen und Reform des Zivilprozesss*, 1914.
WAGNER, CLAUS – no *Münchener Kommentar zur Zivilprozessordnung*, 4.ª ed., 2013.
WALTER, GERHARD – *Ehrenschutz gegenüber Parteivorbringen im Zivilprozess*, JZ 1986, 614-619
WEITNAUER, HERMANN – anotação a BGH 24-Out.-1961, JZ 489-491;
– *Schadensersatz aus unberechtigter Verfahrenseinleitung*, AcP 170 (1970), 437-450.
WIEACKER, FRANZ – recensão a DIETER NÖRR, *Die Fahrlässigkeit im byzantinischen Vertragsrecht* (1960), SZRom 78 (1961), 504-509.
WIELING, JOSEF – *Venire contra factum proprium und Verschulden gegen sich selbst*, AcP 176 (1976), 334-355
WILBURG, WALTER – *Entwicklung eines beweglichen Systems im bürgerlichen Recht*, 1950.
WILDERMUTH, EUGEN – *Die Wahrheitspflicht der Parteien im Zivilprozess*, 1938.
WILMOWSKY, PETER VON – *Der Mieter in Insolvenz: die Kündigungsperre*, ZInsO 2004, 882-888.
WINDSCHEID, BERNARD – *Die actio des römischen Rechts*, 1856.
WINDSCHEID, BERNHARD/KIPP, THEODOR – *Lehrbuch des Pandektenrechts*, 9.ª ed., 1906.
WOLF, MANFRED – vide LARENZ, KARL.
WOLF, MANFRED/NEUNER, JÖRG – *Allgemeiner Teil des Bürgerlichen Rechts*, 10.ª ed., 2012.
WURZER, GUSTAV – *Die Lüge im Prozess*, ZZP 48 (1920), 462-508
WUTZKE, WOLFGANG – vide HAARMEYER, HANS.

XAVIER, VASCO LOBO – *Falência*, Pólis, 2.º vol. (1984), 1363-1367

ZEISS, WALTER – *Die arglistige Prozesspartei/Beitrag zur rechtstheoretischen Präzisierung eines Verbotes arglistigen Verhaltens im Erkenntnisverfahren des Zivilprozesses*, 1967;

– *Schadensersatzpflichten aus prozessualen Verhalten*, NJW 1967, 703-709;
– recensão a KLAUS HOPT, *Schadensersatz aus unberechtigter Verfahrenseinleitung/ Eine rechtsvergleichenden Untersuchung zum Schutz gegen unberechtigte Inanspruchnahme staatlicher Verfahren* (1968), JZ 1970, 198-199;
– *Zivilprozess*, 3.ª ed., 1978.
ZEISS, WALTER/SCHREIBER, KLAUS – *Zivilprozessrecht*, 10.ª ed., 2003.
ZEUNER, MARK – *vide* LEONHARDT, PETER.
ZIMMERMANN, WALTER – *Insolvenzrecht*, 3.ª ed., 1999;
– *Zivilprozessordnung*, 9.ª ed., 2011.
ZITELMANN, ERNST – *Ausschluss der Widerrechtlichkeit*, AcP 91 (1906), 11-130.

ÍNDICE IDEOGRÁFICO

abreviaturas, 15
abuso do direito, 89
– âmbito, 132
– balanço, 134
– como concretização da boa-fé, 131
– concretização, 101
– conhecimento oficioso, 132
– consequências, 132
– de ação, 89, 249
– – concretizações, 141
– – consequências, 144
– – e litigância de má-fé, 146
– evolução, 90
– no processo civil, 139
– receção em Portugal, 96
– tendências recentes, 134
– teorias, 121
– – externas, 125
– – internas, 122
– – posição adotada, 127
– tradição alemã, 94
– tradição francesa, 91
ação, *vide* direito à e abuso do
advertências, 13
advogados
– sanções, 49
aemulatio, 90
agravamento de custas, 197
astúcia, 23

bankruptcy, 225, 229
bonorum venditio, 222

Código da Insolvência, 234
– reforma de 2012, 240

Código de Comércio francês, 224
Código de Processo Civil
– de 1876, 51
– de 1939, 55, 217, 227
– de 1961, 57, 218, 227
– de 2013, 34, 60, 62
– – justificação de motivos, 32
– reforma de 1995, 249
complexidade legislativa, 21
contraditório, 67
crise da Justiça, 17
culpa grosseira, 62, 66, 186, 245, 248, 249
culpa in agendo, 149, 218, 243
– admissibilidade, 185
– aplicação, 249
– concretizações, 195
– e litigância de má-fé, 202
– no Direito alemão, 243
– no Direito português, 191, 243
– orientação contrária, 183
– previsões específicas, 195
– previsões genéricas, 198
culpa in contrahendo, 91, 163, 166, 167
culpa in petendo, *vide culpa in agendo*

danos morais, 38, 69, 72, 197, 201, 204, 207, 243, 250
dedicatória, 5
desequilíbrio no exercício, 118
desprestígio da Justiça, 23, 24, 26
dever de verdade (Direito alemão), 79
– sanções, 84
direito à ação, 37
Direito alemão, 79
– confronto com o português, 86

– limites, 38
disfuncionalidade, 127
XII Tábuas, 150, 221

exceptio doli, 90, 91, 94, 96, 113, 140

falência, 225
– experiência portuguesa, 225
– reformas, 228
– *vide* insolvência
faute, 158

garantismo, 21, 23, 24, 26, 27, 40, 60

inadequação legislativa, 21
inalegabilidade, 110
indemnização
– do requerente da insolvência, 209
– por abuso do direito, 146
– por *culpa in agendo*, 188
– – concretização, 200
– por litigância de má-fé, 68
índice
– bibliográfico, 267
– de jurisprudência, 251
– geral, 7
– ideográfico, 285
– onomástico, 259
insolvência, 231
Insolvenzordnung, 224, 229, 243
Insolvenzplan, 238

Konkursordenung, 224, 232, 243

lex aquilia, 150
lex julia, 222
lex poetelia papiria de nexis, 222
litigância de má-fé
– aplicação, 249
– configuração, 63
– e abuso do direito, 146, 205
– e *culpa in agendo*, 202, 205
– insuficiência, 39
– liberalismo, 51
– natureza, 70

– necessidade de complementação, 74
– – oficiosidade, 67
– origem, 45
– século VII, 47

Marquês de Pombal, 226
Memorando da Troika, 29
– execução, 32
missio in possessionem, 222

plano da insolvência, 238

recursos, 67
relevância substantiva do processo, 40
representante de pessoas coletivas, 68
responsabilidade civil, 149
– evolução, 150
– modelo alemão, 161
– modelo francês, 158
– sistema português, 169
– – Código de Seabra, 169
– – Código Vaz Serra, 177
– – vantagens, 181
responsabilidade do requerente da insolvência, 241
– aplicação, 246
– Direito alemão, 243
– Direito vigente, 243
– evolução, 209, 241
– – Código Comercial de 1833, 211
– – Código Comercial de 1888, 211
– – Código da Insolvência (2004), 221
– – Código de Falência de 1899, 213
– – Código de Falência de 1935, 216
– – Código de Processo Civil de 1939, 217
– – Código de Processo Civil de 1961, 218
– – Código de Processo Comercial de 1895, 212
– – Código de Processo Comercial de 1905, 214
– – Código dos Processos Especiais de Recuperação de Empresa e de Falência (1993), 219

– interpretação integrada, 248
responsabilidade pela ação, *vide culpa in agendo*
revitalização, 240

se nexum dare, 222
sistema, 127
sujeição à ação, 37
suppressio, 96, 112-115, 132, 133, 142, 143, 144

temeritas processual, 90
teses defendidas, 43
timidez do Tribunal, 23
Troika, *vide* Memorando
tu quoque, 116

venire contra factum proprium, 96, 102-109, 110-115, 121, 132, 135, 137, 142, 143, 145, 250